재생산 유토피아

웰컴 컬렉션

웰컴 컬렉션은 독립 출판사 프로파일 북스와 협력해 건강과 인간 경험을 탐구하며 생각을 자극하는 책들을 출판합니다.

웰컴 컬렉션은 전시, 자료 수집, 실황 프로그램 등을 통해 과학, 의료, 생명, 예술을 연결하여 건강에 대해 우리가 느끼고 생각하는 방식에 도전하려는 도서관이자 무료 박물관으로 정신 건강, 감염병, 기후에 중점을 두고 긴급한 건강 문제들을 해결할 수 있도록 과학 활동을 지원하는 국제자선단체 웰컴의 소속입니다.

wellcomecollection.org

재생산 유토피아

클레어 혼 지음 안은미 옮김 **김선혜** 감수

인공자궁과 출생의 미래에 대한 사회적·정치적·윤리적·법적 질문

생각의음

일러두기

1 이 책에 표기된 외래어는 원칙적으로 국립국어원 외래어 표기법에 따라 표기함.

2 저자, 단행본, 논문 등의 외래어 표기는 처음 언급될 때 한글 표기와 병기하여 표기함.

3 단행본은 겹화살괄호《》로 신문, 잡지, 학술지 등은 홑화살괄호〈〉로 표기함.

4 직접 인용문은 큰따옴표(" ")로, 간접 인용문은 작은따옴표(' ')로 표기함.

5 독자의 이해를 돕기 위한 옮긴이와 편집자의 추가 설명은 단문일 경우 해당 용어 괄호 안에, 장문일 경우 해당 페이지 하단에 표기함.

6 원어 reproduction, reproductive는 생물학적 맥락에서 협의로 사용된 경우 '생식'으로, 사회적 권리의 맥락에서 사용된 경우 '재생산권'과의 연관성을 표현하기 위해 '재생산'으로 번역·표기함.

7 원어 gender는 문맥에 따라 젠더, 성별, 성으로 번역·표기함.

목차

이 책에서 나는 임신과 재생산 건강에 관해 이야기하는 동안 일관성 있게 모든 젠더를 아우르는 용어를 사용하려고 했다. '임신한 사람들pregnant people'과 '분만하는 사람들birthing people'은 시스 여성*이 아니어도 임신할 수 있고 산전 관리가 필요하다는 사실을 인정하기 위해 사용한 용어이다.

인종에 관련된 이야기는 가능한 한 구체적으로 표현하려고 노력했다. 하지만 이 책과 밀접하게 관련되는 의료 및 법률 자료는 구체성이 매우 떨어진다. 이를테면 미국 질병예방통제센터(CDC)는 신생아와 임신한 사람들의 건강 상태를 추적할 때 '미국 본토 원주민American Indian'과 '알래스카 원주민Alaska Native'을 동일한 범주에 넣는다. 그러나 미국에는 연방 정부가 인정하는 500개가 넘는 부족이 살기 때문에, 이 같은 분류는 부족이 자체적으로 정해 사용하는 정확한 언어를 알려주지도, 그로 인해 가장 많이 영

---

* **시스 여성** cis women, 생물학적 성과 성 정체성이 일치하는 여성을 말함. cisgender women의 약어.

향을 받는 집단을 식별하는 데도 도움이 되지 않는다.

끝으로, 나는 곧 밝혀지겠지만 과학자가 아니므로 체외 임신을 연구하는 과학자들이 평소 사용하는 용어가 아님에도 '인공자궁artificial womb'과 '체외발생ectogenesis'이라는 용어를 사용한다.

1장

온실,[*] 화초, 인공자궁

이 책을 읽고 있는 여러분에 대해 내가 아는 것이 한 가지 있다면 어디에선가 누군가가 여러분이 한 사람이 될 때까지 몸 안에 품어주었다는 사실이다. 누군가가 여러분을 낳아 주었다.

이 문장을 쓰는 지금, 내 자궁 안에서는 아기가 움직인다. 여러분을 임신했던 사람이 지금의 어머니든 아니든, 틀림없이 여러분의 어머니도 자신의 살갗 아래에서 여러분의 팔다리가 움직이는 이루 형용할 수 없는 기분을 느꼈을 것이다. 그렇기에 여러분을 임신했던 어머니의 몸은 여러분이 태동을 시작하기도 전에, 심지어 아기의 모습을 갖추기도 전에 여러분의 고향이었다.

어느 순간, 어머니는 여러분이 정확히 언제 태어날지 궁금해했을 것이다. 내 경우엔 임신한지 1년이 넘은 것 같다는 생각이 들만큼 아기가 몹시 기다려지기도 하고, 시간이 너무 빨리 지나간다는 생각도 하게 된다. 최근 친구에게 들은 말처럼, 임신 기간

---

[*] **온실** '화초' 비유와 관련성을 드러내고자 '인큐베이터incubator'를 '온실'로 옮김.

은 전부 정확하지 않다. 출산 예정일은 추정치일 뿐, 대부분의 경우 아기가 언제 태어나기로 마음먹을지 모른다. 정말 열 달이 다 될 즈음에 나올 수도 있고, 위험할 정도로 아주 빨리 나올 수도 있다.

여러분은 눈을 감고 인큐베이터의 모습을 떠올릴 수 있을지 모르겠다. 하지만 그리 오래되지 않은, 19세기 런던에 처음 등장한 인간용 인큐베이터 안에서, 즉 작은 투명 상자 안에 들어있는 아기를 목격하는 일은 그야말로 신기한 경험이었다. 그런데 더욱 놀라운 일은 겨우 숨만 쉬면서 힘겨워하던 아기가 이 작은 투명 상자 안에서 몇 주간 따뜻하게 있다 보면 부모 품에 돌아갈 준비가 되어 나온다는 사실이었다.

1880년대 후반 현대식 인큐베이터가 유럽에 처음 도입되기 전에, 산모와 조산사들은 이미 병약한 아기를 단단히 싸매고 따뜻하게 해주면 도움이 될 수 있다는 원리를 알고, 실생활에 적용하고 있었다. 그럼에도 세기의 전환기에 등장한 인큐베이터는 대중들의 엄청난 관심을 불러일으켰다. 어머니의 자궁과 세상 사이에 존재하는 공기와 금속, 유리로 만들어진 공간에서 아기가 살아 나오리라고는 상상도 하지 못했기 때문이다.

출처가 분명치 않은 이야기에 따르면, 프랑스 의사 스테판 타르니에Stéphane Tarnier는 파리 산부인과 병원의 높은 영아 사망률 문제로 고심하던 중에 파리 동물원을 방문했다. 그곳에서 타르니에는 사육사 오딜 마틴Odile Martin이 고안한 신기한 난방 장치 안에서 병아리가 자라는 모습을 보고, 비슷한 아기용 장치를 만들어 줄 수 있는지 물었다. 마틴의 도움으로 **인공부화기**couveuse, 즉 '브루딩헨brooding-hen' 인큐베이터가 등장했다. 타니에르의 인큐베이터는 병원에서 사용되기 시작했지만, 이내 전혀 생각지도 못한 뜻밖의 장소인 박람회에 전시되곤 했다. 1896년 베를린 만국 박람회에서는 소아과 의사 알렉상드르 라이옹Alexandre Lion과 자칭 의사였던 마틴 쿠니Martin Couney가 열광하는 관람객에게 **킨더브루텐슈탈트**Kinderbrutenstalt(아기 부화장)를 공개했다. 나중에 고향 미국으로 돌아간 쿠니는 1903년 코니아일랜드에 있는 놀이공원 루나 파크에 상설 '인큐베이터 아기 쇼'를 열었다. 1897년 얼 코트Earls Court의 빅토리아시대 전시회에서 영국 최초의 쇼가 열리자, 그해 여름에는 '인큐베이터로' 국민을 길러낸다는 노래가 돌연 유행할 정도로 수많은 사람들이 그 광경에 열광하기도 했다.

당대의 평론가들은 이 놀라운 장치에 경악 또는 경탄을 금치 못하는 사람들로 나뉘어 열풍을 부채질했다. 온실 속의 화초처럼 빛과 열, 안전한 울타리만 있으면 아기를 길러낼 수 있게 되었다는 소문이 무성했다. 잡지 〈그래픽The Graphic〉은 부자들이 벨벳 밧줄 뒤에 몰려들어 기이한 유리 상자를 향해 앞다투어 몸을 내밀고 있는 삽화를 실었다. 기계적인 삭막한 그림 풍경에 야자수가 초록빛을 더해준다. 간호사들은 만반의 태세를 갖춘 듯 정렬해 있다. 작은 시계가 간호사들의 하얀 앞치마 앞섶에 꽂혀 있어, 여가를 보내기보다는 일터에서 일하는 사람들임을 상기시킨다. 삽화 아래에는 '인공 위탁모An Artificial Foster-Mother'라는 제목이 적혀 있다. 이처럼 인공자궁 기술은 아주 매혹적인 것으로 묘사되기 시작했다. 온열 상자 안의 아기를 보고 감탄한 관람객들과, 이런 아기들을 보살폈던 의사들은 이제 곧 인간의 몸 밖에서 아기를 길러낼 수 있게 된다고 생각했다.

만삭 임신은 40주이며, 따라서 타르니에의 인큐베이터는 38주가 넘은 아기만을 받았을 가능성이 크다. 그런데도 타르니에는 곧 자기가 가진 기술로 임신 후반부를 모두 감당할 수 있을 것처럼 떠벌였다. 다른 신진 인큐베이터 전문가들이 등장하여 신중한 입장들을 내놓고 있었는데도, 〈랜싯The Lancet〉이나 〈영국의학저널British Medical Journal〉 같은 의학 잡지의 평론가들은 인공자궁이 도래했다고 쉽게 믿기까지 했다. 한 기고자는 아기를 인공 양수 안에 띄우기만 하면 이 기술이 인간 자궁과 똑같아진다고 주장했다. 반면, 다른 저자는 그렇게 하면 아기가 익사할 수 있으므로 유리 상자를 따뜻한 공기로 채우는 획기적인 방법이 실현 가능성에 가장 가까운 방법이라는 사실을 인정하기도 했다. 이미 달성한 위업만으로도 머지않아 임신 전 과정을 구현할 수 있다는 사실은 자명해 보였다. 인공자궁이 곧 실현된다는 빅토리아시대 사람들의 낙관이 우스울지 몰라도, 21세기 우리에게는 이 특이한 꿈이 마침내 구현될 날이 코앞으로 다가왔다.

2017년 필라델피아 어린이 병원(CHOP) 연구팀은 '바이오백the bio-bag'이라고 명명한 최초의 부분 인공자궁 동물실험에 성공했다고 발표했다. 1890년대 자신만만한 의사들조차 불가능하다고 믿었던 일, 바로 자궁 내 액체 환경을 재현해 낸 것이었다. 아기는 37주 이전에 태어나면 미숙아, 32주 이전에 태어나면 극소 미숙아로 간주된다. 시설이 잘 갖춰진 병원에서라면 28주에 태어난 아기도 생존 확률이 높다. 지금의 기술로는 22주에 태어난 초극소 미숙아도 버티게 해볼 수 있지만 사망률이 여전히 높다. 현재까지 이런 아기들을 도울 수 있는 최선의 방법은 신체 내부의 장기가 바깥세상에서 기능할 정도로 충분히 발달하기 전에 태어나면서, 생기는 합병증을 응급 처치로 치료하는 일이다. 22주에 태어난 아기들의 생존율은 약 10퍼센트에 불과하며 생존하더라도 1/3 정도는 심각한 건강문제를 겪게 된다.

바이오백 동물실험이 성공하면서 합병증을 예방하고 출산 예정일보다 4개월 가까이 일찍 태어난 신생아도 건강하게 회복할 수 있다는 가능성이 가시화되었다. 이 실험에서는 초극소 미숙아 단계의 양lamb 태아를 투명한 폴리우레탄 주머니 안에 있는 인공 양수에 띄워 두었다. 여기서는 합성액이 임신한 사람의 체내에서 아기를 감싸주는 액체처럼 신생아에게 영양분을 전달한다. 연구자들은 많은 시행착오 끝에 외부 펌프를 이용하여 바이오백 안에 산소를 주입하고 독소를 제거함으로써, 임신 중에 생겨나 태아와 자궁을 연결해주는 임시 장기인 태반의 기능을 유사하게 구현할 수 있었다. 이 기술 덕분에 과학자들은 22주에서 24주 인간 태아에 해당하는 양 태아를 (인간 태아의 28주에 해당되는) 충분히 성숙한 단계까지 성공적으로 임신시켜 건강하게 꺼낼 수 있었다. 2019년에 이 팀은 성공 가능성이 높은 동물실험 2단계에 접어들었다고 발표했다. 이 연구는 수년 안에 인간 태아를 대상으로 같은 실험에 착수할 수 있길 바라면서 미국식품의약국(FDA)의 승인 절차를 밟고 있다.

한편, 일본과 호주에서 작업하는 한 연구팀은 2022년 바이오백과 유사한 플랫폼으로 '체외 자궁 환경요법Ex-vivo Uterine Environment Therapy', 즉 이브EVE라고 이름 붙인 두 가지 동물실험을 완료했다. 연구팀은 스테판 타르니에의 으스대던 태도와는 달리 인간 임신을 '대체'할 의도가 전혀 없다는 뜻을 밝히며 신중한 입장을 견지했다. 물론 성경에 나오는 최초의 여성 이름을 따온 덕에 체외 임신을 앞당길 의도가 전혀 없다는 호언장담의 효력이 떨어지는 것은 사실이다.

이 연구팀은 만기 임신의 거의 절반에 불과한 21주경 태어난 인간 아기를 치료할 목적으로 연구를 진행하여, 바이오백 실험보다 재태 기간*이 짧고 체중이 적은 동물 태아의 생존 가능성을 보여주었다. 2019년 가을에는 네덜란드 다학제적 연구팀이 5년

이내에 부분 인공자궁을 자체적으로 개발하겠다는 계획을 발표했다. 연구팀은 놀랍도록 실물과 똑같은 3D 신생아 모델에 센서를 장착하고 엄마의 심장 박동 소리 같은 특징을 흉내 내어, 초극소 미숙아를 품는 것은 물론 아기가 필요로 하는 세세한 부분까지 찾아내 그에 따른 플랫폼 상태를 재조정해주는 기술을 개발할 계획이다.

이런 프로젝트들은 저마다 실험 설계가 다르다. 그럼에도 모두가 초극소 미숙아 치료에 획기적인 변화를 일으킬 수 있는 잠재력을 지니고 있다. 기존의 신생아 치료가 매우 불완전한 장기를 가지고 태어나 겪게 될 문제들을 모면하게 해주는 일종의 응급 처치였다면, 인공자궁은 미숙아로 태어나 생기는 합병증을 애초부터 발생하지 않도록 재태 기간을 늘려준다. 효과가 있다면, 인공자궁은 아기가 아직 태어나지 않은 것처럼 계속 자랄 수 있게 해줄 것이다. 따라서 과학자들이 향후 수년 내 인간을 대상으로 하는 시험이 진행되리라고 전망하고 있기에, 인공자궁 기술도 더 이상 사변론적인 것이 아닌 게 되었다. 마침내 연구자들은 140년 전 스테판 타르니에의 상상 속에서나 가능했던 일을 목전에 두고 있다. 거의 다 자란 아기가 유리 상자 안에 누워있는 모습을 보고 감명을 받았던 빅토리아시대 사람들이 지금 진행되는

---

* **재태 기간** 임신 후부터 태어나기 직전까지 태아가 자궁 안에서 성장하는 기간

14

연구를 본다면, 놀라서 얼어붙지는 않을까? 바이오백 연구팀이 내놓은 '전반기before', '후반기after' 이미지는 음산하고 특징이 없어 보인다. '전반기' 이미지에서는 쭈글쭈글한 분홍색 피부의 양 태아가 투명백 안에 떠서 잠자고 있다. '후반기' 이미지의 양 태아는 부드러운 흰색 양모가 자랐고, 플라스틱 주머니에 몸이 끼인 채 태어날 날을 기다리고 있다. 이 사진들을 보면 처음 인큐베이터를 본 사람들이 거의 똑같이 느꼈을 것 같은, 즉 미래를 들여다보는 듯한 이상한 기분이 든다.

신생아학 연구만이 인공 임신을 앞당기는 것은 아니다. 1970년대에는 **체외수정** 기술이 발전하자 수년간 윤리적 논란이 일어났는데, 당시 '14일 규칙14-day rule'은 영국을 포함한 12개국에서는 배아 연구를 법적으로 규제하는 기준이 되었고, 미국 등 최소 5개국에서는 엄격한 과학적 지침으로 채택되고 나서야 논란은 끝이 났다. 인간 배아*를 실험실에서 2주 이상 키우는 과학자는 제재를 받는다는 의미였다. 약 40년간은 아무도 이 제재에 이의를 제기할 이유가 없었다. 아무리 최선을 다하는 과학자라도 9일 이상 배아를 키울 수 없었던 까닭이다. 그런데 2016년 케임브리지와 록펠러 대학의 발생학자들이 각각 13일까지 배아를 키우다가, 단지 14일 규칙을 위반하지 않기 위해 실험을 종료하는 일이 발생

---

* **인간 배아** 난자와 정자의 수정 후 8주 이내의 세포로, 각종 신체 기관으로 분화되기 전 세포를 말한다. 8주가 지나면 '태아'라는 용어로 대체된다.

했다. 괄목할 만한 성과였다. 이 돌파구를 찾기 전까지, 과학자들은 배아가 임신한 사람의 자궁에 착상되는 시점인 약 7일이 지난 다음에도 계속 성장하기 위해서는 주변 조직의 피드백이 필요할 것이라고 생각했다. 그런데 영양이 풍부한 실험실의 배양 환경에서라면, 세포들이 배양 접시 안에 착상하여 스스로 유기체를 유지하는 것이 가능했다. 이전에 알던 것보다 훨씬 더 오랫동안 배아가 체외에서 자랄 수 있다는 뜻이었다.

2021년 5월에는 이스라엘 바이츠만 과학 연구소의 연구자가 입이 떡 벌어지게 하는 훨씬 더 놀라운 결과를 발표했다. 7년간의 연구 끝에 만들어낸 인공자궁에서 쥐 배아를, 모양을 다 갖춘 태아 상태로 길러내는 데 성공했다는 것이었다. 연구진은 회전하는 병에 액체를 채운 뒤 배아를 하나씩 담고 영양소와 온도를 세심하게 조절했다. 쥐의 재태 기간은 19일로, 인간의 273일보다 현저히 짧지만 차이를 감안하더라도 이 실험 결과는 특별한 성과였다. 역사상 처음으로 실험실에서 동물 배아를 태아 상태로 길러낸 것이었다. 쥐 배아들은 실험실에서 5일째부터 11일째까지 자랐다. 과학자들은 이제 이 배아들을 19일 만삭 상태까지 키울 계획이다. 그 이후에는? 궁극적으로 이 팀은 인간 배아로 이 같은 실험이 진행되길 고대하고 있다.

14일 제한에 처음으로 케임브리지와 록펠러 연구자들이 맞닥뜨리게 되자, 이 제한을 재검토할 때가 되었다는 주장을 둘러싸고 과학계와 생명윤리학계에서 열띤 논쟁이 일었다. 어떤 과학자들은 인간 배아를 14일간 길러낼 수 있는 능력이 생겼으므로 이제는 더 나아가야 한다고 주장했다. 그도 그럴 것이, 바다 밑과 우주 바깥에서 벌어지는 일보다 발생 초기에 대해 아는 것이 더 적었기 때문이다. 다른 과학자들은 첫 2주간 벌어지는 일에 대해서도 아직 연구할 부분이 많은데, 이 지점을 넘어서면 미끄러운 경사길*에 들어서게 된다고 주장했다. 실용적인 중도 관점을 취하는 과학자도 많았다. 이들은 새로운 윤리적 문제를 피하면서 연구를 진행할 수는 있겠지만 대화를 지속하며 여론을 반영해야 한다고 주장했다.

2021년 5월, 국제줄기세포연구학회(ISSCR)가 14일 규칙을 폐기하라고 권고하는 새로운 지침을 발표하면서 수년간의 숙고에 마침표를 찍었다. 사실상 대대적인 변화의 시작을 알리는 신호였다. ISSCR은 세계 최대의 줄기세포 연구자 모임이다. 따라서 미국 같은 나라에서는 14일 규칙이 엄격한 과학연구 얼개로 자리하고 있지만 법적 강제력이 없어 ISSCR 지침이 연구에 영향을 미친다. 과학자들이 하루아침에 내키는 대로 배아를 자유롭게 배양하게 되었다는 뜻은 아니다. '체외에서 어디까지 배아를 기를 것인지'는 이제 열린 질문이 되었다는 의미였다.

---

* **미끄러운 경사길** slippery slope, 매우 사소한 일이 나중에는 예상하지 못한 통제 불가능한 상황으로 치달을 수 있다는 예측을 할 때 주로 사용한다.

신생아학과 발생학이 발달하면서 우리는 예기치 못한 순간을 앞두고 있다. 현 상황으로 미루어볼 때 5년에서 10년 사이에 인간을 위한 부분 인공자궁이 구현될 가능성이 크다. 머지않아 재태 기간의 거의 절반이 인체 밖에서 태아의 생명을 유지할 수 있게 된다는 뜻이다. 실험실에서 배아를 기르는 기술과 신생아실에서 아기의 생명을 유지하는 기술이 발전하여 어느 날 중간에서 만나는 체외발생 전 과정이, 말하자면 체외 임신이 완성될 가능성이 점점 뚜렷해지고 있는 것이다. 임신부터 출생까지, 아기를 사람의 자궁 안에 임신하지 않고도 잉태할 수 있을지도 모른다. 인간을 배아기부터 만삭까지 자궁 밖에서 기르는 것은 미래를 상상하는 일이고 심지어 불가능한 일처럼 들릴지 몰라도 그 어느 때보다 가까이 다가와 있는 일임에 분명하다.

바이오백 연구팀은 2017년 동물실험 결과를 발표한 뒤 언론의 뜨거운 관심이 자신들에게 쏠리고 있음을 알았다. 초기 인터뷰에서는 에밀리 패트리지Emily Partridge와 알란 플레이크Alan Flake의 당황한 표정을 읽을 수 있는데, 누가 이들을 비난할 수 있을까? 당시 인터뷰에서 이들은 자신들의 기술이 성공한다면 초극소 미숙아와 부모들에게 매우 희망적인 일이 될 것이라는 내용으로 설명하려 했다. 하지만 언론의 전반적인 관심은 인공 양수에 어떤 성분이 들어갔는지보다, 연구팀이 수정 단계에서부터 아기를 키워낼 의향이 있는지에 집중되었다. 이 열정이 넘치는 언론인들은

《멋진 신세계Brave New World》가 언제 시작될지가 알고 싶었던 것일까?

《멋진 신세계》는 어쩌면 모두가 피하고 싶어 하는, 체외발생 기술이 가동되는 황량한 미래를 가리키는 말이다. 이곳에서는 아기가 항아리에서 태어나, 사랑할 기회조차 모두 차단되고, 철저하게 세뇌된 국가의 신민으로 성장한다. 헉슬리Aldous Huxley의 세계에서 인공자궁은 인간의 최악 측면을 상징한다. 필라델피아 어린이병원 연구팀은 처음부터 체외발생에 기여할 의도가 없음을 분명히 밝혔다. 2017년 에밀리 패트리지도 '그런 일을 하려는 사람은 아무도 없다'라고 말했다. 패트리지는 인공 임신을 '공상과학 소설에서나 나올 법한 일'이라고 표현하면서 그런 위업이 과연 가능하겠느냐 라며 곧바로 반문으로 응수했다. 초기 연구를 발표한 뒤 연구팀은 이 기술의 목적은 임신한 사람의 자궁 안에서 이미 자라고 있는 초극소 미숙아가 발달을 이어가는 것, 즉 재태 기간을 늘리는 것이라고 강조하면서 프로젝트의 이름을 '신생아 발달을 위한 자궁 밖 환경EXTrauterine Environment for Neonatal Development(EXTEND)'으로 변경했다.

케임브리지대 소속 과학자 막달레나 체르니카게츠Magdalena Zernicka-Goetz는 13일 기록에 도달했다고 발표한 바로 그 최초의 팀을 이끌었던 사람인데, 체외발생은 자신의 연구실에서 추구하는 목표도 아니고 과학적으로도 믿기 어려울 만큼 복잡한 일이라고 말했다. 물론 맞는 말이다. 발달 과정상 13일 된 배아와 23주 된 태아는 상당히 다르다. 임신의 시작과 끝을 다루는 기술이 진보했다고 체외발생 전 과정을 구현할 수 있는 것은 아니다. 과학자들은 자신들이 배양한 배아가 예상보다 일주일 더 스스로 발달을 이어가는 모습을 보고 깜짝 놀랐다. 그렇다고 이것을 두고 반드시 사람의 몸에 이식해야만 배아를 지켜낼 수 있는 어떤 시점은 없다고 말하는 것은 아니다. 진실은 아직 모른다. 인간의 **자궁 밖**ex utero 임신 덕분에 점점 더 이른 단계에서 태어나는 미숙아가 생존할 수 있을 것 같지만, 그 문턱을 낮추는 데에는 한계가 있을 수 있다.

현재까지 임신 21주 미만의 태아는 생존이 어렵기 때문에 자궁 안에서 매주 새로운 주요 발달 단계를 밟아 나간다고 볼 수 있다. 인공자궁 플랫폼 연구자들이 일찍이 지적했듯이, 21주 미만의 태아는 생명 유지 기술을 적용하기엔 정맥이 너무 작을 공산이 크다. 그러나 이 과학자들이 체외발생을 구현하려고 하지 않더라도 다른 과학자들이 하려고 할 것이다. 쥐 배아를 인공자궁 안에서 성공적으로 길러낸 연구팀은 자신들의 연구로 인해 제기되는 윤리적 문제를 의식하면서도 인간 배아를 태아로 길러내고 싶다고 명확히 말한 바 있다.

지난 30여 년간 우리는 개인 연구자들이 체외발생을 시도할 것인지와는 별개로, 과학적 혁신이 이례적인 속도로 미래를 상상하는 것에서 아주 흔한 일로 바뀔 수 있다는 사실을 배웠다. 1990년대에 어린 시절을 보낸 사람들에게는 몇몇 친구들만이 전화선과 모뎀을 통해 인터넷을 시끄럽게 이용하다 갑자기 모두가 스마트폰을 들고 다니게 된 기억이 있다. 연구자들은 종종 획기적인 기술 발전이 처음 의도와 전혀 다른 결말로 이어진다는 사실을 잘 안다. 과학적 진보가 우리의 규제 시스템이나 상상을 앞지를 때도 많다. 우리는 줄지어 늘어서 있는 온열 상자들을 두고 온실에서 꽃을 기르듯 아기를 기를 수 있다는 소문이 무성하게 나돈 이래로 인공자궁 기술을 꿈꿔왔던 것도 사실이다. 그러나 마침내 인공자궁을 만들어낼 과학적 역량을 목전에 둔 지금, 문제는 더 이상 **혁신이 가능한지**가 아니라 **우리는 준비가 되었는지** 이다.

1970년대 25세의 사회주의 페미니스트였던 슐라미스 파이어스톤Shulamith Firestone은 "임신은 야만적인 일"이라고 적은 성명서를 발표했다.[1] 파이어스톤은 과학 연구에서 남성들이 우위를 점하면서 달에는 갈 수 있게 되었지만, 인간을 임신하는 더 나은 방법은 아직도 찾지 못했다고 말했다. 파이어스톤이 이런 주장을 내놓은지 거의 50년이 지난 2018년에, 나는 재생산이라는 포괄적 주제를 연구하는 유전학, 발생학, 인문학을 연구하는 학자들 사이에 앉아 있었다. 청중은 할 말을 잃은 채 생명윤리학자 안나 스마이도르Anna Smajdor가 40년이나 지난 파이어스톤의 주장을 새삼 옹호하는 모습을 조용히 지켜보았다. 임신과 출산이 여성의 몸에 미치는 여파는 계속되는 메스꺼움, 어지러움, 피로에서부터 트라우마, 영구적인 신체 손상, 사망에까지 이른다. 아직도 이 문제를 '해결하지' 않은 결과는 어땠는가? 스마이도르는 참석한 과학자들의 연구결과에 고개를 끄덕이면서, 유성생식sexual reproduction이 사라지고 자동화된 임신automated gestation의 시대가 곧 도래할 것이라고 장담했다.

청중들은 커피를 받으려고 줄을 서 있는 동안에도 스마이도르의 의견에 대해 논쟁을 벌였다. 어떤 여성들은 임신이 즐거운 경험이었다고 말했다. 아기를 몸속에 지니고 다니는 일은 아주 힘들지만 보람 있는 경험이었다는 말이다. 이와 달리 계속되는 입덧, 치질, '코끼리가 된 듯한 기분', 누구나 권리가 있는 것처럼 갑자기 낯선 사람들로부터 자신의 신체와 행동에 대해 조언을 들었던 경험을 이야기하는 여성들도 있었다. 서로의 임신과 출산 경험을 견주어 보며 그저 다른 방도가 없다는 이유로, 이들의 견해는 정리되는 듯했다. 파이어스톤과 스마이도르의 주장이 도발적인 이유는 이 가정 너머로 사고를 확장하도록 유도하기 때문이다. 또 실제로 다른 방법이 **있다면** 임신에 대한 우리의 태도가 어떻게 바뀔 수 있는지 묻기 때문이다. 최근 몇 년간의 과학 연구를 조망해 보면 유성생식의 종말에 대한 스마이도르의 예견은 상상하기 힘든 일은 아니다.

과연 우리는 할 수만 있다면 인간 임신에 종지부를 찍을 수 있을까? 성별과 무관하게 누구나 만삭까지 태아를 임신할 책임을 지게 하는 것이 가능할까? 2018년 스마이도르의 발표로 촉발된 이 논란은 인공자궁이라는 발상이 인간 생명에 대한 가장 기본적인 전제에 어떻게 의문을 제기하는지 보여준다. 단순히 인간에게 실존 위기가 닥칠지 모른다는 것이 아니다. 부분 인공자궁과 체외발생은 현실 세계에 함의를 지니는 사회적·윤리적 질문을 제기한다. 이런 기술을 개발하려면 초극소 미숙아 대상으로 임상시험이 필요하다. 부모들에게 부분 인공자궁 치료에 동의를 구할 때 필요한 윤리적 고려사항은 무엇일까? 대단히 불공평하게도 미숙아 출산율, 그리고 산모 질병률과 사망률 수치로 볼 때 예방 가능한 영아 및 산모 사망의 90퍼센트 이상은 남반구의 저개발국에서 발생한다. 현재 개발 중인 부분 인공자궁은 죽음을 앞둔 수많은 미숙아의 생명을 구할 수 있기에 신생아 치료의 판도를 바꿀 것이다. 그렇지만 이 기술은 매우 고가인 데다 상당한 기반 시설을 갖추어야만 안전하게 사용될 공산이 크다.

그렇다면 이 치료에는 어떤 아기들이 접근할 수 있을까? 이 기술이 누군가에게는 더 좋은 치료를 받게 하고 다른 누군가에게는 그렇지 못해 기존의 건강 불평등을 악화시킬 위험은 없을까? 잉글랜드처럼 미숙아 출생률과 산모 사망률이 전반적으로 훨씬 낮은 부유한 국가에서도 내부적으로는 부당한 인종차별적인 불균형이 존재한다. 2022년, 브리튼(Britain, 북아일랜드를 제외한 잉글랜드, 스코틀랜드, 웨일스-옮긴이)의 흑인 여성과 아기들이 사망하거나 심각한 합병증을 겪을 위험은 백인 여성보다 네 배나 높았다. 브리튼 같은 고소득 국가의 경우 인공자궁 기술이 상용화되면, 임신한 사람 모두에게 동등한 접근 권한이 부여될 수 있을까?

미숙아 치료의 반대편에 있는 임신 초기 연구에 대해서도 묵과하기 힘든 문제들이 많다. 국제줄기세포연구학회가 14일 제한을 철폐하라고 권고한 이상, 실험실에서 인간 배아를 언제까지 길러도 될지에 대한 새로운 세계적 합의는 도출될 수 있을까? 쥐 실험에서 이미 성공했듯이 인간을 배아 단계에서 모든 장기를 갖춘 태아 단계까지 기르는 일은 윤리적으로 허용될 수 있을까? 체외발생으로 아기를 기른다면, 그 부모는 누구이며, 문제가 생겼을 때 누가 책임을 져야 할까? 임신하길 원하는 사람들이 이 기술을 선택할 수는 있을까? 만일 그렇다면 어떤 상황에서 선택할 수 있을까? 임신할 수 없는 사람들만 이용하게 될까, 아니면 단순히 선호에 따른 선택지가 될까? 2022년 지금도 임신한 사람이 태아에게 해롭다고 생각되는 행동을 하면 범죄자로 만드는 법을 고수하는 국가들이 있다. 인공자궁이 널리 상용화되면 엄마로서 '부적합'이라고 생각되는 여성들은 이 기술을 사용하라고 강요받게 되는 것은 아닐까? 또 태아가 사람의 몸에 의존하지 않고도 생존할 수 있다는 사실은 재생산권에 어떤 영향을 미칠까?

이 모든 것을 고려해 볼 때, 인공자궁이 사회(법, 의학, 윤리)에 불러일으키는 질문들은 인간이 된다는 것이 어떤 의미인지에 근본적으로 영향을 미칠 수 있다. 지금은 누군가가 여러분을 임신했다는 사실이 필연적이고 논란의 여지가 없는 진실이다. 여러분을 임신한 어머니는 임신에 따른 신체와 감정의 기복은 물론 사회적인 변화까지 감당해야 했다. 어머니의 모든 일상에, 여러분도 반사적으로 함께했다. 여러분이 처음 들은 소리는 어머니의 심장 박동 소리였고, 처음 딸꾹질하며 기지개를 켜고 돌아누운 곳은 어머니의 자궁이었다. 이것이 바로 여러분이 처음 맺은 관계였다. 어머니는 여러분을 다른 모든 것과 처음 관계를 맺게 해준 사람이었다. 내가 여러분에 관해 알 수 없는 나머지 사실들 외에도 여러분이 사람에게서 태어났는지, 아니면 기계에서 태어났는지 모른다면 어떻게 될까?

부분 인공자궁 기술이 코앞으로 다가오고 체외발생 전 과정을 구현하는 기술이 현재 순조롭게 진행됨에 따라, 우리는 지금부터라도 이 기술이 가져올 사회적 여파를 생각해야만 한다. 지금이 바로 이 어려운 논의에 참여할 때이다. 학회와 강의실에서는 이미 인공자궁의 활용 및 위험성에 관해 토론을 시작했다. 하지만 체외발생과 관련된 온갖 복잡한 문제들을 다루는 논의는 공적인 장소에서 이루어져야 한다. 우리는 이 기술이 신생아와 임신한 사람들에게 도움이 된다는 이유로 환영받기를 합리적으로 바랄 수도 있다. 그런데 인공자궁이라는 주제에 대해 가장 큰 목소리를 내는 사람들은 임신한 사람들의 건강에 도움을 주기보다는, 오히려 해를 끼치는 역행적 사용을 제안하는 보수적인 생명윤리학자와 미디어 비평가들인 경우가 많다.

이를테면 일부 변호사와 법학자들은 이 기술이 개발되면 필연적으로 재생산권을 퇴보시킬 것이라고 수십 년간 주장해왔다. 1970년대 후반 미국의 한 변호사는 인공자궁이 등장하면 임신중지를 원하는 여성들에게서 태아를 추출하여 체외발생 방식으로 계속해서 키우도록 법으로 강제하면 될 것이라고 거들먹거리며 말했다. 인공자궁이 등장하면, 임신중지를 하려는 사람에게서 강제로 태아를 적출하고 기계를 통해 세상에 나오도록 하면 된다는 생각인데, 그야말로 잔인하고 시대에 뒤떨어진 반페미니즘적 발상이다. 2017년 최초로 부분 인공자궁이 동물실험에서 성공했다는 발표 이후 법학자들이 똑같은 주장을 다시 내놓지만 않았다면, 우리는 이런 주장을 먼 과거의 유물이라고 치부했을지도 모른다. 2018년 나는 사람들이 꽉 들어찬 학술집담회에 앉아 이 전도유망한 혁신으로 인해 머지않아 임신중지를 금지할 수 있다고 말하는 어떤 생명윤리학자의 설명을 들었다. 무엇보다도 이런 주장이 염려되는 이유는 세계 곳곳에서 수많은 사람들이 여전히 기본적인 임신중지 서비스에도 접근하지 못하고 있기 때문이다. 이 책의 최종 원고를 완성하고 불과 몇 개월 후였던 2022년 4월, 미국 대법원은 1973년부터 임신중지에 대한 개인의 권리를 옹호해

온 **로우 대 웨이드**Roe v. Wade 판결을 뒤집었다. 이 판결은 임신중지를 반대하는 주에서는 임신한 사람들이 강제로 임신과 출산을 이어가야 하거나, 부당한 법을 무릅쓰고 임신을 종결함으로써 범죄자가 될 위기에 처하게 된다는 의미였다. 임신을 지속할지 아니면 종료할지 결정할 수 있는 사람들의 기본적 권리가 박탈되고 있는 세상에서 인공자궁 연구가 진행되고 있는 셈이다. 미국의 재생산권 전경을 오랫동안 지켜보지 않았던 사람들은 **로우 대 웨이드** 판결이 뒤집히는 것을 보고 충격을 받았다. 그러나 법원의 판결은 수십 년 동안 임신중지에 대한 권리와 접근성이 모두 침해당한 끝에 뒤따른 결과였다. 대법원의 최근 판결은 방심하거나 진보의 방향이 언제나 앞으로 향할 것이라고 가정할 때 어떤 일이 벌어질 수 있는지 냉혹하게 일깨워준다. 퇴행적인 정치인들은 신기술을 이용하여 인권을 침해할 준비가 되어 있다. 누구도 재생산에 관련된 자기 삶을 통제하려 한다는 이유로 범죄자가 되지 않는 세상 대신, 임신중지가 보편적으로 금지되고 사람들이 자기 의지에 반해 유전적 자녀를 임신하도록 강요받는 세상이 된다면 우리의 미래는 얼마나 암울할까?

이런 논의는 보수적인 생명윤리학자, 법학자, 연구자에게만 맡겨 둬서는 안 된다. 국제줄기세포연구학회는 14일 규칙을 폐기하도록 권고한 2021년에 공적 협의의 중요성을 강조했다. 완전한 체외발생 가능성에 냉소적인 과학자들조차 인공자궁으로 촉발되는 사회적·윤리적 사안에 대한 논의가 중요하다고 인정했다. 임신은 결국 모든 사람에게 영향을 준다고 말할 수 있는 몇 안 되는 경험이다. 우리 각자는 누군가 낳아 준 사람이 있기에 존재한다. 이 사실이 변하면, 우리가 아는 삶도 변할 것이다.

신생아학과 발생학의 최근 발전에 뒤따르는 논평만 놓고 보면, 현대를 사는 우리 중에도 인큐베이터 쇼를 관람한 20세기 전환기에 살았던 사람들처럼 인공자궁에서 아기를 기른다는 생각에 매료되거나 당혹감을 느끼는 사람이 많다. 최근 5년간 〈가디언Guardian〉, 〈BBC〉, 〈데일리 메일Daily Mail〉, 〈뉴욕 타임즈The New York Times〉, 〈디스커버Discover〉, 〈뉴 스테이츠맨New Statesman〉의 기자들은 인공자궁 기술의 전망을 저울질하며 앞다투어 추측성 보도를 냈다. 바이오백 이미지가 플라스틱 끈에 묶인 묘한 붉은 풍선 다발이 떠 있고, 그 앞에 인간의 **자궁 밖**ex utero 임신 프로젝트를 이끈 네덜란드 수석 연구원이자 산부인과 의사 가이드 오에이Guid Oei 모습이 헤드라인 기사와 함께 나란히 실렸다. 보도 내용이 무엇이었든, 이 디자인은 실제로 작동하는 시제품이 아니라 네덜란드 디자이너 리사 맨데메이커Lisa Mandemaker와 〈넥스트 네이처 네트워크Next Nature Network〉가 상상으로 만든 설치물이었다. 매체들은 재생산권, 젠더 평등, 인간 본성의 미래에 대한 단편적인 의견들 사이로 이런 이미지를 열심히 퍼 날랐다. 액체 환경 속에 떠 있는 양의 사진이 그러하듯이, 인공자궁이 떠 있고 그 앞에 의사가 포즈를 취하고 있는 사진은 잡지 〈그래픽〉에 실린 '인공 위탁모'라는 19세기 삽화를 떠올리게 한다.

바이오백 연구자들이 받은 질문에서 잘 드러나듯이, 오늘날 대부분의 사람들은 인공자궁이라고 하면 《멋진 신세계》를 떠올린다. 그런데 공상과학과 판타지 장르에서 체외발생의 미래를 다루고 있는 다소 덜 알려진 작품이 있다. 바로 마지 피어시Marge Piercy가 1976년 발표한 소설 《시간의 경계에 선 여자Woman on the Edge of Time》인데, 여기서 인공자궁은 권한을 부여하는 도구이다. 즉 이 기술은 어머니가 임신의 시련과 출산의 고통을 혼자 짊어져야 하고, 이후에도 한평생 자녀에게 일어나는 일을 전부 책임져야 하는 세상에서 벗어나게 해주는 방법이다. 피어시가 상상한 계급과 성별이 없는 사회에서는 아기를 체외발생으로 임신하고 온 공동체의 도움을 받으며 책임 있게 '보살펴 줄' 세 명의 부모를 성별과 무관하게 배정한다. 임신 책임이 오직 한 사람에게 있지 않으므로 누구에게나 태어난 아기를 돌볼 책임이 있다.

아무도 지금의 연구자들에게, 당신들이 연구하는 기술이 《시간의 경계에 선 여자》로 나아가는 문을 열어주겠느냐 하고 묻지 않는다. 왜 사람들은 인공자궁으로 인해 자녀를 공동으로 양육하는 페미니즘적 유토피아보다 권위주의적 디스토피아를 더 쉽게 상상할까? 헉슬리와 피어시는 인공자궁의 미래에 대해 상반된 전망을 그렸지만, 흥미롭게도 두 사람의 상상은 각각 당대의 현실에 기초하고 있었다. 우리는 좋은 공상과학 소설에서 이런 점을 기대한다. 독자나 시청자는 무엇보다도 소설의 세계가 우리 세상과 닮아있을 때 진정 몰입한다.

피어시와 헉슬리는 인공자궁 기술이 당대의 상황에 등장했을 때 어떤 일이 벌어질지 의구심을 가지고 탐색해 나가는 데서 출발했다. 헉슬리는 영국에서 수년간 우생학을 지지하는 사람들이 늘어나고 나치의 힘이 강해지던 1932년에 《멋진 신세계》를 썼다. 인공자궁 기술을 활용하여 재생산을 통제하고 취약한 사람들을 억압하는 전체주의 사회를 그가 최악의 방식으로 구상한 것은 바로 그런 상황에서였다. 피어시는 여성주의와 시민권 운동이 한창이던 1970년대 미국에서, 인공자궁으로 공동체적 돌봄이 늘어나고 여성을 넘어서는 모성을 구현하는 더 나은 사회(어쩌면 당대의 행동주의자들이 이룩할 수 있었던 사회)를 상상하며 글을 썼다. 인간의 몸 밖에서 임신이 현실화되는 순간, 우리는 수십 년 간격으로 발표된 체외발생에 대한 두 가지 비전*의 기초가 되었던 질문을 똑같이 해야 한다. 인공자궁 기술이 실현되면, 우리는 이 기술을 어떻게 사용할 것인가?

이 책은 인공자궁이 등장하는 사회적 맥락만큼만 혁신적일 수 있다는 전제하에서 출발한다. 이상적인 세계에서라면, 부분

---

* **두 가지 비전** 헉슬리가 1932년에 낸 《멋진 신세계》와 피어시가 1976년에 발표한 소설 《시간의 경계에 선 여자》

인공자궁은 임신한 사람들 모두가 접근할 수 있고 이들과 함께 너무 일찍 태어난 아기의 건강과 생명을 구하는 수단으로 자유롭게 선택할 수 있을 것이다. 더 시간이 흐르면 젠더와 무관하게 모두가 자신의 선택에 따라 가족을 구성하게 하는 도구로 체외발생 기술을 이용하게 될 것이다. 유전과 타고난 성별을 넘어 사랑과 의지로 친족을 이루는 수단이 될 것이라는 의미이다. 그런데 지금 우리는 이상적인 세계에 살고 있지 않다.

이 책의 각 장에서는 인공자궁 기술이 도입되기에 앞서 우리가 사는 세상이 바뀌 나가야 할 점들을 이모저모 살핀다. 시간은 인큐베이터 아기 쇼가 대유행하던 1890년대와 '체외발생'이라는 단어가 강의실에 처음 등장한 1923년까지 거슬러 올라간다. 그리고 인간의 몸 밖에서 수태부터 만삭까지 자라난 아기들이 실제로 존재할지도 모르는 과학의 미래까지 내다본다. 이 과정에서 우리가 사는 세상을 만드는 법률, 정책, 제도가 어떤 방식으로 체외발생의 가능성을 제한하는지, 그리고 이 기술 때문에 어떻게 기존의 불평등이 악화되고 인권의 진보가 저해될 위험에 처하게 되는지 들여다본다. 나아가 우리가 만든 부적절한 현실과 상상력 한계를 넘어, 끝내는 인공자궁이 인류를 더 나은 방향으로 변화시킬 수 있는 미래로 나아가는 길을 쫓아가 본다.

2장

인공 위탁모

여러분이 초극소 미숙아의 부모이고, 의사가 인큐베이터와 인공
호흡기 병합 치료나 매우 실험적인 인공자궁 치료 중에서 한 가
지를 선택하라고 제안한다면, 어떤 선택지가 아기에게 가장 좋을
지 어떻게 결정하겠는가? 의료진은 여러분에게 각 치료의 위험성
과 치료 뒤 경과를 예상하여 알려줄 것이다. 각 선택지의 비용은
여러분이 사는 지역에 따라 다를 수 있다. 여러분은 이 모든 정보
를 가늠해 보고, 결국 어느 쪽이든 운에 맡길 것이다.

인공자궁은 아직 나오지 않았지만, 미숙아를 낳은 부모들은
아기를 치료하는 서로 다른 방식들 가운데 선택해야 하는 어려
움을 이미 겪고 있다. 이 글을 쓰는 지금 나는 임신 26주째이다.
이 연구 주제 덕분에 내가 절실히 깨닫고 있는 것은 아기가 내
자궁 안에 한주 한주 더 머물수록 건강하게 태어날 확률도 점점
높아진다는 사실이다. 아기가 태어나자마자 신생아 집중 치료를
받아야 하는 경우 이 상황에 직면해 본 사람이 아니면 그런 일
이 어떤 것인지 진정 알기는 힘들 것이다. 하지만 처음 아기를 임

신하고 불안한 마음으로 아무 일 없길 바라는 사람이라면, 그런 상황이 얼마나 감당하기 힘든지 이해하는 데는 대단한 상상력을 동원하지 않아도 될 것이다.

새로운 신생아 치료 기술을 실험적으로 적용해 보려면, 먼저 상당한 과학적 테스트와 윤리적 평가를 통과해야 한다. 만일 내가 심각한 조산 때문에 인공자궁 치료를 제안받는다면 앞서 진행된 이 기술에 대한 임상시험 내용을 문의하겠다. 기존에 실시된 여러 연구에서 대상자들이 몇 명이나 생존했는지, 어떤 합병증을 겪었는지, 인공자궁으로 옮겨진 시기가 내 아이와 비슷했는지 묻고 싶을 것이다. 하지만 궁극적으로는 의학적 근거와 통계만을 가지고 결정하지는 않을 것이다. 어려운 결정을 앞두고 확률로 선택하는 사람은 드물다. 나는 결국 본능에 따라 결정을 내릴 것이다. 내가 가진 정보를 고려해 볼 때 무엇이 옳다고 생각할까?

과학적 추론이 자료에 좌우되는 반면, 연구 그 자체와 연구를 관리·감독하기 위해 만든 윤리적·법적 지침에는 종종 복잡한 인간의 감정이 스며들어 있다. 부분 인공자궁에 대한 임상시험을 안전하고 엄밀하게 진행하기 위해서는 그 시험 방법의 범위와 미숙아 치료에 사용하기 위한 기준을 명확히 정해야 한다. 그렇지만 또한 이런 작업이 필요한 이유는 이 기술이 처음으로 이용될 가능성이 있는 상황, 즉 누군가가 생명이 위태로운 신생아를 막 출산한 상황에서 치료 동의는 결코 간단한 문제가 아니기 때문이다.

의학적 동의 요건은 당사자에게 선택지에 대한 정보가 충분히 제공되고, 당사자가 신체적·정신적으로 선택지를 이해할 수 있는 상태여야 한다. 또한 당사자가 강요받는 일 없이 치료에 자유롭게 동의해야 한다. 요건이 이렇다면 초극소 미숙아를 갓 출산한 상황에서 인공자궁을 적용해야 하는 최초의 임상시험이 윤리적으로 승인될 가능성은 희박하다. 22주에서 24주 사이의 신생아를 대상으로 임상시험을 기획한다고 가정할 경우, 이 정도의 조산은 부모와 아기 모두에게 충격적인 상황이다. 분만에 따르는 막대한 신체적·정신적 손상을 생각할 때, 이 일을 막 겪은 사람이 임상 연구 참여에 자유롭게 동의할 수 있는 상태는 아닌 것이다.

익스텐드EXTEND와 이브EVE 두 연구팀은 처음에는 비교적 통제된 환경에서 기술 적용을 시도할 가능성이 매우 크다는 점을 시사했다. 익스텐드 프로젝트의 공동 책임자 에밀리 패트리지는 지금까지의 연구가 임신한 암양에게서 아기양 태아를 적출하여 익스텐드 플랫폼에서 임신을 계속 이어가는 것과 관련이 있기 때문에, 인간에게 이 기술을 처음 적용할 때도 "극단적인 조산으로 제왕절개로 분만할 가능성이 있는 초극소 미숙아 50~60퍼센트"가 해당될 것이라고 예상했다.[1] 다시 말해 임신한 사람에게 극단적 조산 위험이 있다고 판단될 때 가능한 한 빨리 임상시험에 관심이 있는지 평가하게 될 것이라는 이야기이다. 이 결정은 누구에게나 어려운 일일 수밖에 없지만 조산을 겪는 동안 또는 그 이후에 동의를 구하면서 생기는 윤리적 의혹을 줄일 수 있다.

익스텐드 팀은 2017년 미국 내 임상시험을 관리하는 미국식
품의약국(FDA)의 승인 절차를 밟기 시작했지만 2022년 현재까지
승인을 기다리고 있다. 이 연구의 승인 요건을 결정하기가 얼마
나 어려운지 단적으로 보여주는 예라 할 수 있다. 부분 인공자궁
프로젝트를 진행하고 있는 미국, 호주, 일본, 네덜란드를 포함하여
대부분의 국가에서 진행되고 있는 신생아 연구에서는 과학자들
이 규제 지침을 준수하게 하는 한편, 인간을 대상으로 실시하는
임상시험의 경우 엄격한 승인 요건을 갖출 필요가 있다. 연구자
들은 최소한 자신들이 진행하고 있는 체외 임신 플랫폼이 다른
대안보다 우수하다는 사실을 보여주는 설득력 있는 사례를 확
보해야 할 것이다. 이브 연구팀의 매튜 켐프Matthew Kemp와 하루오
우슈다Haruo Usuda는 기존 신생아 치료보다 생존 가능성과 건강 예
측을 유의미하게 개선할 수 있다는 정당성에 근거하여, 이 치료
를 적용할 수 있는 "최초의 인공 태반 환자"를 찾아내는 일이 가
장 어려운 과정이 될 것이라고 말했다.[2] 익스텐드와 이브 팀의 후
속 연구들은 인간을 대상으로 실시하는 임상시험이 허용될 만한
유익한 환경을 찾는 데 중점을 두고 있는 것이 확실하다.

2019년 이브 팀은 실제 상황에서 기술의 효과를 검증하기 위
해 동물실험을 진행했다. 2017년 초기 실험 당시에는 건강한 양
에서 태아를 적출했다면, 보다 최근에 진행한 이 실험에서는 자

궁 내 염증이 동반된 사례에서 이 기술의 효과를 검토했다. 자궁 내 염증은 인간에게도 동물에게도 모두 발생할 수 있는데, 인간의 경우 종종 조산을 유발하고 신생아에게 해로운 영향을 끼친다. 연구진은 양lambs 연구에서 이브 플랫폼이 이런 결과를 예방하고 임신 기간이 짧아 출생 시 너무 낮은 저체중의 초극소 미숙아를 치료하는 데 도움이 된다는 증거를 보여주었다.

재태 기간 26주에서 27주 사이의 신생아에게는 인공자궁이 인공호흡기와 인큐베이터 같은 기존 치료보다 반드시 효과적이라는 보장이 없기 때문에 적용하기 어려울 수 있다. 효과가 입증된 치료와 실험적인 치료 중 한 가지를 선택해야 하는 경우, 내 아이가 이 시기에 해당하고 두 치료법의 예상 결과가 유사하다면 나는 기존 기술을 선택하겠다. 하지만 과학자들이 예컨대 22주 미숙아가 장기적인 후유증 없이 생존할 확률이 기존 치료법을 사용했을 때 10퍼센트인 반면, 인공자궁을 적용했을 때 50퍼센트라는 점을 보여줄 수 있다면 훨씬 더 결정하기가 쉬울 수 있다. 내게 임신 21주째에 자궁 내 감염이 발생하고, 제왕절개 수술과 인공자궁에 아기를 옮기는 과정이 포함된 임상시험에 참여하여 내 아기에게 기회를 줄 수 있다는 정보를 접하게 된다면, 나는 진지하게 참여를 고려하겠다. 인공자궁 기술의 첫 번째 임상시험은 미래에 이런 식으로 시작될 가능성이 크다.

익스텐드 연구팀도 마찬가지로 동물실험을 진행하면서 인간 대상의 임상시험을 정당화해줄 수 있는 환경을 탐색하기 시작했다. 가장 최근의 연구에서는 인공자궁 임신이 양lamb 태아의 신경 발달에 미치는 영향을 살폈다. 조산의 가장 흔한 합병증은 뇌 손상이므로 인공자궁으로 이런 합병증을 예방할 수 있다는 결과가 나온다면, 신생아 대상으로 한 임상시험 사례를 뒷받침하는 데 도움이 될 것이다. 동물 연구 결과에서 초극소 미숙아의 신경학적인 문제 발생률을 인공자궁이 유의미하게 줄인다면, 연구팀은 이 기술의 혜택이 실험에 따르는 희생을 능가한다고 주장할 수 있게 된다. 그리고 연구자들이 여러 차례 되풀이하여 말했듯이, 임상시험 도중 인공자궁 안에 들어간 아이가 힘들어할 때는 기존의 치료 방식으로 전환할 수도 있을 것이다. 현재 지침에는 아기 부모의 결정으로든 연구자의 결정으로든 언제든지 표준 치료로 전환할 수 있다고 규정되어 있다. 하지만 임상시험에 들어가는 인공자궁에 대한 최초의 정당성이 어떻게 확립되든 치료에 어느 정도의 위험이 수반되는 것은 불가피하다.

전염병 대유행으로 지난 몇 년간 어디에서나 과학적 데이터와 연구, 그리고 윤리에 대한 대화가 오갔다. 갑자기 누구나 백신 규제가 목적에 부합되는지 한마디씩 거들 수 있게 되었다. 과학자와 의료진들이 거듭 강조함에 따라 신약과 신기술의 승인 과정은 엄격하게 정비되었다. 인간을 대상으로 하는 연구를 엄격하게 규제하게 된 이유는 과학자나 의사 개인이 실험적인 의료 행위의 범위를 일방적으로 결정하게 놔둬서는 안 된다는 역사적 교훈이 있었기 때문이다. 백신 분야 못지않게, 신생아 연구 분야에서 나온 과거 사례도 감독과 책임의 귀속 절차가 과학 연구에서 왜 그토록 중요하게 되었는지 정확히 시사한다.

미숙아를 대상으로 한 초기 생의학* 연구 중 일부는 윤리지침이 전혀 존재하지 않는 환경, 즉 대중의 공정한 시선 및 참여로 열리는 전시회에서 이루어졌다. 〈그래픽〉지에 실린 인큐베이터의 '인공 위탁모' 이미지는 다소 엉뚱하지만, 아기가 너무 일찍 태어나면 그저 집에서 앓거나 자신감이 넘치는 의사에게 건네져, 실험적인 치료를 받으면서 대중에게 전시되던 시대의 잔재이기도 하다. 이렇게 초기의 인큐베이터는 아무런 규제 없이 순전히 시행착오를 통해 발전했다.

1837년 독일 산부인과 의사 칼 크레데Carl Crede는 **온열 양육기** Warmwarren를 만들었다. 통 안에 아기를 눕히고 외벽에 온수를 순환시켜 따뜻하게 해주는 기술이었다. **온열 양육기**는 관리하기가 어려웠고 잠재적인 안전 문제도 많았다. 200년 가까이 지난 지금 우리는 시험 대상이 된 한명 한명이 누군가의 아기였다는 사실을 때때로 잊기 쉽다. 지금 내 아기가 일찍 나온다면 어떤 치료를 원하고 어떤 치료는 원하지 않는지 결정하기 위해, 나는 치료의

---

* **생의학** biomedical, 생물학적, 생리학적 원리를 임상시험에 적용하는 의학의 한 분야

안전성과 예상되는 결과를 자세히 물을 수 있을 것이다. 그러나 인큐베이터가 처음 연구되던 시대의 아기 엄마들은 아마 상당히 거들먹거리는 의사들의 자비에만 의지했을지도 모른다. 아기를 살리고 싶습니까? 그렇다면 따뜻하게 데운 금속 욕조 안에 아기를 넣고 경과를 지켜봅시다. 타르니에가 1880년대 파리 산부인과 병원에 인큐베이터를 도입하던 당시의 초기 설계는 아기 여러 명을 따뜻한 수조 위에 떠 있게 하는 방식이었다. 이 아기들은 누구의 아이였을까? 이 기술의 작동 방식에 대해서는 기록이 자세히 남아 있지만, 최초의 환자들이 어떻게 되었는지는 알 길이 없다.

시간이 지나면서 이 시스템은 뜨거운 물병으로 둘러싼 인큐베이터에 아기를 한 명씩만 눕히고 간호사가 자주 물병을 갈아 주는 방식으로 달라졌다. 사망률에 영향을 미치지는 못했어도 현대식 인큐베이터에 한 걸음 더 나아간 변화였다. 1890년대 알렉상드르 라이옹Alexandre Lion의 특허는 타르니에의 모델을 한 단계 더 발전시켜 가능한 한 손이 가지 않는 방식으로 기능을 유지할 수 있게 했다. 라이옹은 온수 파이프와 자동 환풍기를 이용하여 인큐베이터 안의 공기를 따뜻하게 하고 유리 뚜껑을 덮어 부모와 의료진들이 아기를 들여다볼 수 있게 했다.

소아과 의사이자 의료 사학자인 제프리 베이커Jeffrey Baker가 《탁아소에 있는 기계The Machine in the Nursery》라는 자신의 책에서 주장하듯이, 의료진들은 인큐베이터 덕분에 미숙아가 만삭아와 다른 환자라는 사실을 이해하기 시작했다. 그저 영아 사망률 통계에 포함되는 "약한 아기"가 아니라, 특별한 치료가 필요할 수 있는 일찍 태어난 아기라는 사실을 처음 알게 된 것이다.[3] 신생아학이 하나의 전문 분야로 태동하는 순간이었다. 오늘날, 시설이 잘 갖춰진 부유한 병원의 신생아 전문의들은 26주 만에 태어난 아기를 치료하는 데 주저하지 않을 것이다. 그런데 1880년대 가장 작은 신생아를 구할 목적으로 인큐베이터라는 새로운 치료법을 옹호했던 의사들은 후원을 얻어내기 위해 고분군투해야 했다. 이들이 자신들의 신기술을 홍보하기 위해 만국박람회World's Fairs를 활용하게 된 이유도 바로 이런 어려움 때문이었다.

라이옹의 인큐베이터를 보기 위해 돈을 지불하고 구경하는 관람객들 사이에서 **킨더브루텐슈탈트**Kinderbrutenstalt(아기 부화장)에 있는 유리 상자 속 자신의 아기를 들여다보는 부모들의 마음은 어땠을까? 여러분이었다면 아기가 능력 있어 보이는 의사의 손에 있는 것 같다는 사실에 희망을 품고 안도했겠는가, 아니면 그 광경을 보고 충격을 받았겠는가? 라이옹의 협력자이자 피에르 부댕Pierre Budin이라는 산부인과 의사와 함께 프랑스에서 수련을 받았다고 주장한, 마틴 쿠니는 인큐베이터 아기 쇼의 인기를 완전히 새로운 경지로 끌어올렸다. 쿠니는 이탈리아 토리노, 1900년 파리만국박람회, 1901년 버팔로 범미박람회Pan-American Exposition, '인펀토리엄the Infantorium'이라고 직접 명명한 네브래스카주 오마하

Omaha에 있는 놀이동산 전시를 거쳐 마침내 상설 전시를 열었다. 바로 1943년까지 계속해서 전시를 했던 코니아일랜드 루나 파크에서였다. 아기들은, 입원비를 지불하지 못해 대신 쿠니를 찾아온 엄마 아빠의 팔에 안겨 코니아일랜드에 도착했던 것이다.

인공자궁이 인간 아기를 대상으로 임상시험에 착수할 때쯤이면 이 치료의 이점을 뒷받침하는 강력한 동물실험 증거가 확보되어 있을 것이다. 인큐베이터가 나온 초창기에 쿠니와 그의 동료들은 아무런 감독을 받지 않았을 뿐만 아니라, 치료법의 효과도 그저 추측할 뿐이었다. 그럼에도 그가 치료한 아기 환자들은 모든 점에서 당시 다른 어느 곳에서도 받을 수 없는 수준의 치료를 받았다. 아기들은 단단히 싸매어 따뜻하게 해주고 2시간마다 유모가 젖을 물렸다. 또 의료진이 세심하게 위생 상태를 관리하면서 24시간 주기로 관찰했다.

쿠니와 그의 동료들은 신생아를 구할 가치가 있는 소중한 생명으로 받아들이면서 일종의 혁신적인 프로젝트에 참여한 셈이었다. 초기의 열광과 호기심이 수그러들자 의학 잡지에서는 스스로 잘 자랄 만큼 강인하지 않은 아기를 돕는 일이 과연 현명한 일인지를 두고 논쟁이 일었다. 일부 의사들은 '약한' 아기를 구해주면 사회가 약한 어른들로 넘쳐나는 심각한 결과를 초래할 것이라고 했다. 1917년 시카고에서 일하는 한 의사는 이른바 '부적합한' 결혼 관계를 맺은 한 커플이 아기에게 '결함'이 있을 거라는 의학적 권고를 무시한 채, 아기를 임신한다는 내용의 영화 〈검은 황새The Black Stork〉를 제작한 아주 냉혹한 사례도 있었다. 엄마는 아기가 태어난 후 죽게 놔둔다. '결함이 있으면 죽어서 나라를 구하라'는 이 무성 영화의 소름 끼치는 슬로건은 이 의사의 실제 진료를 반영한 것이기도 했다. 그는 약해서 살아남기 힘들어 보이는 아기를 굶어 죽게 내버려 두었다는 혐의로 조사를 받자, '내가 그 아이의 생명을 구했더라면 더 큰 죄를 지었을 것이다. 자연의 가장 잔인한 실수 중 하나를 존속시킨다는 것이 내 죄였을 것이다'라고 말했다.

아주 극단적인 사례지만, 1900년대 초 의료계의 다른 사람들도 일찍 태어나거나 힘들게 태어난 아기들은 본래부터 튼튼하게 태어난 아이들만큼 가치 있는 생명이 아니라는 견해를 개인적으로나 공적으로 지지하고 있었다. 아기를 인큐베이터에 넣어 전시하는 일이 부수적인 여흥거리가 됐다며 몇몇 언론에서도 비판 기사를 냈다. 하지만 이 아기들을 돌보는 의사와 간호사들은 교대 근무를 하며 그들의 수 많은 동료와 다른 행보를 걷고 있었다.

오늘날에는 조산아를 살리는 치료가 근본적으로 좋은 일이라고 여기며, 이런 의미에서 신생아 치료에 도움이 되는 인공자궁은 널리 환영받아 왔다. 하지만 이렇게 되기까지는 오랜 세월이 걸렸다. 다운 라펠Dawn Raffel이 자신의 책에서 쿠니에 대해 언급했듯이, 그가 조산아들을 데려간 많은 축제장에서는 우생학 전시도 함께 열렸다. 그곳에서는 결혼에도 '적합'한 결혼과 '부적합'한 결혼이 있고, 사회가 진보하기 위해서는 적합한 결혼이 필수적이라는 생각을 고취시켰다.[4] 3장에서는 이런 우생학의 역사가 지금까지도 불가피하게 인공자궁 기술에 대한 논의와 엮이는 양상을 살펴본다. 작고, 연약하며, 계속 돌봐주어야 하는 인큐베이터 아기들은 부모들이 잘 맞지 않아 건강하지 못하다거나, 작다거나, 장애가 있는 아기로 태어난다는 선전이 난무하는 시대에 자랐다. 《코니아일랜드의 기적Miracle at Coney Island》을 쓴 클레어 프렌티스Claire Prentice에 따르면 쿠니와 그의 팀은 수년간 8천 명의 아기를 받아들여 6천 5백 명을 살려냈다.[5]

이르게는 6주나 일찍 태어난 미숙아들을 맡아 생존율이 81퍼센트였다니 놀라운 일이 아닐 수 없다. 지금의 상황과 비교해 보자면, 영국의 수준 높은 신생아 집중치료실에서 치료받는 27주의 신생아 생존율은 89퍼센트이다. 아기가 태어나자마자 안고 달려가려면 전시장에 충분히 가까운 곳에 있어야 했겠지만, 쿠니는 모든 인종 및 사회계층과 무관하게 아기들을 받아들이고 부모들에게서 돈을 전혀 받지 않았다. 쿠니는 자신의 프로젝트를 언제까지나 박람회의 소재로 내세울 수 없다는 사실을 알고 있었기에, 1903년 루나 파크에 상설 전시장을 설치한 후에도 병원들에게 인큐베이터를 도입하라고 계속해서 촉구했다. 그럼에도 1930년대까지 갈 곳이 없던 뉴욕시의 미숙아 부모들은 쿠니를 찾아갈 수 있었다.

한 세기가 지나 2020년대가 된 지금은 인간을 대상으로 하는 실험을 관리하기 위한 책임 절차를 갖추고 있다. 부분적인 이유로는 절박하고 다른 선택지가 없어 충분한 설명에 근거한 동의를 적용하기 어려운 사람들이 있기 때문이다. 가령 동물실험에서 21주에서 22주 사이에 태어난 태아의 건강을 인공자궁이 유의미하게 개선할 수 있다는 결과가 나온다고 해도, 연구진들이 출산 직후 부모들에게 이 치료법을 제안하면서 다른 선택지와 위험성에 대해 명확한 정보를 제공하지 않을 경우 여전히 비윤리적인 일이 될 것이다. 쿠니는 아기들을 무료로 치료했지만, 아무런 규제가 없는 실험이기도 했다. 물론 이런 행위를 저지하는 법이나 윤리위원회도 없었다. 하지만 1890년대 아기 쇼 전성기에도 이 전시에 기괴한 면이 있다고 주장하는 의료계와 언론들은 있었다. 1911년 엄청난 화재가 쿠니의 전시장을 휩쓸고 지나갈 때 아기들은 겨우 구했지만, 그 이후에서야 뉴욕주의 아동학대방지협회는 쿠니가 하던 일을 병원으로 이관하라고 요구하기 시작했다.

쿠니를 포함하여 여러 박람회장에서 인큐베이터 아기를 전시하던 사람들은 당시 특정 집단을 사람으로 대하기보다는, 인간 이하의 호기심 대상으로 취급하던 관행에도 일조하고 있었던 것이나 마찬가지였다. 만국박람회는 행사를 개최하는 제국들의 과학적 역량과 통치 능력을 보여주는 행사였다. 또 제국주의를 선전하는 수단으로, 인간을 호기심의 대상으로 전시하는 곳이었다. 다시 말해 만국박람회는 권력을 남용하고 행사하는 수단으로 인간을 실험 대상으로 이용했다는 점에서 냉철한 시선으로 바라봐야 하는 역사적 유산이다. 케이티 손튼Katie Thornton 기자가 당대 미국에서 개최된 박람회를 두고 언급했듯이, 다음과 같은 광경은 흔히 볼 수 있는 일이었다.

아메리카 원주민 또는 먼 나라 사람들이 그들의 고향을 정형화된 모습으로 묘사해놓고 그곳에 들어가 살고 있는 민속마을이다. 말 그대로 우리에 가두고 땅속에 갇힌 사람들이 있었는데 보수를 받았다는 기록은 없었다. 그런 와중에 특권층의 여흥을 위해 기꺼이 인간 생명을 착취하려는 비열한 행태가 빈발했고, 힘들어하는 아기들을 보여주며 돈을 받는 일도 이런 비윤리적 행태의 또 다른 모습이었다[6]

1893년 시카고에서 열린 박람회에서도 인류학자들이 전 세계 곳곳에 사는 토착민들을 그들의 '거주지habitats'에 사는 모습으로 전시했다. 1904년 루이지애나 매입 박람회*에서는 백인 연구

---

* **루이지애나 매입 박람회** The Louisiana Purchase, 일반적으로 세인트루이스 세계 박람회로 알려진 루이지애나 매입 박람회는 루이지애나 매입 100주년을 기념하고, 1904년 올림픽 게임과 동시에 개최되었으며 4월 30일부터 12월 1일까지 열렸다.

자들이 비슷한 방식으로 필리핀 토착민들을 전시했다. 이렇게 토착민과 미숙아를 구경거리로 삼는 일은 제국주의 지배를 과시하는 행위였는데, 말하자면 이제는 정복을 당해 상품화된 사람들을 연구할 수 있고 그냥 놔두면 결국 죽게 될 아기들을 대상으로 실험할 수 있는 백인 제국의 힘을 보여주는 퍼포먼스였다.

아기 쇼가 대중들에게 처음 받아들여지던 순간부터, 가짜 인큐베이터가 사기꾼들에 의해 만들어진 일도 있었다. 루이지애나 매입 박람회 당시, 경험이 없는 의사를 고용하여 자신을 보조하게 했던 기회주의자 에드워드 베일리스Edward Bayliss는 판매업자 면허증을 받고 난 뒤 인큐베이터를 무덥고 불결하게 관리하고, 아기들에게 우유, 시리얼, 달걀을 먹여 결국 장염으로 45명 가운데 약 39명의 아기들을 사망하게 했다. 인큐베이터에 들어가지 않았더라면 이 아기들의 운명이 어떻게 바뀌었을지 알 수는 없겠지만, 결과적으로 아기들의 죽음은 티켓 판매를 위해 제대로 돌보지 않은 직접적인 결과였다.

이 소식을 들은 쿠니는 〈뉴욕 이브닝 저널New York Evening journal〉에 분노에 찬 글을 기고하며 이 사건을 희대의 범죄라고 말했다. 하지만 그 역시 무분별한 일을 저지른 것은 마찬가지였다. 클레어 프렌티스Claire Prentice의 폭로에 따르면 유럽에서 최고의 수련을 받았다고 주장했던 쿠니는 사실 의사 자격을 취득한 적도 없었다. 하지만 이익에 눈이 멀어 전시된 미숙아들의 안녕을 뒷전으로 미루었던 베일리스와 달리, 쿠니는 자신의 아기 환자들을 우선순위에 놓았다. 그는 분명 제대로 된 교육을 받지 못했음에도 불구하고 탁월한 수준으로 치료에 전념했고 숙련된 간호사들을 고용했다. 그렇지만 베일리스의 경우만 보더라도 상황이 전혀 다르게 흘러갈 수 있다는 사실을 알 수 있다. 공식적인 의사 자격증이 없는 이 두 사람 가운데 한 사람은 수천 명이나 되는 미숙아의 생명을 구한 반면, 다른 한 사람은 본인에게 맡겨진 미숙아들을 소홀히 돌봐 죽음에 이르게 했다. 이렇게 갈리는 두 사람의 이야기는 인간을 대상으로 하는 연구에서 관리·감독이 윤리적인 면에 왜 그토록 중요한지 시사하는 증거라 할 수 있다. 루이지애나 매입 박람회 당시 39명의 아기가 사망한 단 한 번만의 사고를 계기로, 인간 대상 연구를 어떤 조건에서 누가 수행하게 허용할지 정교한 기준을 도입했더라면 좋았을 텐데, 불행히도 이 사안을 다루게 되기까지는 더 많은 잔혹사가 이어진다.

과거와 현재의 잔인한 실험 사례가 사람들에게 불러일으킨 공포는 향후 인공자궁 연구가 규제될 방향에 대한 논의에도 영향을 미칠 수 있다. 전염병 대유행기에 나타난 백신 접종 기피 현상에서 분명하게 알 수 있었듯이, 비윤리적인 인간 대상 연구가 남긴 트라우마는 현대 과학과 의학에서도 자주 출몰한다. 과거 내내 그리고 전지구적으로 인간을 대상으로 자행됐던 연구 사례들이 오늘날 이미 소외된 공동체를 겨냥하고 인간성을 말살하는 데 같은 방식으로 활용되면서 트라우마도 깊어졌던 것이다.

초기의 인큐베이터 실험이 이런 유산과는 무슨 관련이 있을까? 미숙아 치료를 연구하는 의사 개개인은 생명을 살리겠다는 의도로 이런 일을 시작했을지 모른다. 또, 적어도 일부 부모들 역시 이런 행위를 지지했을 것이다. 하지만 병원에서든 박람회장에서든 이들은 거버넌스*도 없이, 그리고 이 연구에 따르는 희생이나 이익에 대한 사전 지식도 없이 인간 대상으로 연구를 진행하고 있었다.

1930년대 말이 되자, 전체적으로 인큐베이터의 위상이 추락했다. 영국, 프랑스, 미국에서는 조셉 디리Joseph DeLee의 시카고 분만 병원처럼 현대적인 신생아 집중치료실의 전신이라 할 수 있는 인큐베이터 전문 병동을 1900년대 초에 이미 갖춘 병원도 있었다. 하지만 이 기계는 값비싸고 다루기 어려웠다. 또 애초부터 그 효과를 의심하는 의사들의 광범위한 지지를 받지 못해 인기도 끌지 못했다.

이 기술은 미숙아 치료에 진지하게 접근하는 의사들이 점점 늘어나던 1940년대 초반까지 의료의 주변부에 밀려나 있었다. 1943년 뉴욕 코넬병원에 처음으로 미숙아 병동이 갖춰질 즈음(쿠니가 인큐베이터 아기 전시를 영구 종료한 바로 그 해), 인큐베이터는 미

---

* **거버넌스** governance. 정부, 시민단체 등 다양한 행위자가 공동 관심사에 관한 네트워크를 구축하여 문제를 해결하는 방식.

숙아에게 열과 산소를 함께 제공하기 위해 재도입되기 시작했다. 라이옹의 초기 기술에는 결함이 있었지만 아기를 자궁처럼 따뜻하게 해주어야 한다는 기본 원칙은 여전히 유지되었다.

1920년대와 1930년대 인큐베이터 쇼를 조마조마한 마음으로 지켜보던 평론가들은 미숙아에 대한 새삼스러운 관심이 인간 대상 연구의 표준을 확립하려는 중대한 사회적 흐름과 만났다는 사실에 안도했을 것이다. 2차 세계대전이 끝난 후, 나치 과학자들이 강제 수용소에서 어른과 아이들을 고문하고 죽이는 데 의학 실험을 활용했다는 사실을 알게 된, 전 세계의 사람들이 여기에 대응하기 시작하면서 연구 윤리에 국제적 관심이 집중되었다. 홀로코스트에 대한 책임을 묻기 위해 23명의 나치 의사들이 재판을 받았고, 이를 계기로 뉘른베르크 강령*이 제정되었다.

이 강령에는 인간 대상 연구의 기본 원칙을 담은 10가지 윤리 지침이 담겨 있다. 여기에는 연구 참여자에게 충분한 정보와 설명 동의를 제공할 법적 능력이 있어야 하며, 언제든 동의를 철회할 수 있어야 한다는 규정이 포함되었다. 또 인간 대상 연구를 진행하려면 동물실험이 선행되어야 하고, 실험 설비와 준비사항을 적절히 갖추어야 하며, 불필요한 고통과 피해를 방지해야 한

---

* **뉘른베르크 강령** Nuremberg Code. 인간을 대상으로 실시하는 연구 및 실험에 적용하는 열 가지 핵심적인 윤리 법칙. 제2차 대전 이후 독일의 의사 및 과학자들이 전쟁 포로와 수용소 민간인들을 대상으로 저지른 반인류적인 실험으로 재판을 받았고, 그 결과 1947년 재판 판결문에 윤리적 기준이 명시되었으며, 이것이 뉘른베르크 강령이 만들어지게 된 동기이다.

다고 강조했다. 만약 쿠니가 여전히 사업을 진행하고 있었더라면, 인간 대상 연구를 수행하는 사람은 과학적 자격을 갖추어야 한다는 수칙 때문에 중단해야 했을지도 모른다.

뉘른베르크 강령은 연구 참여자의 권리에 초점을 두었다. 전쟁 이후 의사와 의학 연구자들을 위한 연구 지침에 대한 정비 작업도 계속되었다. 1964년에는 세계의사회가 헬싱키 선언을 내놓았다. 윤리 원칙을 담은 이 문서는 세계 여러 나라에서 법이나 의료 지침으로 성문화되어 인간 대상 연구에 착수하는 사람들의 의무를 규정한다. 1982년 세계보건기구와 국제의과학기구협의회는 국가들이 뉘른베르크 강령과 헬싱키 선언을 현장에 적용할 수 있도록 돕기 위해, 인간을 대상으로 하는 생명의학 연구에 대한 국제윤리지침을 제정했다. 지금은 인간 대상 연구로 인해 얻는 이익이 그에 따른 희생보다 커야 한다는 기본 원칙이 자리 잡았지만, 연구 기관에 거버넌스를 확립하는 한편 각국에서 법제화 운동을 벌이고 국제 협약을 통해 책임을 맡을 현대적인 재단을 설립하기까지는 오랜 시간이 걸리게 된다.

1950년대부터 1970년대 사이에는 조산의 후유증을 바로잡기 위해 수많은 노력이 있었다. 미숙아에 관심을 쏟는 연구자들이 많아지면서부터는 이 아기들이 왜 그토록 취약한지 알 수 있는 근거들이 더 많이 알려졌다. 의사들은 미숙아들이 미성숙한 장기 때문에 온갖 합병증에 시달린다는 사실을 이해하기 시작했다. 초극소 미숙아들에게 심각한 호흡기 문제가 자주 발생하는 이유는 너무 일찍 자궁 밖으로 나오면서, 폐 표면을 미끌미끌하게 덮어 폐 허탈을 막아줄 표면 활성제를 만들 시간이 부족했기 때문이다. 자궁 내 액체 환경을 벗어나 호흡할 때 폐를 확장할 능력이 없는 아기에게는 온기 외에 산소도 필요했다. 1960년대에는 신생아의 호흡을 도울 인공호흡기를 만들려는 노력이 처음으로 시작되어, 너무 일찍 태어난 아기를 치료하는 데 필요한 또 다른 중요한 처치를 위한 토대를 마련하게 된다.

최초의 인큐베이터 실험 이후 윤리적 기준이 상당히 발전했지만, 신생아 연구 관행은 아직 갈 길이 멀다. 언론들은 오늘날의 부분 인공자궁 기술이 완전히 새로운 기술인 것처럼 보도하지만, 과학자와 신생아를 연구하는 학자들이 인공자궁을 만들려고 처음 시도한 것은 1950년대였다. 처음 인공자궁을 설계한 사람들은 자연스러운 자궁 환경에서 단서를 얻었다. 1950년대와 1960년대 인공자궁을 연구하던 사람들은 한발 더 나아가 아기를 띄울 수 있는 인공 양수를 만들고자 했다. 이들은 아기가 공기 속에서 폐를 부풀리지 못해 문제라면, 아기를 액체 안에 띄워 더 자랄 시간을 주면 된다는 가설을 세웠다.

1960년대 스탠퍼드대 산부인과 교수 로버트 굿린Robert Goodlin은 임신중지 시술 중에 임신 10주에서 18주 사이에 있는 태아를 여성의 자궁에서 산 채로 꺼내어 생존시키는 연구를 시도했다.

나중에 굿린이 시인했듯이 그에게 임신중지 시술을 받은 여성들 가운데 적어도 몇 명은 태아가 연구용으로 남겨진다는 사실을 몰랐다. 굿린은 임신중지를 반대하는 학생들의 항의 때문에 곤란한 지경에 처했는데, 이 사건은 장기간 태아 연구를 조사한 미국 상원의 소위원회 1974년 보고서에 기록된다. 사실 굿린과 학생 시위자들은 서로 맹렬히 비판했지만, 그 이유는 굿린이 태아들을 성공적으로 살리지 못했기 때문이었다고 볼 수 있다. 학생들은 굿린처럼 미숙아와 태아를 '구한다ₛₐᵥₑ'는 인공자궁의 목표가 가치 있는 일이라고 여겼다. 또 학생들은 '아직 태어나지 않은 아이들'이 학대받았을 가능성에도 주목했다. 그러나 진짜 윤리적 쟁점은 굿린이 태아의 생명을 유지하려는 자신의 실험에 대해 알리지 않고 임신 종결을 원하는 사람들을 기만했다는 부작위[*] 문제였다. 그는 동의를 구하지 않았다.

인공자궁에 대한 임상시험이 지금 승인된다면, 이 자궁 안에 들어갈 환자는 아기를 기다리다 조산을 겪고 연구에 참여하기로 동의한 부모들의 아기가 될 것이다. 이렇게 되면 임신중지를 원하던 사람에게서 적출한 태아를 몰래 기르는 연구와는 전혀 다른 이야기가 된다. 만약 굿린의 연구가 성공했다면, 살아남은 실험 대상은 과연 누가 책임지게 되었을지 생각해 보자. 자기가 만든

---

[*] **부작위** omission, 마땅히 해야 할 일을 일부러 하지 아니함.

실험 환경에서 태아를 길러낸 과학자가 직접 아기의 양부모가 되었을까?

놀라운 일은 아니지만 2020년대 초반인데도 부분 인공자궁에 대한 임상시험을 지지할 만한 근거가 충분치 않은 것을 감안하면, 1960년대 연구자들은 체외 임신으로 연구 대상을 생존시키는 데 부분적인 성공을 거둔 셈이었다. 앞서 우리는 특히 윤리적으로 문제가 있는 연구를 강행한 충격적인 사례들을 살폈다. 그런데 새로운 미숙아 치료법을 개발하고자 하는 열정으로 미루어 보면, 동시대 전반에 걸쳐 유사한 사례들이 계속해서 발생했다는 의미였다. 연구자들은 놀이공원 사례보다 더 나아갔다. 그렇지만 신생아학은 아직 초기 단계에 있었기 때문에 미숙아를 치료하는 새 방법의 시행착오가 때때로 나쁜 결과를 초래하는 경우도 있었다. 이를테면 1940년대와 1950년대 내내 의사들은 실명을 초래하는 수정체 후 섬유증식증retrolental fibroplasia(RLF)이 발생하는 이유를 이해하지 못했다. 그리고 나중에 가서야 이 증상이 장기의 미발달로 인해 생긴 합병증이 아니라, 치료 과정에서 산소를 남용했기 때문이라는 사실을 깨닫게 된다. 제프리 베이커가 자신의 연구에서 주의 깊게 짚어냈듯이, "작은 미숙아들의 생명을 살려야 한다는 당위성은 새로 도입되는 많은 치료법이 실제로 도움이 되는지 아니면 해로운지에 대한 질문을 압도하는 경향이 있었다."[7] 즉, 사람들은 아기의 생명을 구한다는 목표가 사회와 가족들에게, 그리고 아기에게 큰 도움이 된다고 여긴 나머지 사망이나 장기 후유증 같은 실험 대가를 간과하기도 했다.

윤리적 사안을 우리 각자가 원칙적으로 바라보는 방식은 이 사안을 우리 가족에게 적용할 때 바라보는 방식과 반드시 합리적으로 일치하지는 않는다. 나도 마찬가지인데, 이를테면 검증되지 않은 실험적인 처치를 의사 개인이 미숙아에게 적용하는 일은 어떤 상황에서도 허용되지 말아야 한다고 생각한다. 이런 내 견해는 잘못된 치료 때문에 사망한 미숙아들에 대한 역사적 기록에 근거한다. 그렇지만 문제의 아기가 실제로 존재하고 실감하면서 몇 달 동안 몸속에 지니고 다니던 내 아기라면 생각이 달라질 수 있다. 나는 한 번도 실험된 적 없거나 동물에게 단 한 번도 시도한 적이 없는 것에 효과가 있을 수 있는, 아주 작은 가능성이라도 있다면 동의할 수도 있다. 우리는 감정에 휘둘리는 존재이며 심지어 종종 논리와 무관하게 움직이면서도 이성을 따르고 있다고 착각하기도 한다. 인간 대상의 임상 연구 지침 및 규제들은 곤란한 의학적 상황에서 할 수 있는 일과 할 수 없는 일의 경계를 알 수 있도록 기본 규칙을 미리 정해 두는데, 판단 과정에서 감정을 배제하기 위해서다. 오늘날 인공자궁 개발이 진행되고 있는 국가에서는 저마다 이런 경계를 다양하게 두고 있다.

네덜란드의 경우 인간대상연구 중앙위원회가 인간대상 의학 연구법Medical Research Involving Human Subjects Act에 근거하여 임상시험을 관리한다. 독립적인 의학연구 윤리위원회가 인간을 대상으로 하는 임상시험의 법적 요건을 충족하는지 면밀하게 평가하면서 인공자궁 연구를 검토한다는 의미이다. 위원회는 인간 대상 연구가 필요한지, 잠재적 위험이 지나치게 크지 않은지, 연구 참여자가 자발적으로 동의할 수 있을 만큼 충분히 정보를 제공하도록 설계되어 있는지 여부 등을 평가할 것이다.

유럽의 법체계에서는 인간이 사용하는 의료 기기 연구를 진행하려면 위험보다 이익이 명백히 크다는 사실이 확실해야 한다. 어린이는 취약한 집단으로 분류되므로, 신생아가 포함되는 임상시험에는 더 엄격한 기준이 적용된다. 이런 연구를 진행하려면 잠재적 위험을 모두 알린 후 아무런 강요 없이 부모 양쪽의 자유로운 동의를 얻어야 한다. 신생아가 얻게 될 직접적인 이익을 입증해야 한다. 불편과 고통을 최소화해야 하고, 반드시 소아과(또는 이 경우 신생아학) 전문의가 심의 위원회에 참여해야 한다. 아기의 부모는 언제든 동의를 철회할 수 있고, 연구자에게 그 이유를 설명할 필요도 없으며, 어린이(또는 이 경우 아기)가 치료에 저항하는 것 같은 행동을 보이면 연구를 중단해야 한다. 연구자들은 환자의 이익이 과학이나 사회의 이익보다 우선한다는 사실을 성인 대상 연구를 진행할 때보다 더 분명히 보여줄 수 있어야 한다.

네덜란드, 일본, 호주, 미국은 모두 임상시험 관리지침을 법이나 의료윤리강령으로 채택했다. 이 지침들은 1990년대 국제 의약

품 규제 회의가 열리고 인간을 대상으로 실시하는 임상 연구의 세계 표준이 정해진 뒤에 나왔다. 이 회의에서는 13개 주제를 도출하고, 임상시험 대상자의 권리, 안전, 안녕을 보호하고 시험의 이익이 위험을 정당화할 수 있다는 점과 시험 의도가 분명하고 건전하다는 점을 확인할 수 있어야 한다고 강조했다. 동의는 충분한 정보에 근거하고 자발적이어야 한다. 임상시험을 수행하는 사람들은 이에 합당한 전문가들이어야 하고, 해당 기관의 감사위원회나 독립적인 윤리위원회의 승인을 받아야 한다. 인공자궁을 연구 중인 각 나라에서는 뉘른베르크 강령과 헬싱키 선언 이후 확립된 내용과 동일한 원칙들을 반복적으로 적용하고 보완하여 지침 및 규제들을 강화하고 있다. 여기에는 인간을 대상으로 실시하는 임상시험이 남용되는 일을 막기 위해 여러 층의 보호 장치가 들어가 있는데, 감정이 윤리를 압도하는 상황에 맞닥뜨린 사람들을 보호하려는 목적도 있다.

인공자궁이 초극소 미숙아 치료에 활용되기에 앞서 넘어야 할 연구의 걸림돌을 고려해 보기도 전에, 인공자궁에 대한 논의는 최근의 동물실험에서 이 기술이 널리 사용되는 상상 속 미래로 건너뛸 때가 많다. 2022년 1월 일론 머스크Elon Musk의 발언으로 촉발된 기술지상주의자*들의 분주한 움직임은 이런 현상을 잘

---

* **기술지상주의자** tech bros, 대개는 디지털 기술 산업에 종사하고 자신의 능력을 과신하여 좋은 사회적 스킬이 부족하다는 인상을 주는 미국 남성들

보여주는 예이다. 그저 여성들이 수월하게 임신하도록 돕기 위해 '인조 자궁synthetic wombs'에 투자한다니 말이 되지 않는가? 앞으로 이런 발상의 복잡한 함의를 살펴보겠지만, 인공자궁을 만드는 일이 '단순'하리라는 생각은 (머스크와 그 무리의 지지를 받는다 해도) 그 과정에서 마주치게 될 상상을 초월하는 걸림돌을 간과한다. 이 연구는 그저 테슬라의 투자가 늦어져 정체된 분야가 아니다. 연구자 집단은 일종의 체외 임신을 구현하기 위해 수십 년간 진지하게 매달려 왔지만, 도중에 난항에 부딪히면서 동물 연구 단계를 넘어서지 못한 경우가 대부분이다.

1970년대에는 인공자궁 연구에 공백기가 찾아왔다. 소아과 의사들은 폐를 확장하기 위한 지속적 양압술continuous positive airway pressure(CPAP) 등 다른 방식으로 초점을 옮겨 미숙아의 호흡기 합병증을 치료했다. 그런데 1980년대에 들어와 자궁 밖 액체 환경에서 신생아의 발달을 이어나가게 해준다는 발상이, 다시금 관심을 끌기 시작했을 때는 연구자들이 인간 대상 연구를 정당화해줄 근거를 충분히 확보하는 데 어려움을 겪었다. 도쿄대에서는 요시노리 쿠와바라Yoshinori Kuwabara와 노부야 우노Nobuya Unno가 이끄는 한 연구팀이 1980년대부터 2000년대 초반에 걸쳐 인공 태반의 개발을 시도했다. 연구팀은 '체외 회로extracorporeal circuit'를 이용하여 아직 다 자라지 못한 염소 태아를 꺼내 따뜻한 인공 양수가 담긴 용기 안에서 키웠다. 1997년 이 팀은 자신들의 이 기술로

염소 태아를 3주간 살리는 데 성공했다고 발표했다. 이런 성과에도 불구하고 연구자들은 동물의 심장 기능과 순환계에 반복적으로 문제가 생기는 현상을 발견했다. 우노가 말했듯이 이 팀의 목적은 임신을 대신할 방법을 개발하는 것이 아니라 '장애가 있거나 심각하게 아픈 아기들을 위해 완벽한 생명 유지 체계'를 만드는 일이었다.[8] 신생아학 초기였다면 이런 목표가 영아 대상 연구를 의미할 수도 있었다. 이 팀의 동물실험이 현 시대에 성공하면서 동시대의 연구자들에게 중요한 가르침을 주었지만, 인간 영아를 대상으로 임상 연구를 진행할 수 있는 단계까지는 이르지 못했다.

미국에서는 신생아 생리학자 토머스 샤퍼Thomas Shaffer가 똑같은 기간에 자궁 환경을 재현하는 다른 연구에 몰두하고 있었다. 샤퍼는 인공 양수를 흉내 낸 액체를 양 태아의 폐에 주입하는 자칭 '액체 호흡liquid ventilation'법을 적용했다. 자궁 안의 호흡 조건을 재현하여 폐의 팽창과 정상적인 산소 순환을 유지하겠다는 의도였다. 거의 20년 연구 끝에 동물실험에서 아주 유망한 결과를 얻은 샤퍼 연구팀은 소속 대학과 필라델피아의 한 병원으로부터, 기존 치료법이 모두 실패한 초극소 미숙아에게 부모 양쪽의 동의를 받아 액체 호흡법을 시험하는 연구를 승인받았다. 이 아기는 처음엔 호전 증후를 보였지만 결국 생존하지 못했다.

이 과정을 보면 윤리적으로 합당한 의문이 생길 수 있다. 응급 상황에서는 인간에게 곧바로 기술을 적용해도 괜찮을까? 그런데 샤퍼의 이 시험은 20년의 연구와 여러 번의 동물실험, 그리고 아기의 생존 가능성을 가장 높여주는 처치를 했다는 상황 덕분에 가능했다. 이것이 바로 샤퍼 연구팀이 23주 미숙아에게 임상시험을 시행한 근거였다. 이 시험에서 아기들의 상태는 매우 심각하고 기존 치료법으로는 사망할 확률이 극도로 높았기 때문에, 액체 호흡으로 생존 가능성을 크게 높일 수 있는 강력한 사례가 나올 수 있었다. 시험에 참여한 아기들 중 여러 명에게서 폐기능 개선 증후가 나타나고 치료와 직접적으로 관련된 부작용이 확인되지 않으면서, 이 연구팀은 2단계 임상시험으로 넘어갔다.

1996년 2단계 임상시험에서는 호흡기 문제가 심각한 24주에서 34주 사이에 있는 미숙아 13명 중 8명이 건강한 모습으로 살아남았다. 이번에도 이 연구는 액체 호흡법이 생존 가능성을 유의미하게 개선하고 질병을 줄여준다는 근거로 정당화될 수 있었다. 이들은 신생아학 전문의들이 사망 위험이 크고 기존 치료법으로는 호전되지 않는다고 판단한 아기들이었다. 샤퍼 팀의 작업이 임상 연구로 이어지는 과정은 과학 연구와 신생아 연구의 어려움을 보여준다. 수년간의 자료, 동물실험, 인간을 대상으로 실시한 두 번의 임상시험을 승인받고 어느 정도 유망한 결과를 보여주었지만, 샤퍼는 더 이상 연구 기금을 조달할 수 없었다. 신생아 집중치료실의 표준 치료는 차치하더라도 실험적인 치료로 인공자궁을 제안할 수 있게 되기까지는 수십 년이 걸릴지 모른다. 그런 다음에는 이 기술이 제대로 작동할지도 의문이다.

인큐베이터 연구 초창기부터 병원 신생아실이 근대화될 때까지는 부모가 미숙아의 주 감염원일 것이라는 견해가 줄곧 우세했다. 아기 쇼 시대에도 일부 의사들이 모유 수유와 엄마와 가까운 환경이 아기의 건강에 도움이 된다고 인정하기는 했지만, 미숙아 치료에 가족이 참여하는 일은 일반적인 관행이 아니었다. 이런 관행은 연구자들이 컬럼비아 미숙아들의 사망률이 매우 높은 와중에도 정기적으로 엄마와 가까이 지낸 아기들이 살아남는 현상을 목격한 1970년대부터 바뀌기 시작했다. 거의 벌거벗은 미숙아를 부모의 맨 가슴에 눕히는 캥거루 치료Kangaroo care, 즉 '살 맞대기skin to skin' 치료는 이제 미숙아와 만삭아 모두에게 일반적인 관행이 되었다. 인큐베이터에서부터 인공자궁에 이르기까지 기술적 개입이 대중을 매우 흥분시키는 경향이 있지만, 다른 사람과의 밀접한 피부 접촉이 실제 생리학적으로 유익하다는 것은 아마 더 놀라운 사실일 것이다.

인공자궁 연구자들은 부모의 참여가 중요하다는 사실을 알고 있다. 익스텐드 연구팀은 동물을 대상으로 하는 첫 번째 실험 당시부터 백bag에서 아기가 잉태되고 있다는 '부모 인식'이 프로젝트의 중요한 변수가 될 수 있다고 생각했다. 아기에게 부모의 심장 박동과 목소리를 들려주려는 시도들은 이런 염려를 해소하는 데 어느 정도 도움이 되고 건강에도 실질적인 영향을 미칠 가능성이 있다. 23주부터 26주 사이에 태어난 아기들은 일찍 태어날수록 오랫동안 건강문제로 고생할 수 있지만, 이러한 미숙아 중 상당수는 신생아 집중치료실에서 치료를 받은 후 생존하는 경우가 이미 많은 것도 사실이다. 인공자궁이 기존의 미숙아 치료 전략보다 자궁 환경에 더 가까울지 몰라도, 우리는 (몇 주라도) 체외에서 임신 기간이 연장되었을 때 어떤 결과를 초래할지는 사실 잘 모른다. 아직 아무도 해본 적이 없기 때문이다. 임신한 사람과 태아 사이에는 임신 기간 내내 상호 교감이 일어난다. 이 교감 때문에 단순하게 복제할 수 없는 측면이 있다면 무엇일까?

임신 3분기에 접어들면서 나는 매주 새로운 사실을 깨닫는다. 아기는 우리 개가 유난히 신경질적으로 짖으면 발을 차기도 하고, 내가 매운 음식을 먹으면 몇 시간 뒤에 딸꾹질을 한다. 또 허리를 쭉 펼 때면 꿈틀꿈틀 움직이기도 한다. 이런 사소한 것들 덕분에 아직 부모가 되어본 적이 없는 나는 생각보다 나와 아기 몸의 구석구석이 얼마나 의미 있는지 깨닫고 놀라게 된다.

그런데 임신을 인간의 몸 밖에서 유지하려고 할 때 윤리적으로 무엇을 고려해야 할까? 신생아 생명 유지가 목적일 때 우리는 임상 연구에 높은 기준이 적용되리라는 사실을 안다. 미숙아를 살리기 위한 기술 혁신이라면 지지하는 사람이 많으리라는 사실도 안다. 그러나 완전한 체외발생이라면 어떨까? 이런 일이 가능하려면, 다시 말해 몸 밖에서 아기를 배아부터 출생 단계까지 임신하려면, 인간 임신의 초기와 만삭기에 대한 연구가 반드시 중간에서 만나야 할 것이다. 배아를 배양해 키우는 과학자들은 실험 기간을 늘려 최대한 오래 배아를 기를 수 있어야 하며, 초극소 미숙아의 생명 유지 방법을 연구하는 사람들은 신생아가 생존할 수 있는 문지방을 계속 낮춰야 할 것이다. 결국 우리는 안전하게 인공자궁으로 옮길 수 있을 때까지 배아를 배양해 키우는 기술을 확보하든지, 아니면 하나의 플랫폼에서 착상부터 출생까지 임신을 유지하는 기술을 갖게 되든지 할 것이다. 그러나 이런 일이 가능하기까지는 과학적·윤리적인 두 측면에서 실질적인 걸림돌을 상당 부분 해결해야 한다. 이를테면 연구자들에게 배아를 언제까지 실험실에서 기르도록 허용할 수 있는지, 태아 단계까지 자란다면 용인될 수 있는지, 계속 살아남아 아기가 된다면 누가 기르게 되는지 등을 고려해야 할 것이다.

오늘날 재태 기간이 점점 더 짧은 미숙아를 살리는 신기술이 대부분 전폭적으로 환영받는다는 사실을 쿠니가 안다면, 상당히 기뻐했을 것이다. 반면에 배아 연구 진전에는 전혀 다른 반응이 나온다. 배아 연구에 대한 우려의 상당 부분은 이른바 '잠재적인 생명' 보호와 관련된 경우가 많다는 점을 감안한다면, 이미 태어난 아기들을 대상으로 실험해야 하는 신생아 연구에 대해 논란이 적다는 사실은 모순처럼 생각될 수 있다. 그렇지만 부분 인공자궁 연구는 너무 일찍 태어난 아기의 생명을 지키려는 의도가 분명한 반면, 배아를 배양하는 일은 불임에 대한 지식이 축적된다고 하더라고 배양하던 배아를 버려야 한다는 문제가 있다.

배아에 여느 세포 덩어리 이상의 가치가 없다거나 반대로 배아가 신성하다고 모두가 동의한다면 연구의 한계를 설정하는 일은 간단해질 것이다. 하지만 생명의 시작 시점에 대한 문제는 아주 복잡하다. 배아 연구에 대한 규제는 아마 우리가 만드는 법과 지침에 감정이 반영되는 방식을 보여주는 가장 좋은 예일지 모른다. 여러분이라면 사람들의 관점이 극단적으로 갈리는 사안을 어떻게 규제하겠는가? (나를 포함하여) 어떤 사람들에게는 배아가 세포 덩어리에 지나지 않는다. 임신 초기에 나는 메스껍고 피곤한 증상을 느꼈지만, 내 안의 배아가 아기라는 생각이 들지 않았다. 이후 시간이 지나면서부터 이 증상에 의미를 부여했다. 배아가 처음부터 내 몸이 아닌 배양 접시 위에 있었다면 내가 느끼는 감정은 용도에 따라 달랐을 것이다. 그저 연구용이라면 이에 다른 생각을 덧붙이지 않았을 것이다. 이 세포 조직은 더 이상 내 것이 아니라고 여겼을지도 모른다. 그러나 임신을 시도하려고 기르는 착상용 배아라면 강한 애착을 느꼈을 수도 있다. 불임 때문에 어려움을 겪고 기술의 도움을 받으며 부모가 되기 위해 상당한 신체적·정서적 난관을 헤쳐나가는 사람들에게는 배아가 아주 중요하다. 실험실에서 배아를 배양하는 과학자들은 이런 세포들을 연구하는 일이 불임에 대해 더 잘 알고 향후 유산과 선천적인 질병을 예방하는 데도 중요하다는 사실을 안다.

이와 달리 목소리가 아주 큰 일부 정치인들은 배아를 '아직 태어나지 않은 아이'로 간주한다. 가톨릭교회가 수정을 항구적인 인간 생명의 시작으로 표명해왔다고 생각하는 사람들도 많다. 하지만 수 세기 동안 교회는 '태동' 이전의 임신중지를 사실상 허용했다. 임신한 사람이 자궁 안 태아의 움직임을 느끼는 시기는 18주에서 20주경이다. 1500년대에 임신중지를 제한하려는 짧은 시도가 실패로 끝난 일을 제외하면, 바티칸은 1869년이 되어서야 수정 이후 임신 종결을 시도하는 사람은 누구든 파문시키겠다는 교서를 발표했다. 교회에 다니는 많은 신도들은 수정과 함께 생명이 시작된다고 주장할 수 있겠지만, 실제로 교회 교리에서 문제로 여기는 것은 생명의 '잠재력'이다. 바티칸이 배아 연구에 반대 지침을 지속적으로 발표하면서 언급하는 내용도 이른바 인간 배아에 깃든 생명의 '잠재력'과 관련이 있다. 미국 등 일부 국가에서는 임신중지 반대 운동가들이 '잠재적' 생명을 지키기 위해, 거의 광신적으로 연구에 사용된 배아를 폐기하는 일은 살인이나 마찬가지라는 등 감정을 자극하는 언어를 계속해서 사용하며 배아 연구를 반대한다. 배아 연구에 대해 모든 종교의 입장이 같지는 않다. 유대교와 이슬람 신학은 수정 시점이 아니라 임신이 더 진행된 후 인격이나 영혼이 형성된다고 생각한다. 일부 유대교 전통에서는 아기가 태어나야 비로소 생명이 시작된다고 여긴다.

발생학 분야에서 부분적인 체외발생을 규제하기가 특히 어려워지는 이유는 배아를 생명으로 인정하지 않는 사람들조차 여전히 연구의 범위와 내용을 규제해야 한다고 생각할 수 있기 때문이다. 내 경우에는 유산을 연구하는 실험실에 일정 기간 배아를 기증하는 일을 윤리적으로 불편함을 느끼지 않겠지만, 그저 가능한 한 배아를 오래 길러 보려는 연구에 배아를 기증하는 일에 대해서는 불편함을 느낄 것이다. 그렇지만 이런 구분 기준이 꼭 합리적이지는 않다. 나는 배아 자체에 의미가 있다고 생각하지 않으면서도 어떻게 쓰이는지에 대해서는 왜 연연할까? 역시 우리는 비이성적인 존재이다. 과학이 사실에 근거한다 해도, 연구 관행을 관리하려고 우리가 확립한 연구 및 법적 규제는 인간의 욕망, 공포, 윤리에 대한 상반된 이해와 직감에 크게 좌우된다. 누군가는 실험을 전면 금지해야 한다고, 다른 누군가는 한계를 정해야 한다고, 또 다른 누군가는 가능한 한 규제를 모두 풀어야 한다고 생각한다면 무엇이 옳은 길일까?

배아에 대한 사람들의 다양한 생각을 어떻게 고려할지, 누구의 생각과 이해를 규제에 반영해야 할지의 문제는 1970년대 이후 과학자와 입법자들에게 상당히 어려운 과제를 안겨주었다. 1969년 로버트 에드워즈Robert Edwards와 패트릭 스텝토Patrick Steptoe가 **시험관**에서 인간 난자를 수정시키는 데 성공했다는 내용이 〈네이처Nature〉 지에 게재되자 각종 뉴스 보도로 뜨거운 관심을 모았다. 이들은 장 퍼디Jean Purdy와 공동 연구를 진행하면서 기증받은 정자와 난자로 배양 접시에 배아를 만들어냈다. 과학자들은 불임 치료를 위해 수년간 실험실 환경에서 난자를 수정시키려 애써왔다. 1960년대 말부터 1970년대 중반까지 실시된 스텝토와 에드워즈의 **시험관** 수정 실험에는 과학자들이 알게 된 것보다 더 많은 기대와 관심을 갖고 있는 수많은 사람들이 참여하겠다고 등록했다. 임신에 어려움을 겪어오던 여성들에게는 이 연구자들이 제시하는 해법의 가능성이 기적처럼 보였을지도 모른다. 자원자들은 자신의 배아에 도대체 어떤 의미를 부여했을까? 이 시험에는 수백 명의 여성들이 참여하여 단 5명만이 임신했고 그중 2명만이 만삭을 채웠다.

1978년 아기 루이스 브라운Louise Brown은 시험관 수정으로 태어난 첫 번째 아기가 되었다. 곧바로 '시험관 아기'로 인한 흥분과 불안이 열병처럼 퍼졌다. 예비 부모가 되길 바라는 사람들과 체외발생에 따른 무책임과 자연스럽지 못한 방법에 분노한 종교인들의 편지가 과학자들과 브라운 부모한테 쇄도했다.[9] 영국의 의학연구위원회는 정치적 여파를 우려하여 스텝토와 에드워즈의 연구비 지원 요청을 거듭 거절했다. 미국에서 시험관 수정을 연구하고 싶은 과학자는 윤리청문회를 거쳐야 했다. 한 부부는 (윤리적 검토 절차를 밟지 않은 채) 의사가 시험관 수정을 진행하던 중 윤리적 염려 때문에 착상 전 시술을 중단하자 컬럼비아대학 뉴욕주 장로교 병원에 소송을 제기했다. 인도에서는 에드워즈, 스텝토와 동시에 수바쉬 묵호파디아이Subhash Mukhopadhyay, 바타차리야S. K. Bhattacharya, 수닛 무케르지Sunit Mukherjee가 시험관 수정에 성공했지만 정치적 압력 때문에 연구 결과를 학회에서 발표하지 못했다.

1970년대 과학 연구자들에게는 인간 배아 연구가 두 가지 이유에서 유망한 분야로 점쳐졌다. 우선, 유산과 불임을 이해하고, 이 두 문제로 어려움을 겪는 환자들을 치료하는 데 도움이 될 수 있었다. 또한, 인간 생명의 시작을 이해한다면 발달 초기와 유전성 질환의 관계를 추적하는 데도 보탬이 될 수 있었다. 과학자들이 배아줄기세포를 배양하고 암, 파킨슨병, 당뇨병, 심장질환 같은 질병과 장애를 이해할 수 있을 정도로 이 세포들의 잠재력을 완전히 이해하기까지는 수십 년이 더 걸릴지도 모른다. 2000년대 초반에는 이 문제로 새로운 논란이 일기도 했다. 하지만 1970년대와 1980년대에는 모든 관심이 시험관 수정에 쏠렸다.

9년간 아기를 가지려 노력하던 레슬리와 존 브라운Lesley and John Brown 부부에게 루이스 브라운이 태어난 사건은 임신하려고 노력하는 사람들과 불임으로 아기에 대한 기대를 접은 지 오래된 사람들 모두에게 의미 있는 일이었다. 레슬리 브라운은 딸의 탄생이 자기 가족뿐 아니라 사회 전체에 놀라운 사건임을 알고 있었다. 루이스를 낳은 후 레슬리가 간직해온 편지, 신문 기사들, 축하 카드 같은 자료들은 다양한 가치들이 배아 연구에 얽혀 있다는 사실을 증언해준다. 종교적 이유로 시험관 수정을 비난하는 사람들이 보낸 긴 글의 힐책성 편지, '시험관 아기'라는 제목으로 시작하는 1면 헤드라인 기사들 사이에는 레슬리와 그녀의 남편을 애틋한 마음으로 축하하면서 아기를 잃은 자신들의 이야기를 전하는 전 세계 여성들의 카드도 섞여 있다.[10]

정치가와 법률가들도 시험관 수정 분야의 첫 번째 주요 혁신을 담당한 과학자들이 세상의 이목을 끌고 있었기 때문에, 이 연구를 허용하거나 금지하는 어떤 결정도 거센 반발에 부딪히리라는 점을 점차 인식하고 있었다는 점을 말해 두자. 실험실에서도 배아를 기르는 일이 체외발생이라는 위험한 미래의 도래를 예고하는 것처럼 보였다. 에드워즈와 스텝토가 수정한 배아는 엄마의 자궁으로 옮겨지기 전 아주 짧은 시간 동안 배양 접시에 있었는데도, 사람들은 뉴스 보도에 반복적으로 등장한 '시험관 아기'에 대한 언급으로 인공 임신이 이미 실행되고 있다고 생각했다. 에드워즈와 스텝토는 자신들의 연구에서 인공자궁의 그림자를 인지하고 있었다. 에드워즈는 1976년 루이스 브라운의 출생을 앞두고 한 연설에서, 자신들은 실험실에서 아기를 자라게 하려는 것이 아니었다고 강조했다. 그러면서도 에드워즈는 완전한 체외발생이 가까운 시일 내에 일어날 것 같지는 않지만, 인간의 임신을 몸 밖에서 단기간 유지하는 일은 사실상 가능해졌다고 보았다. 부분 체외발생은 달성되었다. 의사 로렌스 카프Laurence Karp, 로저 도나휴 Roger Donahue 같은 과학 평론가들은 시험관 수정에 대한 '과민 논평'을 조롱했다.[11] 이들은 매체에 등장하는 시험관 수정 모습이 양극단 중 하나라고 했다. 우리는 어린이가 될 생명을 살리는 요긴한 도구 '유리 자궁'을 눈앞에 두고 있거나, 아니면 '태어나지 않은 사람'에게 비윤리적인 실험을 하고 있었다. 이 두 관점 모두 임신하려 애쓰는 사람들을 돕는다는 당면 문제에서는 벗어나 있었다.

1970년대 말이 되어서야 정치인들은 배아 연구의 윤리를 본격적으로 살피기 시작했다. 미국에서는 1979년 보건교육복지부가 윤리자문위원회를 소집하여 배아의 지위를 검토하게 했다. 영국 정부는 1982년 철학자 메리 워녹 여사Dame Mary Warnock를 좌장으로 앉히고 신학자 1인, 사회복지사 2인, 법무관 2인을 포함하는 8인과 함께 다양한 종교적 신념을 가진 의사 및 과학자 7인으로 구성된 위원회*를 꾸렸다. 알려진 것처럼 워녹위원회는 배아 연구를 허용할 수 있는지, 허용한다면 어떻게 규제해야 하는지 평가하는 임무를 맡았다. 2016년 워녹은 자신과 동료들이 처한 이례적인 상황에 대해 회고했다. 과학자들은 연구를 계속하길 원했지만, 배양 접시에서 자라는 인간 배아는 완전히 새로운 연구

---

* **위원회** 워녹 위원회 Warnock committee는 좌장1인, 위원 15인을 포함해 모두 16인으로 구성되었다.

대상이었다.

두 위원회 모두 배아 연구에 관련된 잠재적 이해당사자들의 의견을 반영하기 위한 조직이었지만, 반드시 사회를 대표하는 사람들로 구성되지는 않았다. 이를테면 워녹 위원회는 구성원 16명 중 15명이 백인이었다. 그렇지만 위원회는 독단적으로 결정을 내리는 기구는 아니었다. 대신 과학적 근거를 평가하고, 지역사회 지도자들의 목소리를 들으며, 누구든 참여하길 원하는 시민의 의견을 고려해야 했다. 위원회는 '대중'의 전반적 정서를 반영하는 관점을 수렴하는 일에도 착수했다. 두 위원회는 배아 연구를 전면 반대하는 많은 사람들의 목소리를 들었지만, 이 연구를 통해 중요한 과학적·사회적 이익을 얻을 수 있다고 결론지었다. 불임은 아이를 원하는 데도 가질 수 없는 사람들을 괴롭히는 중요한 원인이다. 따라서 **시험관** 수정과 배아 이전은 임신에 대한 새로운 가능성을 보여주는 과정이었다. 두 위원회는 상당한 종교적·사회적 반대 때문에 연구의 지속 기간을 제한해야 한다는 데도 동의했다. 일반 시민, 종교계 대표, 발생학자, 유전학자 및 학계와의 공청회 과정에서 위원회는 제각기 시험관 수정과 배아 연구를 허용하되, 과학자들이 자궁 밖에서(**시험관**에서) 배아를 기를 수 있는 기간을 14일로 제한했다.

워녹 위원회가 결론을 도출한 후 14일 규칙은 영국 등 12개국에서 법제화되었고, 미국 등 다른 나라에서는 엄격한 과학 연구 지침으로 반영되었다. 이제 14일 이상 배아를 기르는 과학자는 법을 위반하지는 않더라도 소속 연구 기관으로부터 심각한 제재를 받게 되었다.

발달 생물학자 앤 맥라렌Anne McLaren은 워녹 위원회의 유일한 과학 연구자였기에 14일 제한을 뒷받침하는 과학적 사례를 제시했다. 14일이 적절한 기준이 되는 이유는 초기 배아에서 형성되는 '원시선primitive streak'이 나타나는 시점이기 때문이다. 이 무렵의 세포는 머리와 꼬리 축을 형성하면서 개별 태아의 구조적 얼개를 갖추기 시작한다. 따라서 이 기준은 배아가 생물학적으로 개체의 특성을 갖추기 시작하는 때이므로 두 윤리위원회 모두에게 설득력이 있었다. 더 이상 배아를 융합시키거나 분리할 수 없다는 것이며 하나의 개체로서 청사진이 정해졌다는 뜻이었다. 결국 여러분이나 내가 뚜렷이 구분할 수 있는 배아의 지도가 마련된 것이다.

워녹과 미국 위원회 의장이었던 생명윤리학자 르로이 월터스LeRoy Walters도 14일이 다소 임의적 기준이라는 사실을 인정했다. 미국 윤리자문위원회는 14일 **또는** 13일이나 15일에도 쉽게 발생할 수 있는 원시선의 발현 시점을 규제 기준으로 권고했다. 그렇지만 훗날 워녹이 회고했듯이 한계를 정하는 것은 명확하고 강제력 있는 경계를 정하는 문제였다. 2016년 캠브리지와 록펠러 연구 프로젝트로 인해 배아의 배양 기간에 대한 논란이 재점화되자, 당시 위원회는 '법에는 확실한 기준이 필요하다'는 이해 하에 기준을 선택했다고 91세가 된 워녹이 말했다.[12] 즉 위원회는 과학자들이 실험실에서 아기를 만들어낼지 모른다는 염려를 덜 수 있는 세밀한 법적 규칙을 정하길 원했다.

다시 말하지만 연구 규제는 과학으로만 결정되지 않는다. 오히려 과학은 대중의 갈등과 불신에 직면하여 '확신'을 심어주고자 하는 수단이다. 사람들은 배아가 자궁 밖에서 9개월이 되도록 살아있을 테고 실험이 끝나면 과학자들이 '다 자란 아기를 죽일 것'이라며 염려했다고 워녹은 말했다.[13] 위원회는 인공자궁이 개발되려면 멀었다고 강조했지만, 사람들의 이런 불안을 잠재우는 일이 14일 기준을 입법화하도록 권고하게 된 이유의 일부였다. 이 권고안은 1990년 인간 수정 및 배아 발생에 관한 법Human Fertilisation and Embryology Act으로 법제화가 되었으며, 2008년 개정을 거쳤지만 오늘날까지도 영국의 배아 연구를 관장하고 있다. 14일 규칙은 실험실에서 인간 배아를 기를 수 있는 기간을 명확하게 정했을지는 모르지만, 체외발생 연구를 끝까지 막았던 것도, 그에 따라 일어난 반복적인 사회적 논쟁도 막지 못했다.

1980년대부터 2000년대 초까지 몇몇 연구자들이 자궁을 흉내낸 배양판에서 배아를 길러내는 실험을 했다. 같은 시기에 과학자들은 미숙아를 체외에서 임신 상태로 유지해주는 플랫폼을 다시 연구하기 시작했다. 우노와 새퍼는 공개적으로 인공자궁을 만들 의도가 없다고 단언했지만, 다른 발생학자들 중 일부는 체외발생 개발에 대해 공공연하게 관심을 표명했다.

1988년 이탈리아 의사 카를로 블렛티Carlo Bulletti의 연구팀은 '체외에서 진행되는 인공 관류 자궁을 이용한 초기 인간 임신Early human pregnancy in vitro utilizing an artificially perfused uterus'이라고 부르는 논문을 첨단 의학 학술지 〈임신과 불임학Fertility and Sterility〉에 발표했다. 이 논문에서 저자들은 체외수정 환자가 흔쾌히 기증한 배아를 기증받은 자궁에 주입한 후, 착상되고 자라는 모습을 관찰했던 과정을 자세히 기술했다. 실험은 불과 7일간 유지되었지만, 이 과정에서 연구팀은 인간 임신의 최초 단계를 실험실 환경에서 복제할 수 있겠다는 근거를 확보하면서 희망에 부풀었다. 연구자들은 배아가 자궁에 착상하여 임신이 시작되는 착상 전후 시기를 탐구하고 유산과 불임의 원인을 더 밝히려 했다. 동시에 이들은 "향후 완전 체외발생의 필요성을 무시해서는 안 된다는 생각에 체외에서 처음으로 인간 임신의 초기 단계를 실현할 목적으로 이 연구를 수행했"고 기술하고 있었는데, 14일 규칙으로 누그러뜨리려 했던 사람들의 그 두려움을 정확하게 언급한 것이었다.[14] 맥락상 임신 전 과정을 이 연구자들이 복제할 계획이었다고 말한 것은 아니다. 이 연구의 성공에는 한계가 있었다. 즉 기증받은 자궁에서 7일간 배아를 배양하는 일은 배아를 태아로, 나아가 아기로 길러내는 일과는 거리가 멀었다. 그런데 시험관 수정에 대한 항의 사례에서 분명히 알 수 있듯이, 배아 연구는 이미 골치 아픈 주제였고 먼 미래의 일이라도 인공자궁을 언급한다면 유사한 반응을 불러일으킬 게 분명했다.

국제 의학 학술지 〈임신과 불임학〉에 게재된 블렛티 연구팀의 논문에는 편집자 주석이 하나 달려 있다. 이 편집자는 먼저 해당 연구가 '인간 임신의 초기 단계를 시험관 모델에서 구현한 최초의 보고서'라고 밝힌다. 그리고 이탈리아에서는 윤리적 검토를 거쳐 승인을 받았다고 단언했고, 미국에서는 '심각한 윤리적·법적 우려'가 이런 실험을 재현하지 못하게 가로막는다고 주장했다. 물론 이런 염려 중 하나는 미국에서 14일 제한이 과학 연구 지침으로 존재하는 상황을 가리켰다. 블렛티 연구팀은 성공적으로 실험을 수행하여 결과를 발표했지만, 편집자가 언급한 미국 내 연구를 제한하는 윤리적 우려가 자신들에게도 영향을 미친다는 사실을 곧 알게 되었다. 2011년 블렛티는 지난 일을 돌이켜보면서 '정치계'의 격렬한 반대와 윤리적 문제가 제기된 후 이탈리아에서 진행하던 연구를 중단해야 했다고 회상했다. 또 체외발생이 구현될 수 있고 인공자궁 연구가 유익하다는 믿음에는 변함이 없지만, 그 같은 반응을 겪으면서 이 연구가 얼마나 추진하기 어려운지 알게 되었다고 털어놓았다.

2000년대 초 코넬대 발생학자 홍칭 리우Hung-Ching Liu도 체외발생 연구를 막는 동일한 이 장벽에 부딪치게 된다. 리우는 쥐의 자궁 내막 세포를 채취하여 쥐 자궁 모양의 배양판으로 길러냈다. 자궁 내막 세포는 자궁 내피를 구성하므로, 리우는 본질적으로 신체의 고유 메커니즘을 활용하여 인공 복제를 한 셈이었다. 이 조직이 성장하자, 리우는 쥐 배아를 길러 그 안에 넣었다. 리우 연구팀은 이 배아를 17일간 기를 수 있었다고 보고했다. 2003년 리우는 쥐 태아를 배아 단계에서 만삭이 거의 다 되어 죽기 직전까지 길렀다. 쥐 실험에 성공한 리우는 더 큰 종으로 시선을 돌렸다. 동물실험에 사용된 방법을 적용하여 인간 자궁의 내막 세포로 인간 자궁을 닮은 배양판을 만들어 인간 배아를 10일간 자라게 한 것이다.

미국생식의학회가 개최한 회의 도중에 가진 인터뷰에서 리우는 체외발생에 대한 우려 섞인 질문 공세를 받았다. "먼 미래에는 실험실에서 살아 숨 쉬는 배아와 아이를 얻을 수 있다는 말이 공상과학 소설에 불과한 이야기일까요?" 배아는 숨을 쉴 수 없으며 아이가 아니라는 사실에 대해서는 문제 삼지 않고, 리우는 이렇게 대답했다. "그것이 저의 최종 목표입니다. […] 저는 그것을 인공자궁이라고 부르지요." 그리고 다시 한번 "우리는 인공자궁 기술을 확보할 수 있고 그때가 되면 아기를 만삭까지 기를 수 있을 겁니다"라는 말로 모든 의구심을 사라지게 했다. [15]

리우는 '착상에 어려움을 겪고 있는 여성들을 돕는 일'에 착수했다. 블렛티와 마찬가지로, 그녀는 임신 초기에 무엇이 잘못되어 유산으로 이어지는지 밝히고 싶었다. 리우는 착상이 정상적으로 이루어지는 시점 이후까지 배아를 기르는 연구가 아기를 가지려 애쓰는 사람들을 돕는 일이라고 생각했다. 하지만 사람들은 몸 밖에서 아기를 기를 수 있다고 선언하는 과학자를 보고 그런 생각까지는 떠올리지 못했다. 리우는 한 기자에게서 '국가 최고의 자궁 제작자'라는 별명이 붙었고 비난 전화와 편지에 시달리고 나서야 결국 연구를 포기했다. 그런데 매체 평론가들은 리우의 연구에 온갖 추측성 보도를 쏟아내면서도 가장 중요한 사안을 놓치고 있었다. 즉 리우의 연구가 논문으로 발표되지 않아 효능에 대한 의문이 해소되지 않았다는 점이다. 이후 누구도 학술지 눈문에서 리우의 연구를 찾아 볼 수 없었다.

발생학 연구와 신생아학 연구에 대한 매우 상이한 감정적 반응을 감안하면, 이 연구가 같은 시기에 이루어진 미숙아 생명 유지 시스템에 대한 조사보다도 사실상 더 철저하게 검토됐다는 것은 놀랍지 않다. 두 분야의 과학자들은 초극소 미숙아를 인간의 몸 밖에서 임신 상태처럼 유지하는 실험과 배아를 체외에서 기르는 실험을 시도하는 체외발생에 실질적으로 기여할 수 있는 연구를 수행하고 있었다. 하지만 각각의 연구가 받아들여지는 방식에는 자신들의 연구를 바라보는 연구자들의 매우 다른 화법도 영향을 미쳤을 가능성이 있다. 우노와 샤퍼는 체외발생을 의도하지도, 가능성을 낙관하지도 않는다고 밝히며 극도로 조심했다. 반면, 블렛티와 리우는 인공자궁을 적극적으로 언급함으로써, 14일 제한을 설정하는 데 중요한 역할을 했던 공포를 무심코 자극했다.

이 연구들은 규제뿐 아니라 당시 과학적 역량의 한계를 넘어서지는 못했다. 블렛티도 리우도 14일에 근접하지 못했다. 이후 몇 년간은 체외발생에 대한 논란이 거의 없었는데, 주된 이유는 그런 일이 가능해 보인다고 시사하는 연구가 거의 없었기 때문이다. 2016년 이전까지 블렛티는 9일까지 배아를 길렀다는 근거로 동료 검토를 통과하여 발표된 몇 안 되는 연구자였다. 이 사안은 록펠러와 캠프리지 대학의 연구자들이 각각 13일간 배아를 기르는 놀라운 성과를 달성하기 전까지 본격적으로 재점화되지 않았다. 실험을 종료하라는 요구가 없었더라면, 이 연구팀의 배아들은 스스로 변화해 나가는 자기 조직화 과정을 이어 나갔을지도 모른다. **시험관**에서 배아를 기르는 연구자들의 역량이 처음으로 법적 제한을 넘어섰다. 체외에서 얼마나 오래 배아를 길러도 되느냐 하는 질문이 새삼 제기되었다.

이 논의는 바이츠만 연구소 과학자들이 2021년 쥐 배아를 태아로 기르는 데 사용했던 기계 태반으로 인간 배아 연구를 진행하고 싶다고 발표하면서 더욱 활발해졌다. 현재 이스라엘은 실험실에서 인간 배아가 배양될 수 있는 연구 기간에 제한을 두지 않지만, 여전히 윤리위원회의 승인을 요구한다. 정확하게는 이 연구에서 과학자들이 실험을 시도할 근거를 어떻게 충분히 제시할 수 있느냐 하는 점일 것이다. 그리고 대중이 어떤 반응을 보이느냐이다. 1980년 워녹 위원회가 권고를 도출하던 당시에는 과학자들이 인간 배아를 태아로 길러낼 가능성이 실제로 거의 없어 보였다. 하지만 우리는 예상보다 훨씬 빨리 이런 연구의 한계를 결정해야 하는 새로운 교차로에 도착했다.

1장에서 논의했듯이, 국제줄기세포연구학회ISSCR는 2021년에 지침을 개정하면서 14일 제한을 삭제했다. 이제는 엄격한 검토를 거쳐 사례별로 연구를 승인하도록 권고한다. ISSCR이 새로운 한계를 제시하는 대신에 이런 접근을 권고한 이유는 연구가 새로운 한계를 또다시 추월할 것이라고 예상했기 때문이다. 이런 변화는 법 대신 연구 지침을 통해 배아 연구를 규제하는 국가에서는 배아를 2주 이상 배양하는 연구에 대한 승인을 연구팀이 소속 기관에 요청할 수 있다는 뜻이다. 대학과 연구 기관들은 타당한 이유가 들어간 자신들만의 표준 요건을 정할 것이다. ISSCR 위원회는 배양 기간 연장에 따른 대가와 이익을 연구마다 신중하게 평가해야 한다고 강조했다.

미국 록펠러 대학 연구팀은 배아를 13일간 배양하고 ISSCR 지침 때문에 실험을 중단했지만, 이제는 연구를 지속하기 위한 심사를 요청할 수 있게 되었다. ISSCR은 배아 연구를 법으로 규제하는 국가들에게 공개 협의를 통해 규제를 재검토하도록 권고하기도 했다. 이들 국가에서는 이제 그렇게 하는 것이 정치적으로도 편리할 것이다. 어쨌든 영국의 규제 때문에 연구를 진행할 수 없는 과학자가 있다면, 규제가 더 유연한 국가로 자리를 옮겨 연구를 지속하고 싶을 수도 있을 것이다.

그렇다면 우리는 이렇게 물어야 한다. **시험관**에서 배아를 기르는 연구를 강력하게 정당화하는 근거는 무엇인가? 14일 제한은 부분적으로는 실험실에서 아기를 기르게 될지 모른다는 불안감을 달래기 위해 설정되었으며, 다른 한편으로는 배아 연구의 효용성과 사람들이 배아에 부여하는 정서적 의미 사이에서 균형을 맞추기 위한 기준이었다. 그런데 이 균형을 흔들지 않고 어디까지 나아갈 수 있을까? 케임브리지의 막달레나 체르니카게츠Magdalena Zernicka-Goetz와 록펠러 대학의 알리 브리반루Ali Brivanlou처럼 규제 지점까지 성공적으로 배아를 기른 과학자들은 자신들의 연구가 과학과 사회에 기여할 수 있지만, 배양 기간을 얼마나 연장할 것인지는 과학이 아니라 사회가 답해야 할 문제라는 점을 분명히 했다.

14일 이상의 배아 연구를 지지하는 다른 의견 중에는 임신 중 유산을 예방하고 이해하는 데 돌파구를 마련할 수 있을 것이라는 주장도 있다. 원하는 임신의 10~25퍼센트가 유산이 되므로, 이 연구는 분명 시급하다. 여성들에게 주로 영향을 미치는 다른 여러 사안과 마찬가지로 유산은 아직도 한심하리만큼 연구가 부족하고 이해가 부족한 분야로 남아 있다. 일부 사람들이 임신하지 못하거나 임신을 유지할 수 없는 이유를 더 자세히 밝히는 일은 불임으로 힘들어하는 사람들에게 더할 나위 없이 의미 있는 일이 될 것이다. 연구 관행을 관리하는 규제와 지침에 감정이 영향을 미친다는 점을 감안하면, 종교적 이념에 근거하는 반대 의견과 실제 고통을 예방하기 위한 찬성 의견에 동등한 기준을 적용하는 일이 과연 윤리적인지 가늠하기는 어렵다. 얼마나 많은 사람들이 반복적으로 알 수 없는 유산을 경험하는 것일까? 자신의 몸에서 어떤 일이 일어나고 있는지 정보가 없어 막막해하는 사람들은 또 얼마나 많을까?

2주 제한이 없어지면 척추이분증, 당뇨병, 암, 파킨슨병 같은 병을 더 잘 이해하고 나아가 새로운 치료법을 개발할 수 있을지도 모른다. 체외에서 배아를 기르는 배양 기간을 새 지침으로 관리할지, 법으로 규제할지 판단해야 할 때 세계 동향을 고려할 수도 있다. 제한 기간을 설정해 배아 연구를 관리하는 국가도 많지만 브라질, 이스라엘, 프랑스 같은 국가에서는 이런 제한이 없다. 중국 같은 국가는 한계를 설정해 두었지만, 위반 시 처벌 규정은 명확하지 않다. 그렇다면 체외발생 연구에 관한 세계적 합의가 필요할까? 14일 제한을 기존 법에 그대로 두길 원하는 사람도 있겠지만, 이 사안을 공론화하지 않는다고 해서 체외발생 연구가 진행되지 않는다고 단정할 수는 없다. 다만, 규제나 책임 조치가 덜한 사법권에서는 이 연구가 수행될 것이라고 예상할 수 있을 뿐이다.

1980년대 당시 워녹 위원회는 보고서 작성을 위해 협력했지만 공동 합의에는 이르지 못했다. 워녹은 위원들 사이의 이견이 중요한 절차적 과정이라고 생각했다. 오히려 위원들의 의견이 만장일치를 이루었다면 사회의 목소리를 정확하게 반영하지 못했을 것이라고도 했다. **시험관** 배아 연구에 대한 종교 단체들의 염려 중에는 반과학적이고 반여성주의적인 내용도 들어 있다. 모든 배아와 태아를 인격체로 간주하고 보호해야 한다는 의제는 임신한 사람들의 권리를 침해하고 의학적으로나 사회적으로 임신 중지가 필요하다는 점을 인정하지 않는다. 물론 미국에서 이 의제는 정치적 입지가 확고한 보수적인 소수의 청교도 집단이 꾸준히 주장해 온 사안이다. 2022년 대법원 판결에서는 **로우 대 웨이드**Roe v. Wade 사건을 계기로 확립된 임신중지권을 무효화함으로써, 배아를 법적 인격체로 간주하고 진짜 사람들에게는 원치 않는 임신을 유지하거나 잠재적 범죄를 저지르도록 강요하는 암울한 새로운 전례를 남겼다. 일부 사람들이 살아 숨 쉬는 수많은 아이들보다도 배아를 더 많이 배려한다는 이유로, 배아 연구를 통해 실제 얻게 될 의학적 이점을 간과해서는 안 될 것이다. 그렇다고 비주류 평론가만이 배아 연구의 윤리성이나 중요성에 관해 다른 의견을 가지고 있다는 이야기는 아니다.

몸 밖에서 배아를 배양하는 연구와 체외 임신에 관한 신생아 연구를 모두 계속하기 위해 감정에 호소하여 설득하는 경우도 있다. 이런 경우 하나는 유산 연구에 기여하고, 다른 하나는 조산으로 아기를 잃는 아픔을 예방하는 데 도움을 줄 수 있다. 그렇지만 어느 시점이 되면 넘지 말아야 하는 한계선을 정해야 한다는 데 강력하게 동의하는 사람이 많아질 거라고 보는 게 타당할지도 모른다.

과학자들의 연구가 8주(56일) 선에 도달할 수 있다면 배아는 태아가 될 것이다. 이 시점까지도 생식을 이해하는 데 도움이 된다는 근거로 해당 연구는 여전히 정당화될 가능성이 있다. 그렇다면 우리는 이 단계에서도 연구를 지속하도록 용인해야 할까? 또 임신하려고 애쓰는 누군가가 배아를 기증했다면, 이 기증한 사람의 자궁에 태아를 이식하도록 허용할 수 있을까? 아니면, 인공자궁에?

현재 한 신생아 연구팀이 빠르면 21주 태아에게 자신들의 기술을 적용할 수 있을 것으로 기대하고 있다는 점을 감안하면, 이 한계치도 끝내는 20주로, 이어서 19주로 당겨지고, 각각의 후속 연구도 신생아를 살리는 데 도움이 된다는 이유로 정당화될 것으로 보인다. 그러나 연구자들이 반복적으로 지적했듯이, 신생아 치료법이 특정 한계치를 넘어서지 못하는 매우 실질적인 난관이 있다. 바이오백 개발자들이 말했듯이 약 21주 또는 22주로 예상되는 특정 시점을 넘어서면, 신생아의 정맥이 너무 가늘고 약해 인공자궁 플랫폼을 연결하지 못할 수 있다.

발생학 연구자들이 배아가 태아로 되는 56일 시점에 도달할 수 있고, 신생아 연구자들이 (현재의 21주에서 23주 목표보다 재태 기간이 조금 더 짧은) 19주나 20주면 미숙아의 생명을 살릴 수 있다고 잠시 가정하더라도, 여전히 수개월의 임신 공백 기간을 설명하지 못한다. 우리는 기술이 빠르게 발전할 수 있다는 사실을 안다. 그러므로 신생아 연구자들이 궁극적으로 자궁 밖에서 생존할 수 있는 문턱을 훨씬 낮추고, 발생학자들이 실험실 배양 기간을 56일 이상까지 연장하는 것이 가능하다면, 과연 이런 혁신을 하나라도 허용할 수 있느냐 하는 질문만 남는다.

체외발생 연구에 대해 공개적으로 언급한 연구자들에게 대중이 과거에 보인 반응과 여전히 14일 제한을 둘러싸고 있는 긴장을 고려하면, 특정 시점에서 사람들은 배아의 체외 성장 실험을 두고 불쾌하게 생각할 가능성이 있다. 반면, 주로 신생아 연구 쪽에서 체외발생과 관련된 진전이 이루어진다면 동일한 염려가 제기되지 않을 수 있다. 신생아를 대상으로 임상시험을 하려면 아주 설득력 있는 이유가 필요하지만, 점점 이른 임신 단계에서 안전성과 효과를 입증할 수 있다면 부분 인공자궁 기술은 초극소 미숙아를 살릴 수 있는 기술로 환영받을지도 모른다. 인공자궁 안에 들어가는 아기는 부모가 원해 임신하고 재태 기간이 보다 짧은 조산아가 될 것이다.

어느 방향에서든, 체외발생 연구에 참여하는 태아나 아기들은 필연적으로 이전에 한 번도 수행된 적 없는 일의 일부가 될 것이다. 수정부터 만삭까지 아기를 기르는 첫 시도에는 어떤 사연이 깃들어 있을까? 임신할 수 없는 사람을 위해 아기를 임신하는 것이라면?

체외에서 아기를 기르지 않아도 가족을 이룰 방법은 이미 많이 있다. 부모가 되어보지도 못하면서 아기를 낳는 사람도 많고, 아기를 낳아 보지는 않았지만 여전히 부모인 사람도 많다. 임신한 것으로 부모 자식 관계가 저절로 형성되지는 않는다. 그렇지만 지금까지 우리 한 사람 한 사람은 모두 인간이 낳았다. 그래서 9개월에서 10개월이라는 임신 기간에는 임신한 사람과 태아가 지속적으로 피드백을 주고 받으며 관계를 형성한다.

지금 거의 7개월간 품고 있는 내 아기를 실제로 인공자궁이 품게 된다면 어떤 기분이 들지 가늠조차 할 수 없다. 임신과 동시에 우리는 운동과 음식 및 음료, 잠, 불안감, 약이 아기의 발달에 어떤 영향을 미칠지 여부에 대한 방대한 정보를 처리하게 된다. 가장 '자연스러운' 상황과 반대로, 갑자기 내 행동이 나 뿐만 아니라 다른 존재에게도 생리적인 여파를 미치는 전혀 다른 생활 방식을 접하게 된다. 이것이 인공자궁을 선택할 수도 있다는 발상이 누군가에게는 아주 매력적으로 다가오는 이유 중 하나이다. 임신한 사람은 아기가 아직 인격체가 되기 전 자신에게 전적으로 의존하고 있는 동안 아기를 길러내는 크고 작은 모든 과정에서,

아기와 그야말로 진짜 관계를 형성한다. 이 관계가 없어진다면 어떤 일이 일어날까? 아기를 위한 생명 유지 장치는 전혀 새로운 형태의 임신과는 분명 차이가 있다.

기술로 만든 장치 안에서 자라는 아기의 경험은 인간의 자궁 안에서 겪는 경험과는 어떻게 다를까? 또 우리가 결국 이런 계획을 추진해야 할 이유에 설득되어 동의한다면 어떤 결과가 초래될까? 미래의 일을 넘겨짚는 대신, 1923년과 케임브리지의 북적북적한 학술 모임에서 '체외발생'이라는 말이 처음 생겨난 순간으로 돌아가 과거를 되짚어보면서 가능한 이 질문에 대한 대답을 찾아보자.

3장

멋진 신세계로 향하는 체외발생

임신한 사람들과 신생아들을 돕는다는 목적으로 결국 인공자궁이 도입된다면, 우리는 이 목적대로 인공자궁 기술이 사용될 것이라고 자신할 수 있을까? 배아 실험 제한에 대한 사람들의 생각은 저마다 다르다. 그렇다면 인공자궁을 어떻게 사용하는 것이 바람직하다거나 문제가 있는지에 대한 생각도 다를 것이다.

코로나19 대유행에 대한 영국의 대응을 보면 정부 최고위층에서 어떻게 일부 생명에, 다른 생명과 다른 가치를 부여하는지 적나라하게 알 수 있다. 중증으로 진행하여 사망에 이르는 사람들은 '노인'과 '기저 질환이 있는 사람들'뿐이므로 더 이상 규제가 필요하지 않다고 되풀이하는 주장은 현대문화에 스며든 우생학적 발상의 한 예이다. 우생학은 국가, 국가 행위자들 또는 제도적으로 권력을 손에 쥔 자들이 열등하다고 간주되는 사람들을 죽이려 하거나 죽음을 용인하고, 재생산을 제한하려는 모든 관행을 통칭한다. 동일한 주체들이 체계적으로 우월하다고 분류된 사람들의 재생산을 권장 또는 장려하는 관행도 여기에 포함된다.

말 그대로 '좋은 창조'를 의미하는 '우생학'의 흔적은 인종차별, 능력주의, 노인 차별, 말살 정책이 대표적이다. 우생학이 지금도 국가와 시대를 초월하여 특정 집단을 겨냥해서 잔혹성을 드러내는 데 영향을 미치고 있다는 증거이다. 홀로코스트, 흑인과 원주민에게 자행된 미국과 캐나다의 조직적인 강제 불임 수술, 세계 곳곳에 만연했던 장애인 불임 수술 및 국가 승인 하의 살인, 코로나19 바이러스에 취약한 사람들을 보호하지 않기로 결정한 국가에서 발생한 수많은 불필요한 죽음의 동력도 바로 이 우생학이었다.

그런데 이런 일들이 인공자궁과는 어떤 관련이 있을까? 체외 임신을 구현하는 기술은 임신할 수 없는 사람들을 돕는 수단이 될 수 있다. 6장에서 다루겠지만 바람직한 환경에서라면, 이 기술은 출산과 육아에 대한 공동체적 접근을 더 촉진할 수 있도록 도와 줄 것이다. 하지만 인공자궁 기술은 사람들의 재생산 자격을 통제하는 위험한 도구가 될 가능성도 있다. '체외발생'이라는 용어가 처음 생겨나던 시대로 돌아가 보면 인공자궁의 궤적과 우생학이 어떻게 뒤엉켜 있는지 들여다볼 수 있는데, 처음 개최된 체외발생 윤리에 대한 공개 토론에서는 이 기술이 일부 사회 구성원들의 재생산을 방지하고, 다른 구성원들의 재생산은 권장하는 이상적인 수단이 될 것이라는 생각이 지배했다. 따라서 이 역사를 되돌아보면서 지금 우리는 어디까지 왔는지, 얼마나 더 나아가야 하는지 깊이 생각해 보지 않을 수 없다. 지금 이 기술이 도입될 경우, 권력을 가진 자들이 우생학적 목적을 위해 사용할 수도 있을까? 이런 용도로 쓰이는 것을 지금의 법과 사회정책은 막을 수 있을까?

1923년 케임브리지대 찰스 케이 오그든Charles Kay Ogden의 이단아 협회Heretics Society는 젊은 작가, 철학자, 과학자 등 다방면의 사람들을 불러 모아 놓고 당대의 가장 논쟁적 사안을 다루었다. 회원들 일부는 제1차 세계대전과 1918년 독감 대유행을 겪으면서 군인, 간호사, 의무병으로 활동하기도 했으며 염세적, 반권위주의적 태도와 확고한 미래상을 가지고 대학에 돌아왔다. 1921년 케임브리지는 뉴넘과 거튼 여자대학을 통합하지 않기로 결정했지만, 이단아 협회는 여성이 토론에 참여하는 것을 환영하는 곳 중 하나였다. 찰스 오그든 역시 전쟁이 일어나기 전 사회주의적 페미니스트 도라 러셀Dora Russell을 모임에 초대하고, 도라의 남편이자 유명한 평화주의 철학자 버트런드 러셀Bertrand Russell에게 강단을 내주기도 했다. 루드비히 비트겐슈타인Ludwig Wittgenstein, 흄T. E. Hulme, 극작가 조지 버나드 쇼George Bernard Shaw, 작가 버지니아 울프Virginia Woolf, 간호사이자 소설가 베라 브리튼Vera Brittain, 종신학자 지위를 얻은 영국 최초의 여성인 제인 해리슨Jane Harrison도 연사로 참석했다. 1910년대 이 협회의 태동기에는 폭력과 평화를 주제로 하는 토론이 주를 이루었다. 전후에는 자신들이 목격한 당대의 공포에 대응할 목적으로 과학 및 사회에 어떤 일이 닥칠지 예측하고 싶어

하는 미래주의 토론으로 방향을 전환했다. 그들이 상상한 100년 후의 세상은 어떤 모습이었을까? 수많은 사람이 전쟁터와 병원에서 죽었던 자신들의 세상보다는 나은 곳이었을 것이다.

특이한 31세의 유전학자, 생물학자, 작가였던 할데인J. B. S. Haldane은 1923년 한 모임에서 '다이달로스, 또는 과학과 미래 Daedalus; Or, Science and the Future'라는 제목으로 강연을 했다. 할데인은 귀를 쫑긋 세운 청중 앞에서 '체외발생'이라는 새로운 단어를 언급하여, 동료들의 상상력 뿐만 아니라 미래 세대를 위해 인공자궁에 대한 생각을 자극했다. 할데인은 자기 생각을 '150년 후 조금 어리숙한 케임브리지대 신입생이 지도교수에게 읽어주는' 에세이 형태로 풀어내면서 청중들을 사고 실험으로 이끌었다. 케임브리지대 학생 할데인은 과거를 조망하기 좋은 2074년이라는 시점에서 그동안 있었던 핵심적인 과학적 발견들을 열거했다. 이 강연에서 할데인이 다룬 광범위한 주제 중에는 1970년대 잉글랜드의 많은 어린이들이 더 이상 "여성에게서 태어나지" 않는다는 내용이 포함되어 있었다.[1] 1951년에는 비행기 충돌로 사망한 여성의 몸에서 수거한 배아로 과학 실험을 한 뒤, 첫 번째 체외발생이 달성될 것이라고 할데인은 예언했다. 불과 몇 년이 지나면 과학자들이 '여성의 난소를 채취하여 적절한 액체에 담가 기르면서 수정률이 90퍼센트에 달하는 신선한 난자를 20년간 매달 배출하고, 배아는 아홉 달 동안 성공적으로 자라 세상으로 나올 것'이라고 했다.

이단아 협회 청중들이 예상한 대로, 할데인은 동물 배아를 분리하여 이전하려는 당대의 실제 연구로부터 영감을 얻었다.

1890년대 동물학자 월터 히프Walter Heape는 토끼 배아를 엄마 토끼에게서 다른 토끼에게로 옮기는 데 성공했다고 주장했다. 1913년 의사 알버트 브라셰Albert Brachet는 **시험관**에서 포유동물의 배아를 길렀다. 할데인은 이런 개발 과정들을 체외발생으로 가는 기념비적 사건에 포함시켰다. 할데인의 생각으로는, 1910년대에 실험실에서 동물 배아를 기를 수 있다면 1970년대에도 같은 방식으로 인간 태아를 기를 수 있으리라는 가정이 전혀 황당한 이야기는 아니었다. 할데인은 더 나아가 종교 지도자들이 아무리 반대의 목소리를 높여도 체외발생이 보편화될 것이라고 예견했다. 남자와 여자들은 계획에 없던 임신을 걱정할 필요 없이 자유롭게 성적 쾌락을 누릴 터였다. 이 점은 성에 대한 태도가 극단적으로 변하는 것을 본 할데인의 짓궂은 해석으로 추측된다. 그가 체외발생을 '19세기부터 시작된 성적 사랑sexual love과 재생산의 분리'를 실현하는 발명으로 묘사하고 있었다는 점에서 그렇다. 배아 연구의 과학적 발전에 대한 할데인의 예측 시간표는 최소한으로 잡아도 지나치게 낙관적이었다. 하지만 그는 배아를 인간의 몸 밖에서 기르는 데 뒤따르는 어려움과 이와 관련된 윤리적인 문제에 대한 우려를 꽤 정확하게 예견했다.

'다이달로스, 또는 과학과 미래'는 할데인이 바라던 대로 도발적인 내용이었다. 찰스 케이 오그든은 곧바로 이 글을 《오늘과 내일To-day and To-morrow》 시리즈물 첫 편으로 내면서 세상에 널리 알렸다. 이단아 협회 회원과 동료들은 각자 앞으로 다가올 세상에 대한 글을 할데인의 초기 작업 형식에 따라 이 얇은 책의 시리즈에 계속해서 실었다. 저자들은 대부분 당대의 과학 연구 정보에 밝았으며 정치적으로도 적극적이고 솔직하게 발언하는 사람들이었다. 대다수가 사회주의 정치에 동조했지만, 단호하게 보수 우파에 지지를 보내는 사람도 있었다.

《오늘과 내일》에서 인공자궁은 여성의 사회적 역할이 무엇이어야 하는지, 인간의 임신이 대체될 수 있는 일인지, 아니면 고유한 일인지 등 미래의 생식과 관련된 문제를 탐색하게 해주는 주제였다. 하지만 할데인의 첫 연설부터 한 가지 문제가 저자들의 논의를 지배했다. 체외발생을 이용하여 일부 사람들의 재생산을 막아야 하는지, 아니면 다른 사람들의 재생산을 장려하는 데 사용해야 하는지, '더 좋은' 인간을 만드는 데 체외발생이 최고의 수단이 될 수 있는지가 바로 그때 제기한 질문들이었다.

할데인은 인공자궁에 대한 논의를 시작할 때부터 미래의 젠더 및 인간 섹슈얼리티* 뿐만 아니라 우생학의 미래를 상상하는

---

* **섹슈얼리티** sexuality, 이 용어는 사회적 관계망 속에서 이루어지는 역사적 구성물이자, 불평등한 권력관계의 산물인 성에 관련된 행위, 태도, 감정, 욕망, 실천, 정체성 등을 포괄하여 쓰이는 말이기도 하다.

핵심 지점으로 이 기술을 내세웠다. 일부 인간이 다른 인간들보다 더 가치 있는 생명을 타고났다는 발상은 수백 년간 어떤 형태로든 존재해왔다. 그런데 1860년대 영국 과학자 프란시스 골턴Francis Galton이 외모에서부터 지능과 사망률에 이르기까지, 모든 것이 그 사람의 인종 및 가족 혈통과 연관된 유전적 형질이라고 주장하기 시작했다. 골턴은 '적자생존'을 보장하기 위한 재생산을 통제하는 과정을 언급하기 위해 '우생학'이라는 용어를 소개했다.

골턴의 발상은 사촌인 찰스 다윈의 자연선택에 관한 연구 결과를 끌어오면서 시작되었다. 다윈은 어떤 종이 한 가지 공통 조상으로부터 진화하는 동안 그 종 가운데서도 변이가 생기고, 시간이 지나면서 환경에 가장 잘 적응한 변이 집단이 다른 집단들이 소멸하는 동안에도 살아남을 것이라는 가설을 세웠다. 골턴과 그의 동료들은 '약자'를 보호하려는 영국의 사회정책이 자연선택에 어긋나고 인간의 진보를 막는 일이라는 가설하에 이런 발상을 인간에게 적용하려 했다. 골턴은 '최적합' 부모들에게 재생산을 권장하고 '적합'도가 가장 낮은 부모들에게는 재생산을 단념시킬 때만이 사회가 나아질 수 있다고 주장했다. 서로 다른 국가들이, 서로 다른 역사적 시점에서 어떤 사람들을 '부적합'한 집단으로 잔혹하게 분류했는지 살펴보면, 지배자들의 우선순위가 어디에 있었는지 시사하는 경우가 많다. 영국은 2020년과 2021년에 '기저 질환 상태'와 코로나19 바이러스에 대한 '감수성'에 관련된 특성들을 참고하여 장애인, 노인, 면역 저하자, 그리고 사회경제적 취약 지역에 거주하는 사람들, 남아시아인, 흑인들과 가장 밀접하게 접촉한 노동자들이 사망하게 놔두는 우생학적 프로젝트를 단행했는데, 이 경우가 대표적이다. 영국 정부는 이런 집단들이 모든 면에서 질병과 사망에 생물학적으로 취약('부적합')하다는 입장을 취함으로써, 보다 많은 국민들을 보호하는 조치를 취했어야 할 책임을 스스로 저버리고 경제적으로 아주 부유한 사람들을 우선순위로 지키려 했다. 19세기 우생학자들이 이용한 동일한 논리의 확장판이었던 셈이다. 안젤라 사이니Angela Saini가 자신의 책《우월성Superior》에 썼듯이, 식민주의와 노예제도는 기꺼이 어떤 대가를 치르더라도 힘을 가지려는 국가의 의지로 추진된 일이었음에도, 이런 만행을 정당화할 생물학적 근거를 1880년대 과학자들이 찾아 다녔다.[2] 우생학자들은 사람들을 기본적으로 피부색, 사는 지역, 사회계층에 따라 더 인간답거나 덜 인간다운 집단으로 체계적으로 분류하여 대영 제국의 야만성을 해명하려 했다.

노동계급과 새로운 이민자들이 상류층보다 아이를 더 많이 낳을 것이라는 생각도 골턴과 그의 동료들이 가진 주요 편견 중 하나였다. 이들은 우생학을 교육받고 능력 있는 앵글로·색슨계 백인의 이른바 순수성이 침범되지 않고 유지하는 수단으로 여겼다. 골턴의 무리들은 정신질환, (지능이 낮다고 여겨지는) '정신박약', 신체적 변이나 장애, 뇌전증 또는 헌팅턴병, 알코올 중독과 마약 복용, 성 산업 종사, 범죄 기록 등 열등성을 나타내는 지표라 생각되는 형질들을 수단과 방법을 가리지 않고 한데 모았는데, 이 각각의 형질들은 모두 '부적합'의 지표들이었다. 우생학자들은 하층 계급의 '장악'을 막기 위해서는 어떤 조치가 필요하다는 발상을 뒷받침하려는 의도로, 바람직하지 않다고 알려진 형질 및 행동이 유전적이고, 인종이 다른 이민자와 노동계급이 유전적으로 연관되어 있다고 해석했다. 우생학은 이런 식으로 인간을 분류하고 범주화하는 사회시스템으로 작동했고 백인 우월주의에 힘입어 탄생했다. 우생학자들은 한 개인의 인종과 계급이 질병이나 범죄 같은 생물학적 소인을 결정할 수 있다고 주장함으로써, 백인도 아니고 부유하지도 않은 사람들이 받는 인간 이하의 대우를 정당화하기까지 했다.

제1차 세계대전이 발발하기 수년 전에는 영국과 미국에 연구기관을 보유한 우생학 협회들이 등장하여 인구의 '적합성'을 지키는 자신들의 역할을 대중에게 알리려 했는데, 바로 이들이 인큐베이터 아기 쇼와 나란히 박람회에서 콘테스트*를 개최하고 영화와 책을 통해 우생학을 홍보한 단체들이었다. 나아가 이들은 불임, 혼인 금지법(인종 간 결혼 금지법), 이민 통제를 통해 열등하다고 생각되는 사람들의 재생산을 억제하는 국가정책을 지지하는

---

* **콘테스트** contests, 이때 개최된 콘테스트에는 '적합 가족fitter family', '더 나은 아기better baby' 등이 있다.

운동을 벌이기도 했다.

사이니가 주장하듯이, 골턴과 그의 동료들은 자신들의 주장을 알릴 목적으로 과학적 언어를 사용했다. 1907년 골턴은 시빌 고토Sybil Gotto와 함께 우생학교육협회를 조직했는데, 당시 영국에서 가장 영향력 있는 몇몇 사람들의 지지를 받기도 했다. 그리고 1910년대에는 유니버시티 칼리지 런던UCL에 국가 우생학 골턴 연구소를 설립하여, 이 대학에 우생학 연구의 나쁜 유산을 남기게 된다. 2018년에는 인종 간 지능 차이를 설명하는 백인 우월주의 이론에 관심 있는 연구자들만이 모이는 초청 학술회의가 열리고 있다는 사실이 밝혀져 조사가 진행된 바도 있다. 1910년대와 1920년대 우생학을 사회정책으로 옹호한 저명 인사 중에는 페이비언 협회* 창립 회원이자 상류층 교육을 받고 영국의 인구 감소를 우려한 베아트리스Beatrice와 시드니 웹Sidney Web도 있다. 또 농인들 간의 결혼 금지를 옹호한 알렉산더 그레이엄 벨Alexander Graham Bell과 '정신박약자'의 결혼 금지와 사회 격리, 불임을 공개적으로 지지한 윈스턴 처칠Winston Churchill 내무 장관이 있다.

1905년에는 영국으로의 이민을 규제할 목적으로 발의된 최초의 이민자 규제법으로 외국인법Aliens Act이 통과되었다. 외국인법은 소외된 이민자들을 겨냥하여 암호화된 언어를 사용했다. '범

---

* **페이비언 협회** Fabian Society, 영국 지식인들이 주도한 사회주의 단체로, 혁명적 방법보다는 점진적 개혁을 통한 사회변혁을 주장한다.

죄자, '빈민', 정신질환자의 입국을 규제하는 이 법의 제정 이유는 앵글로·색슨족이 '희석'될 거라는 두려움 때문이었다. 외국인 법 통과와 그 이후 이민을 제한하는 조치에서도 대부분 가난한 상태로 영국에 도착하는 동유럽 유대인의 입국을 제한하기 위한 우생학 프로그램이 이 법을 뒷받침했다.

1908년 우생학교육협회장 제임스 크라이튼 브라운James Crichton-Brown은 정신박약자 돌봄 및 관리 왕립위원회에 참석하여 장애인과 정신질환이 있는 사람들을 '가능한 한 쓸어 모아 활용해야 할 사회 쓰레기'라고 말하면서 강제 불임 수술을 받아야 한다고 주장했다. 이 왕립위원회장의 발언에 이어 1913년에는 영국의 정신 결함법Mental Deficiency Act이 통과되면서 우생학 지지자들로부터 환영을 받는다. 이 법은 1886년 제정된 법을 개정하면서 '바보', '천치', '정신박약자'라고 생각되는 사람들을 절정기에는 약 6만 5천 명을 시설에 구금 및 격리를 허용하며 1959년에 가서야 폐지되기에 이른다. 강제 불임화 방안도 제안되었지만 채택되지는 않았다. 그렇다고 해서 이런 조치를 영국에서는 더 이상 지지하는 사람들이 없었다는 뜻은 아니다. 1931년 한 노동당 의원은 부모에게는 짐이고, 스스로에게는 비극이며, 공동체의 삶에는 위협적인 사람들이 자식을 낳도록 허용해서는 안 된다며 불임화 법안을 재발의했다.[3]

1900년대 초에는 이런 법률이 북아메리카에서도 대거 시행된다. 1907년부터 1931년까지 30개가 넘는 주에서 '정신박약자'의 강제 불임 수술을 허용하는 법을 통과시켜 1935년까지 적어도 2만 명의 사람들에게 영향을 미쳤다. 캐나다 알버타와 브리티시 컬럼비아주에서는 1920년대 말과 1930년대 초 유사한 법을 통과시켰고, 이후 알버타주에서는 '정신박약'으로 보이는 사람에게 동의 요건을 폐지하기로 한다. 다른 주들은 불임화 입법을 거부했지만 다른 방식으로 우생학을 실행했다. 노바스코샤주에서는 임신 능력이 있어도 엄마가 되기에 '부적합'해 보이는 여성들이 시설에 수용되었다.

미국의 여러 주에서는 장애인이나 일부 만성 질환자들 사이의 결혼을 금지하거나 규제하는 법을 통과시켰다. 우생학 기록 보관소와 우생학 연구회 병설 연구소, 미국의 골턴 협회는 뜻을 같이하는 우생학자들을 규합하여 전 지역에서 캠페인을 벌였다. 미국 우생학 협회들은 건강과 유전적 특성에 따라, 가족들을 평가하는 적합가족 경진대회를 후원하고 적합하다고 생각되는 사람들에게 결혼과 출산의 중요성을 교육하기 위한 사회교육 프로그램을 장려했다. 1924년에는 존슨 리드 이민법Johnson-Reed Immigration Act이 통과되어 기존의 인종차별적 이민 정책을 강화하고 아시아 지역으로부터의 이민을 실질적으로 금지하는 한편, 남동부 유럽 지역으로부터의 이민도 상당 부분 제한했다. 이 법은 순수한 미국인의 특성이라고 생각되는 형질을 유지하기 위한 노골적인 노력이었다. 한 옹호자는 이 법의 성공적인 입법 덕분에 "미국의 현재 인종 구성을 영원히 지속할 수 있게 되었다"라고 말했다.[4]

1920년대 미국 우생학 협회를 설립한 사람 중 한 명인 해리 로플린Harry Laughlin은 여러 주에서 불임법이 제정되었음에도 불임 수술을 받은 사람이 거의 없음을 알고, 소송이 제기될 경우 불임 수술의 합헌성을 보장해줄 더 강한 '모델' 법의 필요성을 실감했다는 글을 남겼다. 로플린의 제안으로 미국 전역에서는 불임 수술, 감금, 혼인 제한법이 추가로 통과되었다. 이 법은 1933년 나치 독일에서 통과된 '유전병이 있는 후손 예방법Law for the Prevention of Offspring with Hereditary Disease'의 청사진으로도 활용되어 장애인, 정신질환자, 집시 및 흑인 독일인의 강제 불임 수술을 재촉한다.

미국 우생학 운동의 가장 악명 높은 순간 중 하나는 1924년에 제정된 버지니아 불임법Virginia Sterilization Act에 도전한 1927년 버지니아 대법원의 **벅 대 벨**Buck v. Bell 사건 판결에서 나왔다. 캐리 벅은 강간을 당하고 임신하자 '도덕적 비행'을 이유로 시설에 수용된 젊은 여성이었다. 벅의 엄마인 엠마도 시설에 수용되어 있었다. 해리 로플린이 전문가 증인으로 나온 이 소송에서 법원은 불임법이 수정헌법 제14조에 명시한 적법한 절차(즉 시민의 자유를 보장받을 권리)에 따른 권리를 침범하지 않으며, 불임 수술을 잔인하고 비정상적인 처벌로 볼 수 없다고 판결했다. 홈스 대법관은 우생학의 정수에 있는 비인간적 시각을 드러내며 판결문에 다음과 같이 적었다.

> 타락한 자손이 범죄로 처형되거나 무능으로 굶어 죽을 때까지
> 기다리기보다는, 사회가 명백히 부적합한 사람들의 대를 끊는
> 편이 모두에게 더 나은 일이다. 무능한 자들은 3대로 충분하다.[5]

바람직해 보이지 않는 사람들의 재생산을 막는 일이 '모두에게 더 좋은 일'이라는 이 발상이 바로 북미 전역에 강제 불임화 법들을 통과시킨 배후였다. 연방 정부의 지원을 받는 부모들의 10대 자녀들이 자궁 적출술과 정관 절제술 대상이 되었다. 많은 경우 이런 일은 거부할 경우 생계를 지탱해주던 소득원을 잃을 위험에 처한 가족 구성원의 이른바 동의 하에 이루어지기도 했다. 여성들과 소녀들은 다른 치료차 병원에 갔다가 의사가 마취 중 자신의 나팔관을 잘랐다는 사실을 알게 된 경우도 있었다.

이런 정책은 불공평하게도 장애인들을 위시하여 유색 인종, 특히 흑인, 원주민, 멕시코계 미국인, 푸에르토리코인 여성들에게 영향을 미쳤다. 해리엇 워싱턴Harriet Washington이 자신의 책 《의료 아파르트헤이트Medical Apartheid》에 썼듯이, 미국 흑인들은 과거 내내 불임화 정책의 표적이 되었다.[6] 또 푸에르토리코에서는 1937년 단지 인구조절 프로그램의 일환으로 강제 불임화를 허용하는 법이 통과되었다. 그로 인해 이 법이 폐지된 1960년대까지 20세에서 49세

의 푸에르토리코 여성, 거의 삼분의 일에 해당하는 약 16만 363명이 불임 수술을 받았다. 이 여성들 중에는 자신이 되돌릴 수 있는 시술을 받았다고 생각하는 경우도 많았다. 우생학을 논의할 때 불임이 큰 비중을 차지하는 것은 놀라운 일이 아니지만, 재생산을 통제하는 정책은 이 방식으로만 그치지 않았다. 혼혈법(Miscegenation laws, 다른 인종 간 결혼 금지-옮긴이) 역시 다른 인종과의 결혼으로 미국 백인이 서서히 쇠퇴할 것이라는 생각에서 나온, 명백한 우생학적 관행이었다. 원주민 어린이를 가족들과 격리하여 다른 거주 시설로 옮긴 캐나다의 정책도 백인 문화에 동화시킴으로써, 원주민의 전통을 지울 수 있고 또 그렇게 해야 한다는 우생학적 발상에서 나왔다. 우생학 정책은 유독 북미와 영국에서만 있었던 게 아니다. 잉글랜드에서 시작된 우생학 운동은 세계 각국으로 퍼져나가 오랫동안 영향을 미쳤다.

세계를 휩쓴 이러한 법과 정책, 교육 프로그램들은 할데인이 우생학을 이행하기 위한 수단으로 체외발생을 구상했을 때도 잘 알고 있었던 진실을 말해준다. 프란시스 골턴이나 해리 로플린의 전성기에 완전한 기능을 갖춘 인공자궁이 있었더라면, 정확하게 할데인이 상상한 방식대로 쓰였을 공산이 매우 크다. 체외발생이 권력을 쥔 사람이나 재생산을 통제하려는 정부의 잘못된 손에 들어가는 일은 그야말로 상상조차 하기 싫은 무서운 미래이다.

1920년대 할데인은 스스로를 '개혁적인 우생학자'라고 생각했다. 1910년대의 많은 평론가들과 달리 그는 정부가 추진하는 우생학 정책을 '저속한 미국 정신'이라며 비판했다. 또 계급과 인종을 생물학적으로 설명하려는 경향을 비판하고, 유전적인 특질과 함께 양육과 환경이 사람의 특성을 결정한다는 점을 인식하고 있던 영국과 미국의 유전학계에서 주도적인 역할을 했다. 그렇지만 그는 지능이 유전되는 형질이라는 입장을 계속 고수하면서 하류층 사람들이 너무 많이 '번식한다'는 발상을 퍼뜨리고, 지적인 상류층의 재생산을 더 장려하는 방안들을 지지했다. 할데인과 그의 진보적 사회주의자 동료들은 1880년대 골턴과 마찬가지로 백인 혈통을 보호해야 하며 박식한 엘리트가 우월하다는 믿음을 갖고 있었다. 제2차 세계대전이 끝난 후에도 할데인은 인구를 늘리기 위해서라도 유전적 형질을 통제하고 관리해야 한다는 입장을 고수한다.

인공자궁은 임신 중 심각한 합병증을 치료하거나 임신의 대안으로, 또 신생아의 생명 유지 목적으로 환영받을지는 모르겠다. 하지만 이 기술은 나머지 사람들의 생명보다 일부 사람들이 더 가치가 있다고 믿는 국가나 기관의 통치 아래서는 심각한 해악을 초래할 수 있다. 할데인은 '체외발생'이라는 말을 처음 내뱉은 그 순간 인공자궁과 우생학의 연관성에 대해 언급했다. 그는 이 기술이 전 세계에서 우생학 정책과 법이 통과하면서 시작된 재생산에 대한 통제 원칙을 집행하는 궁극적 수단이 될 거라고 상상했다. 이제 100년이 지나 이 연결고리가 끊어졌다고 생각하면 마음이 편할지는 모르겠다. 그런데 실제 우리는 어디까지 와 있을까? 할데인에게 인공자궁의 핵심 효용은 잠재적으로 유전 선택에 활용할 수 있다는 점이었다. 그의 글에 등장하는 51년 후의 화자는 이런 의견을 피력했다.

> 다음 세대의 조상으로 선발된 소수의 남성과 여성들은 의심의 여지 없이 평균보다 우월해서, 최고의 음악적 성과에서부터 절도 판결 감소에 이르기까지 매 세대 모든 면에서 놀라운 진보를 거듭한다. 어느 국가에서나 바람직하지 못한 구성원들의 번식력이 더 강하기 때문에 체외발생 기술이 없었더라면 문명은 의심의 여지 없이 가시적 시간 내에 붕괴했을 것이다.[7]

달리 말하면 인공자궁은 '우월한 자'만이 생존을 보장해준다는 이야기이다. 《오늘과 내일》 시리즈의 다른 저자들도 우생학이 완전히 실현된 미래가 더 나은 미래라는 데 동의했을 것이다.

작가이자 귀족정치의 헌신적 추종자였던 안소니 루도비치 Anthony Ludovici는 1924년작 《리시스트라타*, 또는 여성의 미래와 미래 여성Lysistrata; Or, Woman's Future and the Future Woman》을 통해 할데인에

---

* **리시스트라타** Lysistrata, 원래 기원전 411년에 고전 아테네에서 공연된 아리스토파네스의 고대 그리스 희극.

게 응답한 첫 번째 저자였다. 루도비치는 인종과 젠더에 대해서는 할데인의 진보된 시각에 반대했지만, 우생학을 '옳은' 방식으로 적용한다면 사회발전에 기여하리라는 점에 대해서는 동의했다. 그렇지만 무엇이 '옳은' 방식인지 두고는 두 사람의 견해가 완전히 일치하지 않았다. 루도비치가 기여한 것의 대부분은 페미니즘이 위험하다고 비난한 일이었다. 루도비치는 인공자궁이 재생산을 통제하는 좋은 방법이 될 거라는 데도 동의했다. 하지만 그는 미래를 예언하면서 자신과 같은 세대의 젊은 미혼여성 노동자들의 체외발생이 우생학을 진전시키는 데 쓰이기보다는, 페미니스트 공동 의제를 지원하는 데 쓰일 거라는 점에 대해서는 말하길 꺼려했다.

루도비치는 우리들 중 일부의 생각과 정반대일 수 있는 디스토피아를 계속해서 묘사한다. 여성 노동자의 딸들은 세대를 거듭하며 현 상황에 계속 저항할 것이다. 그리고 끝내는 자신들의 '체외 임신'에 대한 열망으로 '대중의 요구를 충족시키는 기술을 발견할 때까지 과학을 중단하지 못하게' 할 것이다. 급기야 '여성 의회'는 체외발생을 선호하는 여성에게 남성이 임신시키려는 일을 불법화할 것이다. 인공자궁을 통해 '최고의 혈통'만 재생산이 허용되는 할데인의 미래와는 달리, 루도비치는 노동자 페미니스트 정부가 여성들이 체외발생으로 몇 명이든 아이를 갖겠다고 결정하는 대로 남성과 국가에 그 비용을 지불하라고 요구할까봐 염려

했다. 그는 인공자궁에 비용이 많이 들 것이라고 예상하고, 자치구 의회가 특별 센터에서 '극도로 가난한 사람들을 위해 아이를 키울' 수 있다고 생각했다. 그가 보기에 이런 일은 자원을 낭비하는 충격적인 일이다. 루도비치의 악몽 같은 전망은 끝내 인간의 성별이 무의미해지고 아이들이 공동 돌봄을 받는 현실로 끝난다. 뒤에서 살피겠지만, 사실 많은 페미니스트는 루도비치의 전망과 동일한 방식으로 인공자궁이 등장하는 미래를 환영한다.

그런데 이 장황한 루도비치의 글에서 눈에 띄는 부분은 그가 체외발생을 우생학의 목적을 위해 사용되길 원치 않아서가 아니라, 사용되지 **않을까봐** 두려운 나머지 거부한다는 점이다. 루도비치는 세상이 약한 남자와 드센 여자로 넘쳐나는 일을 막을 방법은 동시대의 상황에 우생학을 철저히 적용하는 것뿐이라고 주장한다. 또 다음과 같은 말로 인구가 유전 선택을 통해 도태되어야 함을 시사한다. "비정상이거나, 불구이거나, 결함이 있거나, 불치병이 있거나, 바람직하지 않은 사람들이 더 이상 늘어나지 않게 할 것이다. 사람들은 짐이자 보기 흉한 존재인 이들의 무익함과 위험을 인식하게 될 것이다."[8]

루도비치는 병이 있는 사람들부터 의치, 안경, 지팡이를 사용하는 사람들까지 모두 재생산을 금지해야 한다고 말한다. 나아가 그는 집단적으로 이런 형질이 없는 배우자를 선택하여 더 이상 해당 형질을 받아들이지 않도록 인간의 가치를 수정해야 한다고 주장한다. 또 그렇게 함으로써 '우생학 입법이 불필요해지고 사람들의 취향이 그 역할을 대신할 것이다. 반면 몸을 함부로 다루는 관행이 건재한다면 우생학 입법은 항상 힘든 싸움이 될 것'이라고 말했다. 훗날 도라 러셀이 비판했듯이 루도비치는 차이를 폭력적으로 근절하는 정책을 지지하는 사회가 유토피아를 이루고, 페미니즘과 모두를 위한 육아를 지지하는 사회는 싸움과 공포가 존재한다고 생각했다. 그는 불쾌감을 주고 혐오스러운 의견을 고수했을 뿐만 아니라 합리적이고 교육을 받은 사람이라면 누구나 자신의 의견에 동의하리라고 믿었던 것 같다.

지금도 루도비치의 후예들이 존재한다. 이름을 거론하지는 않겠지만, 남부 주에 사는 한 의사는 내게 '페미니스트 유토피아에 대한 평정심을 잃은 공포'가 깃든 장문의 편지를 계속해서 보낸다. 그는 특히 여성들이 임신의 부담을 모면하려는 등의 바보 같은 이유로 인공자궁을 사용하려 할 것이라고 염려하는 한편, 체외발생이 가장 '바람직한' 사람들의 재생산을 보장해주는 아주 훌륭한 도구가 될 수 있다는 견해를 피력하려 한다. 내 생각을 담은 장황한 답장을, 그것도 요통, 잠 못 드는 밤, 밀려오는 메스꺼움과 불안, 홍조, 속쓰림, 호흡곤란, 임신 3분기의 전신 쇠약감을 견디면서라도 쓰고 싶은 유혹이 생기지만 지금까지 참고 있다. 루도비치와 오늘날 그의 후예들은 극도로 보수적인 특정 집단이 인공자궁 기술을 이용하여 해악을 끼칠 수 있는 불길한 방식을 보여준다는 점에서 우려스럽다. 하지만 체외발생과 우생학적 사고가 엮이는 방식에서 가장 위험한 유산은 이것이 아니다. 도라 러셀은 루도비치의 세계관이 편집증적이고 편협하다며 말끔히 묵살하고, 경멸하듯 '그 저자'라고 칭하면서 넘어갔다. 나도 마찬가지로 일방적인 펜팔 친구의 이메일을 열지 않은 채 삭제하고, 남편에게 불만을 털어놓은 뒤 일상을 이어간다.

인공자궁을 이용한 재생산 통제에 대해 훨씬 더 위험하고 받아들이기 어려운 이론은 사회진보주의자들에게서 나온다. 1927년 부인과 의사이자 성 관련 연구자인 노먼 헤어Norman Haire는《오늘과 내일》시리즈에 〈처녀막 또는 결혼의 미래Hymen, Or the Future of Marriage〉라는 짧은 글을 기고했다. 헤어는 할데인과 마찬가지로 성평등, 결혼과 이혼제도 개혁, 동성애, 성교육, 그리고 성에 관련된 도덕주의적 법률 개혁을 사회진보주의의 관점에서 바라보는 사람이었다. 헤어는 논평을 통해 의사들이 환자들에게 성에 대한 정보를 개방적으로 제공해야 한다고, 주장하면서 피임에 대한 자유로운 접근과 성교육의 보편화를 요구했다. 하지만 성적 쾌락에 대한 이야기를 하던 중 단호하게 음산한 우생학적 발언으로 선회한다. 그는 미래에는 국가가 출산에 더 많이 관여하고 궁극적으로 체외발생을 이용하여 '더 좋은 아기'를 만들어 내게 될 것이라고 주장한다. 그리고 계속해서 할데인이 제안했던 것처럼 아이들의 수준과 인원은 모두 신중하게 조절될 것이라고 전망한다. 인공자궁에서 태어난 아이들은 부모와 국가가 돌보게 된다는 이야기이다. 그리고 이 모든 공적 지원을 통해 "어떤 부류의 아이들을 얼마만큼 원하는지는 사회가 어느 정도 결정해야 한다"라고 헤어는 말한다.[9]

루도비치와 헤어는 여러 가지 면으로 정치적 스펙트럼의 양극단에 있었지만 귀족, 백인, 능력 있는 사람들이 태생적으로 우월하다는 신념을 공유했다. 사실 루도비치의 책 《리시스트라타, 또는 여성의 미래와 미래 여성》의 서문을 썼던 헤어는 우생학의 일부가 사회에 가장 큰 이익이 된다는 점 외에는 거의 모든 사안에 대해 루도비치와 의견이 다르다고 언급했다. 또 그는 '오늘날 '인도주의'는 적합한 사람들에게 아주 효과적으로 쓰였을 돈과 돌봄을 속수무책으로 낭비하고, 태어나지 말았어야 할 사람들을 살려 두는 결과를 가져왔을 뿐이다'라고 썼다. 자신의 책에서는 유전학 지식이 향상됨에 따라 생식에 대한 적합성 기준이 올라가게 될 것이라고 주장한다. 결국 체외발생은 '양쪽에서 좋은 형질을 물려받은 어린 배아'를 기르는 데 이용될 수 있다는 이야기이다. 헤어는 비슷한 시기에 코니와 박람회장 동료들이 문화에 반하는 일을 하고 있었던 것에 대해 이야기하는 섬뜩한 결론에 도달한다. 즉 그는 체외발생 기술이 도래하면 '부적합한' 부모가 낳은 자손이나 '결함이 있는 상태로 태어난 아이들은 태어나자마자 버려지거나, 태어난 후에도 결함이 확인되자마자 버려질 것'이라고 전망했다.

할데인과 그의 동료들은 거의 예외 없이 21세기에는 인간의 몸 밖에서 임신하는 것이 가능해질 것으로 생각했다. 1925년 당시 과학적 역량이 체외발생을 구현할 수 있는 수준에 도달했다면 할데인과 그의 동료들은 우생학적 활용을 지지했을 것이다. 《오늘과 내일》에 기고한 젊은 지식인들이 내다본 곳은 바로 오늘날의 사회였다. 이들이 꿈꾼 많은 과학적 혁신이 실현되어 인공자궁 기술이 코앞으로 다가온 시점에서 살펴볼 때, 과연 우리는 손에 쥔 이 기술을 다르게 사용할 수 있을까?

재생산을 통제하려는 루도비치와 헤어의 관점은 혐오감을 자아내기는 매한가지이다. 루도비치는 파시스트에 동조하고 기본적으로 잘 교육받은 부유한 백인 남성이 우월하다는 자신의 신념을 드러내는 사람이었다. 하지만 여성이 공직을 맡는다는 발상에 대해 손을 부들부들 떨 정도로 분개하던 그의 태도는 더 보수적인 동료들이 보기에도 비웃을 정도였다. 내게 이메일을 보낸 사람이나 루도비치처럼 재생산 통제를 지지하는 사람들이 비주류 평론가들 뿐이었다면, 우리는 예컨대 오늘날의 영국 같은 나라에서 인공자궁이 해악을 영속화하는 데 이용될 리 없다고 착각했을지도 모른다. 하지만 '최적의' 사람들에게 재생산을 보장해줄 체외발생이라는 수단에 대한 헤어와 할데인의 몰두는 우생학이 1920년대 진보적 좌파 진영에 널리 퍼져 있었다는 증거이다. 이들이 보기엔, 적절한 사람들이 결정을 내리기만 한다면 누구에게 재생산을 허용하든, 허용하지 않든 관리하는 정책에는 아무 문제가 없었다. 헤어와 할데인은 여러 가지 면에서 루도비치보다 훨씬 더 은밀하게 남아 있는 우생학의 잔재에 해당한다.

문제는 권력자들의 정치적 성향이 아니다. 기본적으로 사람들을 더 좋거나 더 나쁜 재생산 후보로 분류하고 서열화할 수 있으며, 이를 근거로 재생산을 통제해야 한다는 발상이다. 부분적으로는 좌파, 진보적 사상가, 선의를 지녔다고 인정되는 개인, 국가 또는 기관이 이행하기만 한다면, 그런 관행은 허용될 수 있고 심지어 유익할 수 있다는 위험한 신념 때문에 우생학이 오늘날까지 명맥을 이어올 수 있었다. 이런 발상은 어떻게 아직도 할데인이 상상한 인공자궁에 대한 잔재가 실현 가능한지, 우리가 얼마나 더 나아가야 체외발생이 화를 재촉하는 데 쓰이지 않는 세상을 만들 수 있는지 시사한다.

올더스 헉슬리는 파시즘이 유럽을 잠식해 들어가는 시기에 《멋진 신세계》를 통해, 국가가 인공 임신이라는 수단을 통해 재생산을 통제한다는 극단적인 디스토피아적 비전과 인간 생명이 위계화되는 모습을 구체적으로 그렸다. 헉슬리가 그린 황량한 미래에서는 배아의 수정에서부터 출산 또는 '옮겨 담기'에 이르는 임신 전 과정이, 이 작업을 수행하도록 조율된 전 세계의 여러 센터 중 하나인 중앙런던부화 및 조절센터에서 복잡한 일련의 인위적 과정을 통해 진행된다. 여성들은 난자를 제공하는 대신 상당한 특별 수당을 받는다. 아기들은 미리 정해진 범주에 따라 사회의 최하위 노동자층인 감마, 델타, 엡실론이나 상류층인 알파, 베타로 배양된다. 하류층 구성원이 될 배아는 '보카노프스키 과정Bokanovsky's Process'을 이용하여 여러 번의 분열과 의도적인 치료 또는 치료 거부를 통해 사회계층에 적합하다고 생각되는 유전적 성향을 강화하는 과정을 겪는다.

헉슬리가 전체주의와 우생학이 지배하는 체제를 상상한 시기는 나치의 그야말로 극단적인 우생학 정책이 모습을 드러내기 전이었다. 하지만 당시 헉슬리는 영국, 유럽, 북아메리카 전역에 걸쳐 시행되고 있는 정책과 법률, 관행에서 정보를 얻었다. 이 책이 출판된 지 3년이 지난 1935년에는 뉘른베르크 인종법Nuremberg Race Laws으로 홀로코스트의 발판이 마련되었다. 유럽과 북미에서는 열등하다고 간주되는 사람들의 불임화와 분리정책을 정당화할 의도로 법규를 통과시켰듯이, 뉘른베르크 법은 유대인, 로마인, LGBTQ, 흑인, 장애인, 혼혈인을 인간 이하로 분류하기 위한 목적으로 고안되었다. 이 법은 이들 중 누구도 '아리아계' 독일인과 결혼하거나 성관계를 맺을 수 없다고 명시하고 사람들이 결혼 전에 건강적합인증서를 갖추도록 했다. 이러한 각각의 조치들은 미국에서 통과된 법규와 영국 우생학자들의 권고 및 저서의 영향을 부분적으로 받았다. 1939년 히틀러는 '불치병 환자, 신체적 또는 정신적 장애인, 정서적으로 실성한 사람, 노인들'의 안락사 권한을 부여하는 T4 작전을 통과시켰는데, 이 프로그램은 수년간 지속되었고 공식적으로 종료된 이후까지도 이어졌다. 1930년대부터 종전까지 나치는 수백만 명의 유대인, 집시, 폴란드인, 여호와의 증인, LGBTQ, 흑인, 혼혈 독일인, 장애인들을 고문, 살해, 감금했다.

1945년, 앞으로 나아갈 길을 계획할 목적으로 국제연합(UN)이 설립되었다. 각국이 세계인권선언을 공동 집필하고 서명함으로써 우리 모두가 마땅히 누려야 할 기본적 자유와 보호를 약속할 수 있기를 바랐다. 2022년이라는 시점에서 되돌아볼 때, 그 이후 이른바 불가침권을 침해한 수많은 잔학 행위들이 발생했다는 사실을 감안하면 냉소를 금하기 어렵다. 캐나다는 세계인권선언에 서명하면서 원주민 사회로부터 아이들을 계속 분리시켰다. 미국은 짐 크로우 분리정책*을 지속하면서 법 앞에 인간이 평등해야 한다는 데 동의했다.

1948년 세계인권선언의 통과는 희망적 사건이었다. 선언의 30개 조항은 만장일치로 동의와 서명을 얻은 뒤 지금까지 국제 인권법의 근간으로 남아 있으며, 모든 인간이 번영하는 데 필요한 시민적·정치적 자유 뿐만 아니라 (음식, 주거, 망명에 대한 권리 같은) 필

---

* **짐 크로우 분리정책** 짐 크로 법 Jim Crow laws은 1876년부터 1965년까지 시행된 미국의 주법이며, 이 법으로 남부에 있는 모든 공공기관에서 합법적으로 인종 간 분리 정책을 시행했다.

수적인 생존 요건을 확립하려는 의도로 채택되었다. 모든 이들의 평등과 생명 및 자유에 대한 권리, 고문으로부터의 자유, 가족을 이룰 권리와 같이 선언을 뒷받침하는 이상들은 우생학에 대한 배척이었다.

할데인을 위시한 진보주의자들은 영국과 북아메리카의 우생학 정책과 관행으로 발생한 피해에도 불구하고, 이런 발상들을 활용한 나치의 만행에 대한 소식이 처음 퍼질 때까지도 우생학에 대한 노골적인 지지를 재고조차 하지 않았다. 하지만 그들이 자신들의 언어 선택과 재생산 통제에 대한 공개 토론 내용을 재고했다고 해서, 그들 모두가 전쟁 이전에 가졌던 견해를 부인했다고는 볼 수 없다. 올더스 헉슬리는 미국 우생학자들과 나치의 '북유럽 인종Nordic'에 대한 우월성을 조장하는 선전에 비판적이었다. 하지만 장애를 연구하는 학자 조안나 워이악Joanne Woiak이 지적하듯 헉슬리에게 "우생학은 악몽 같은 전망이 아니라 올바른 사람들이 올바른 방법으로 사용한다면 더 나은 세상을 설계할 수 있는 최고의 희망"이었다.[10] 헉슬리는 파시스트가 재생산을 통제하면 명백히 위험하다고 봤지만, 지적이고 과학적인 자신의 친구들 같은 사람들이 결정을 내린다면 재생산을 유익하게 관리할 수 있다는 생각을 완전히 지우지는 않았다. 오늘날 재생산 통제권 행사를 논의하는 자유주의 평론가들의 언어는 1920년대 이후로 달라졌다. 대부분의 주류 집단도 불임 수술에 찬성하고 교육받은 부유한 사람들에게만 자녀를 갖도록 허용하자는 냉혹한 주장에 공포를 느낄 것이다. 그런데도 일부 사람들의 재생산과 관련된 결정에는 국가가 개입하는 편이 개인과 사회 모두에게 더 나을 수 있다는 생각은 여전히 남아 있다.

2019년 나는 법학자들이 모여 인공자궁을 이용하는 것이 아이에게 최선의 이익이라는 소송이 제기될 수 있는 상황이 있었는지 살피는 자리에 참석한 적이 있었다. '아이에게 최선의 이익'은 간단히 말해 법원이 아이의 이익을 우선시하도록 요구하는, 지침 역할을 하는 법 원칙이다. 이를테면 이혼 소송 사례에서 판사는 궁극적으로 양육권을 어떻게 배분해야 아이의 최선의 이익에 부합하는지 결정하려고 한다. 어떤 행위를 허용하거나 막는 일이 아이의 최선의 이익에 명백히 부합된다고 확정할 경우, 이 원칙이 다른 어떤 주장보다 중요해지는 것이 일반적이다.

그 회의에서 어떤 발언자는 인공자궁을 용인하기 어려울 것이라고 주장하면서도, 법적 검토를 통과할 만한 인공자궁 사용에 대한 정당성을 제공할 수 있는 몇 가지 시나리오를 검토했다. 또 임신을 계속 이어가는 것이 자신과 아기 모두에게 또는 아기를 위험하게 하는 임신 합병증을 경험한 사람이라면, 알려지지 않은 인공자궁의 위험 또는 이점을 살펴 더 나은 대안을 제시할 거라는 주장도 가능하다고 말했다. 임신한 여성이 암으로 진단되어 아기의 성장에 해가 될 수 있는 치료를 받아야 한다면 어떻게 될까? 인공자궁에서 임신을 이어 나가려면 이 일이 아이의 최선의 이익에 부합해야 할 것이다. 발언자는 계속해서 임신한 사람이 알코올이나 마약을 복용했을 때도 같은 논리가 적용된다며 발표를 이어갔다. 만삭까지 엄마 대신 인공자궁이라는 '안전한' 환경에서 자라는 편이 아이에게 최선의 이익이 되는 경우도 있을 수 있다. 인공자궁에 대한 선구적인 글을 살펴보면, 자유주의적 평론가들과 루도비치 같은 사람들 모두가 일부 상황에서는 태아가 임신한 사람의 몸에서 자라는 것보다 체외발생이 '더 안전'할 수 있다고 생각한다.

2022년, 인공자궁에서 배아가 태아로 자라는 과정을 감독하는 로봇 '보모'를 개발한 중국 연구진의 프로젝트가 머리기사를 장식했다. 과학자들은 현재 동물 배아 실험에 한정된 이 연구가 앞으로 아기를 만드는 더 좋은 방법이 될 것이라고 설명했다. 연구자들의 표현대로라면 아기들이 인간 자궁보다 잠재적으로 '더 안전한' 환경에서 자랄 것이므로 '더 좋다'는 내용이다. 여기에는 최소한 일부 임신한 사람들의 행동과 소비 습관 또는 활동들이 태아를 위험에 노출시키므로, 이 경우 임신을 감독하는 데 로봇이 더 적합할 것이라는 무언의 함의가 들어 있다.

리처드 고든Richard Gosden 박사는 2000년에 출간된 한 책에서 인간의 자궁은 마약과 독소에 '구멍 뚫린 채' 노출되어 있지만, 인공자궁은 태아를 '안전하게' 지켜줄 수 있을 것이라는 의견을 피력했다. 2006년 체외발생에 관한 글들을 수록한 책에서 생명윤리학자 스콧 겔팬드Scott Gelfand와 그레고리 펜스Gregory Pence는 각각 인공자궁 기술이 알코올이나 마약을 하는 임신 여성으로부터 태아를 '보호'하는 데 유용할 수 있다고 주장했다. 펜스는 "태아를 계속해서 안정적으로 마약이 없는 통제된 환경에서 기를 수 있다면 엄마의 마약 사용으로 불러올 수 있는 위험으로부터 지킬 수 있을 것"이라고 말한다.[11] 겔팬드도 체외발생으로 알코올 뿐만 아니라 간접 흡연과 임신한 사람의 부실한 식사로부터 태아를 보호할 수 있을 것이라고 시사한다.[12]

보수적인 생명윤리학자 크리스토퍼 카초르Christopher Kaczor는 "인공자궁은 자동차에 부딪히지도, 미끄러져 넘어지지도, 폭행당하지도 않을 것이기 때문에 언젠가는 부분 체외발생이 정상 임신보다 덜 위험해질 것"이라고 다소 냉정한 글을 남겼다.[13] 폭력으로부터 임신한 사람을 보호해줄 자원을 제공하는 것보다, 그저 이들의 몸에서 태아를 적출하여 '더 안전한' 장소에서 자라는 편이 더 낫다는 발상은 지극히 충격적이다. 이런 주장은 태어난 어린이와 동등한 권리를 태아에게 부여하고, 그렇게 함으로써 임신한 사람이 임신에 최적화되어야 할 '환경'이자 인큐베이터에 불과하다고 암시하면서 이들의 권리를 침해한다. 그리고 이런 각각의 주장들은 인공자궁을 우생학의 실현 도구로 활용하려는 과거의 잔재를 이어간다. 헤어는 미래에 대한 전망을 내놓으면서 엄마가

'부적합'한 경우 '엄마 자신의 이익을 위해 영구적 또는 일시적으로 부모가 되지 않아야 한다'고 공개적으로 주장했다. 오늘날 인공자궁을 인간의 자궁보다 '더 안전한' 환경이라고 생각하는 사람들 가운데 '부적합한 엄마'라는 단어를 직접적으로 사용하는 사람은 아무도 없다. 그렇지만 일부 여성들은 몸 안에 아이를 지니기에 그야말로 부적합하므로 영구적으로 또는 일시적으로 임신해서는 안 된다는 함의가 여전히 남아 있는 것은 분명하다.

여기에 무엇이 생략되어 있는지 생각해 보자. 체외발생으로 아기를 임신하려면 누군가 배아 또는 그 밖의 것을 공여하거나, 이미 임신이 시작되었다면 아마도 제왕절개술과 비슷한 시술을 통해 태아를 옮겨야 한다. 이런 일이 어떻게 일어날까? 마약, 알코올, '문제성 있는' 다이어트, 흡연 또는 학대를 경험한 여성들이 자신의 아기를 인조 자궁이 대신 품었다고 한다면 모두를 위해 더 좋은 일이었다는 데 단순히 동의할까? 또 '적출' 시술을 자발적으로 받을까? 아니면 강요받을까? 누군가의 임신이 안전하지 않다고 판단될 때 대안으로 인공자궁을 활용한다면, 강요보다는 자발적으로 태아 이전 과정을 거치도록 늘 신중하게 규제한다고 가정해 보자. 설령 그렇다고 해도 우리는 헤어 같은 《오늘과 내일》 기고자들이 주장한 논리와 똑같이, 문제가 있는 논리를 비틀어 확장했을 뿐이다. 헤어는 빈곤, 교육 부족, 알코올 의존을 사회적 불평등이 아닌 유전의 문제로 귀결시킴으로써, 이런 문제를 겪는 사람들의 재생산을 막는다는 잘못된 해법을 찾았다. 임신 중 알코올과 마약 사용을 인공자궁으로 해결할 수 있다고 주장하는 현대사회의 평론가들이, 임신한 이 여성들이 어려운 상황에 처한 인간이 아니라 본질부터 의심의 눈초리로 보는 것도 똑같다. 결국 이들은 임신한 사람에게 충분한 지원 및 자원을 제공하지 않는 사회보다는, 임신한 사람의 몸이 문제라는 엉뚱한 결론에 이른다. 체외발생이 사람의 자궁보다 '더 안전'할지 모른다는 발상에는 또 다른 의문이 숨어 있다. 무엇이 임신 중 '위험한' 행동인지 정확히 누가 결정하게 되는가?

오직 '우월'해 보이는 사람들한테만 재생산을 보장할 목적으로 인공자궁이 인간의 재생산을 대체해야 한다는 주장을, 받아들일 수 없다는 데 동의하는 사람들은 많을 것이다. 하지만 이들도 임신 중 담배를 피우거나, 술을 마시거나, '건강한' 음식을 먹지 않는 사람들을 대신하여 아이를 임신해 줄 인공자궁을 제안해야 한다는 의견에는 문제 삼지 않을 수 있다. 여러분은 내가 이 연구 주제 덕분에 임신과 함께 쏟아지는 세평에 대비할 준비가 되어 있을 거라고 생각할지 모르겠다. 하지만 먹고 마시는 일, 체중을 조절하는 일, 운동하는 일에 대해 내게 조언해야 한다고 생각하는 사람이 얼마나 많은지, 내게는 여전히 벅차다. 그런 말들은 내게 전혀 도움이 되지 않는다. 그렇게 말하는 사람들은 많은 경우 무엇이 태아에게 나쁜지 확실하지도 않은 의견을 떠올리며 임신한 내 몸에 대해 말할 자격이 있다고 생각한다. 내가 코로나 19 추가 예방 접종을 받으러 갔을 때 약사는 나를 훑어보고는 접종 이후 며칠간 열이 날 가능성이 크지만, 해열제를 복용하는 일은 '아기에게 해롭기' 때문에 안 된다고 설명했다. 내가 열이 나면 약을 먹겠다고 대답하자 약사는 한숨을 쉬며 '네, 열이 나는 것도 아기에게 좋지 않죠'라고 말했다. 사람들은 임신 중에 하는 거의 모든 일이 아기에게 해가 될 가능성이 있다고 해석한다.

임신한 사람을 위한 권고는 국가에 따라 매우 상이하다. 캐나다에서는 임신 내내 음주를 삼가고, 특정 치즈와 날음식을 피하고, 여러 가지 허브티를 주의하라는 말을 듣는다. 어떤 산부인과 의사는 내게 커피를 하루 1잔 이상 마시지 말라고 했지만, 조산사는 두 잔을 마셔도 된다고 말했다. 산부인과에서는 아기의 건강을 위해 나 역시 건강 체중을 유지하는 일이 중요하다고 강조했지만, 어떤 조산사는 내 체중은 중요하지 않다고 설명했다. 이런 설명은 영국의 국립의료제도(NHS)에서 내놓은 생명의 출발을 위해*라는 임신기 지침과 대조된다. 이 지침에는 적절한 식단 구성에 대한 자신감 넘치는 설명에 '당신은 두 명이 아니라 당신을 위해 먹습니다!'라는 경쾌한 문구가 들어 있다. 인도에서는 임신한 여성들에게 임신 초 전자레인지나 오븐으로 가열한 음식을

---

* **생명의 출발을 위해** Start4Life, 예비 부모와 영유아가 있는 가족에게 신뢰할 수 있는 NHS 조언과 실용적인 지침을 제공하는 영국 공중보건국의 전국 프로그램.

먹지 말라고 한다. 프랑스 사람들은 하루 한 잔 정도 적당량의 와인은 위험하지 않다고 생각한다. 회초밥sushi의 경우 미국인은 안전하지 않은 음식으로 분류하지만, 일본인은 임신한 사람이 먹어야 할 건강 음식이라고 생각한다. 그 어떤 물질이나 장치도 '임신'과 함께 구글을 검색하면 사용 여부에 따라 태아에게 해롭다는 정보가 넘쳐난다. 다시 말해 임신 안전 수칙은 지나치게 의료화된 환경이나 사람 중심의 특정 문화와 관련되어 있고 상당히 유동적이다. 그러므로 일부 생명윤리학자들의 논리대로 만일 우리가 임신한 사람의 '안전하지 않은' 행위로부터 태아를 보호할 목적으로 인공자궁을 사용해야 한다면, 어디에 기준선을 그어야 할까? 그리고 누가 그 기준을 정하게 될까?

임신 초기의 알코올 섭취는 유산이나 조산 위험 증가와 분명한 인과 관계가 아닌 상관관계를 나타낸다. 임신 중 상당량의 알코올 섭취는 알코올 스펙트럼 장애(FASD)나 태아 알코올 증후군(FAS)을 야기할 수 있다. 이 둘은 모두 이러한 질환을 앓고 있는 아이는 물론이고, 이 아이를 돌보는 사람에게도 엄청난 손상을 가져올 수 있다. 하지만 임신 중 소량의 알코올이 지속적인 후유증을 초래한다는 결정적 증거는 없다. 임신한 사람들은 임신 기간 내내 알코올을 멀리하는 경우가 대부분이다. 하지만 임신한 사람에게 산모와 아기의 건강에 대해 조언하는 것은, 타인에게 그들의 신체적 자율성을 침해하면서까지 선택을 통제하게 하는 의학적 지침이나 법적 지침을 소개하는 것과는 다른 일이다.

　생명윤리학자들이 인공자궁을 임신한 사람들의 해로운 습관으로부터 태아를 보호할 수 있는 '통제 가능한 환경'으로 간주하는 기류는 오래된 반응 양상이 새삼스럽게 재현되는 현상일 뿐이다. 임신중지 및 난관 결찰술, 정관 절제술 등 모든 형태의 출산 조절 방식을 활용하여, 원치 않는 임신을 예방하거나 종결할 수 있다는 사실은 재생산 자유에도 매우 중요한 측면이다. 이상적인 사회일 경우에는 사람들이 임신의 개시 또는 종결과 그 시기, 그리고 가장 적절한 피임 방법을 스스로 결정할 수 있도록 자원과 수단을 제공할 것이다. 임신을 이어 나갈지 중단할지 결정할 수 있다는 것은 다른 누군가가 그녀를 위해, 그녀가 자신의 아기를 위험에 노출시키고 있다고 판단하는 것과는 매우 거리가 있다. 국가나 기관이 몸 안에 아기를 지니면 안 된다고 다른 누군가를 대신해서 결정한다면, 이것은 우생학이다. 임신한 사람이 알코올이나 마약을 사용했든, 암 치료를 받았든, 학대에 희생되었든, 이런 행동 때문에 임신한 사람의 몸에서 아기를 적출되는 편이 아기의 최선의 이익에 부합한다고 판결할 권한이 판사에게 주어진다면, 이것도 우생학적이고 반페미니즘적 관행일 것이다. 그렇다면 정확히 어떤 상황에서 이 같은 판결을 마주한 사람이 자신에게 선택권이 있다고 느낄 수 있을까?

　1920년대 평론가들과 마찬가지로 오늘날의 평론가들도 이 기술이 반드시 이렇게 **사용되어야 한다**고 주장하는 대신, 단지 **그럴 수도 있다**고 하면서 이런 의견을 사고 실험인 것처럼 제시한다. 그런데도 이런 가설적 시나리오는 불길하다. 일부 사람들이 아직 태어나지도 않은 그들의 자녀에게 잠재적 '위험'이 될 수 있다는 발상은 인공자궁이 있는 상상 속 미래에만 존재하는 것이 아니다. 이런 생각은 '~라면 어떻게 될까'라는 악의 없는 철학적 개념도 아니다. 우리는 어떤 부류의 사람들에게 임신이 허용되고, 그들의 몸과 임신, 자녀의 미래를 결정할 수 있는 자율성이 부여되어야 하는지에 대한 가치 판단이, 수 세대에 걸친 강제 불임 수술, 부모와 자녀의 격리를 정당화하는 데 사용되어 왔다는 사실을 알고 있다. 그리고 이런 발상은 임신한 사람들 모두에게 똑같이 적용되지 않는다.

오늘날까지도 국가와 기관들은 흑인과 원주민 여성, 트랜스젠더, 장애인들에게 불임 수술과 피임을 계속 강요한다. 인권 보호의 가장 시급한 과제 중 하나는 단지 문서상에 불과한 원칙을 국가가 실질적으로 지지하는 원칙으로 바꾸는 일이다. 캐나다와 미국의 불임 법규들은 1970년대까지 유지되고 있었다. 위원회의 승인으로 강제 불임 수술을 허용한 알버타의 성 불임화 법은 1972년에서야 폐지되었고, 그 뒤를 이어 브리티시 컬럼비아에서도 1973년에 폐지되었다. 캐나다의 프린스 에드워드 아일랜드 대법원은 장애가 있는 성인 딸에게 강제 불임 수술을 허용해 달라며, 엄마가 제기한 E(여사) 대 이브 2E (Mrs) v Eve 2 사건을 기각한 1986년에서야 공식적으로 비자발적 불임 수술을 반대하며 폐지했다. 미국의 사우스 캐롤라이나에서는 불임화 법규를 자주 적용하지는 않았지만 1986년까지 유지했다. 웨스트 버지니아 대법원은 2013년이 되어서야 '무능한 자들은 3대로 충분하다'라는 악명 높은 판결을 낳은 벅 대 벨 사건 판결을 번복했다.

세간의 이목을 끄는 몇몇 사건이 종결된 이후 1970년대에는 불임화 시술에 수반되는 사항에 대해 정확한 정보를 제공하고, 자녀를 잃을 수 있다는 위협 등으로 불임을 강요하지 못하게 보장하는 등의 조치를 요구하는 목소리가 더 커졌다. 그러나 강제 불임 수술 사례는 수십만 건에 달했다. 역사학자 제인 로렌스Jane Lawrence는 1970년에서 1976년 사이에 15세에서 45세의 미국 원주민 여성 약 25~50퍼센트가 불임 수술을 받았다고 보고한다. 세계인권선언이 통과된 이후 UN과 세계보건기구는 충분한 정보에 근거한 자발적 동의를 얻지 못한 불임 수술은 인권을 침해하는 행위라는 사실을 계속해서 강조한다. 유럽인권재판소 역시 이런 관행에 단호하게 반대하는 판결을 내렸다. 2017년 재판소는 성확정 수술 전에 불임 수술을 요구하는 행위가 강압이자 중대한 프라이버시 침해라고 판결했다. 재판소는 프랑스 법규로 사건을 다루었지만, 유사 법을 가진 22개 회원국에도 적용되는 판결이었다. 2019년 미주 인권위원회는 캐나다와 페루에, '강제 불임 수술 관행이 종식되도록 여성의 강제 불임 수술을 예방하고 범죄로 규정하는 법의 제정 및 정책을 입안할 것', 동의를 훨씬 더 포괄적으로 정의할 것, 원주민 불임 수술을 투명하게 조사하고 보고할 것, 의료인들에게 강제 불임 수술의 역사를 교육할 것을 촉구했다.

미국 연방 교도소에서는 여성들이 난관 결찰술을 당하고, 남녀 모두 불임 수술이나 지속형 피임약을 사용하는 대가로 감형을 제안받는 일이 계속되고 있다. 2020년에는 이민세관집행국 구금센터에 구금된 여성들에게 자궁 적출술이 일상적으로 자행되고 있다는 내부 고발이 나왔다. 캐나다는 1990년대까지 계속해서 상당수의 원주민 어린이들을 가족과 격리하여 거주 시설에 수용하거나 입양시켰다. 지역의 대행기관들은 인디언 법Indian Act의 지침에 따라 '식스티스 스쿱'* 기간 동안 수천 명의 어린이를 데려다 백인 가정에 입양시켰다. 인종 차별주의적 정부가 이른바 아동의 최선의 이익을 가장해서 자행한 이런 사건들은 모두의 기억속에 생생히 남아 있다.

캐나다 원주민 여성들은 2018년까지 계속 병원에서 강제 불임 수술을 받았다. 서스캐처원Saskatchewan 전역에 사는 소송 당사자 수백 명의 대표 변호사 앨리사 롬바드Alisa Lombard는 자신의 의뢰인들이 충분한 설명에 의한 동의가 불가능한 상황에서 난관

---

* **'식스티스 스쿱'** sixties scoop, 60년대부터 자행된 캐나다의 대규모 원주민 어린이 분리 정책.

결찰술 같은 시술을 받았다고 말했다. 이를테면 분만 직후 사회복지사가 아기를 안은 채 문 쪽으로 다가가는 도중에 산모에게 동의를 요구한 경우이다. 이런 잔혹 행위는 무엇보다도 원주민 여성들이 임신 중에 '위험한' 행동에 참여할 가능성이 크므로, 엄마가 될 자격이 없다고 보는 인종주의적 고정관념이 빚어낸 결과라할 수 있다.

이렇게 지속되는 관행들이 체외발생의 악용 가능성에 대해 시사하는 점은 무엇일까? 할데인이 처음 인공자궁이라는 용어를 생각해 낸 이후, 우리는 과학적인 면에서 이 기술을 향해 장족의 발전을 이루었다. 헉슬리는 공기가 든 인큐베이터가 완성되기 훨씬 전부터 액체 환경 속에 아기가 떠 있는 모습을 상상했다. 할데인과 헉슬리가 23주 경의 미숙아를 맞이할 정교한 인공 양수가 담긴 익스텐드 플랫폼의 반투명 공간을 본다면, 아마 넋을 잃을 수도 있을 것이다. 우리가 어디까지 발전할 수 있을지 황홀한 상상에 빠질지도 모르겠다. 1923년 이후 아무것도 바뀌지 않았다고 상상하는 것은 우생학에 맞서 싸운 세대들에게 부당한 일이 될 것이다. 그렇지만 인공자궁 기술이 예컨대 미국 입법자나 영국 정부에 자문하는 사람들의 손에 들어간다면, 임신한 사람들에게서 통제권을 빼앗는 데 사용되지 않으리라고 확신할 수 있을까?

영국 임신자문 서비스[14]에서 이사로 있는 클레어 머피Clare Murphy는 임신한 사람들이 알코올이나 마약을 복용할 경우, 인공자궁이 임신의 '대안'이 될 수 있다고 하는 평론가들의 말을 듣고도 놀라지 않았다. 머피는 최근 수년간 해당 기관이 임신한 사람들의 약물 사용을 추적·관찰하는 시스템 도입이 왜 문제인지 사람들을 이해시키기 위해서 애써 왔다. 아마 오늘날의 영국에서라면 '최고'의 사람들만 재생산할 수 있도록 체외발생 기술을 사용하고 싶다는 집단이 나타날 경우 저항에 부딪히게 될 것이다. 하지만 머피는 임신 중 어떤 행위가 대중의 눈에 일단 '나쁜' 행동이라고 인식되면, 그 행동을 막기 위해 사람들은 아주 기꺼이 한 사람의 자기 결정권 침해를 받아들이는 경우가 많다고 말한다.

2020년, 영국의 국립의료제도 지침 및 정책을 개발하는 국립보건임상연구소NICE는 임신한 사람들에게 임신 기간 내내 소비한 (심지어 임신 사실을 깨닫기 전부터의) 음주량을 물어봐야 한다고 의료인들에게 권고했다. 아울러 조산사를 포함한 의료인들은 동의 여부에 상관없이, 이런 정보를 임신한 사람들의 의무기록에 적어 보관하는 동시에 아이의 의무기록에도 추가하라고 권고받았다. 이 권고는, 이른바 태아 알코올 스펙트럼 장애로부터 앞으로 태어날 아이를 보호한다는 이유로 모든 임신한 사람들의 프라이버시를 유예하는 정책이었다. 하지만 임신 중에 알코올 스펙트럼 장애가 발생할 정도로 술을 마시는 사람은 거의 없다. 머피가 지적하듯이, 임신한 사람들은 대부분 술을 삼가거나 가끔 와인이나 맥주를 한 잔 정도 마시는데, 이 정도의 술이 아기에게 해를 끼친다는 근거는 없다. 더 중요한 점은 임신 중 상당량의 술을 마시는 사람에게, 필요한 해법은 은밀한 감시가 아니라 환자를 중심에 둔 치료라는 사실이다. 머피는 이런 감시 방식의 진료가 '임신한 사람과 의료인 사이의 신뢰를 훼손'하고, 실제 위험과 이 위험을 낮추는 방법에 대해 소통하는 의료인들의 능력을 저해하기 때문에 잘못되었다고 말한다.

이 정책으로, 임신한 사람 중에는 '좋은' 사람과 '나쁜' 사람이 있다는 생각과 함께 자궁 내 환경을 최적화하는 방식으로 행동하지 않는 사람에게는, 자기 몸의 재생산 능력에 대한 통제권을 허용하지 말아야 한다는 생각이 강화되었다. 머피는 이런 분위기에서는 임신한 사람들을 지지하고 돕는 데 사용해야 하는 인공 자궁 같은 기술이 어떻게 이들의 자율성을 침해하는 데 쓰일지 뻔하다고 덧붙였다.

미국 사례는 임신한 사람들에 대한 감시가 극단으로 치달을 때 어떤 일이 벌어질 수 있는지 냉혹하게 보여준다. 1973년부터 2005년 사이에 대다수가 흑인, 원주민, 라틴계, 또는 사회경제적 계층이 낮은 백인 여성이었던 400명의 임신한 사람들이 태아를 위험에 빠뜨렸다는 혐의로 구금되었다. 보조금에 의존하여 의료서비스를 받는, 저소득층의 임신한 사람들을 압도적으로 겨냥한 기소였다. 이 중에는 의료인들이 임신한 사람들을 경찰에 신고한 사례도 많았다. 이 경우 임신한 사람들이 의사에게 마약 사용 과거력을 털어놓았거나, 은밀하게 마약이나 알코올 사용 증거를 찾는 소변 검사를 기본 검사인 줄 알고 받았다가 신고당한 사람도 있었다. 따라서 많은 여성들이 임신 중 약물 사용으로 당시의 법규에 따라 기소된 경우가 많았지만, 미국 내 약물 치료 클리닉의 2/3는 임신 여성을 입원시키려고도 하지 않았다. 입원을 받아준 클리닉도 임신한 여성들을 경찰에 신고한 곳인 경우가 많았다. 아이 엄마에게 치료가 필요하다는 사실을 무시한 채, 극단적인 스트레스 상황으로 밀어 넣는 것은 실제로 미래의 아이들을 보호하기 위해서였다고 하더라도 결코 좋은 방법일 수는 없다.

임신한 사람들의 활동을 모니터링하기 위한 법률, 정책, 의료 지침이 제정되면, 그 시행 과정에서 언제나 인종차별이 일어나고 계급이 영향을 미친다. 현재 미국의 몇몇 주 법규에서는 임신 중 알코올이나 마약 복용이 의심되는 사람을 구금할 수 있도록 허용한다. 예를 들어, 위스콘신주 법규에서는 임신 중이라고 생각되는 사람이 알코올 음료나 규제 대상이 되는 약물 복용에 있어 '상습적으로 자제력 부족을 보이는' 경우 주에서 구금할 수 있게 허용한다. 처음에는 이런 법규들이 위험한 물질에 아이들이 노출되는 일을 막기 위한 목적으로 통과된 경우가 많았지만, '태어날 아이'를 위험에 빠뜨린 혐의로 임신한 사람들을 기소하는 데 재빨리 이용되었다. 일부 사례에서는 여성들이 산전 진료 예약을 지키지 않는 무책임한 행동을 한 혐의 등 마약이나 알코올과는 무관한 사안으로 구금되기도 했다.[15] 이런 법들은 저소득층 흑인, 원주민, 라틴계 여성들을 범죄자로 만들었다. 따라서 임신한 사람에게 문제가 있다고 생각될 때, 국가가 인공자궁을 이용하여 아기가 태어나기도 전에 양육권을 근본적으로 박탈할 가능성이 있다고 생각한다면, 우리가 상상하는 미래에 가서도 이런 관행을 똑같이 보게 될지도 모를 일이다. 임신한 사람이 아닌 인공자궁을 이용하여 임신을 이어가야 할 정도로 임신한 당사자의 행동이 위험한지 판단한다면, 그 주체로 누구를, 아니면 어떤 기관을 신뢰할 수 있을까? 지금 시행되고 있는 법률이나 정책이 그렇듯이 이런 규제는 소수 집단을 겨냥하게 될 것이다.

미국의 이런 전례들을 고려할 때, 임신한 사람이 알코올이나 마약을 복용한 경우 인공자궁을 활용할 수 있게 하자는 윤리학자, 법률가, 정책 입안자들의 로비가 성공한다면 어떤 일이 벌어질까? 미국 노스다코타주에서 태아를 독성 물질에 노출시킨 혐의로 체포되어 구금당한 원주민 여성의 사례를 살펴보자. 이 여성은 재판을 기다리는 동안 임신중지를 요청했고, 이후 주 정부는 이 사건을 부적합 사건으로 분류하여 기각했다. 인공자궁을 사용할 수 있는 시나리오였다면, 이런 상황에 처한 사람은 태아를 적출하여 인공자궁으로 옮기는 데 동의해야만 혐의가 취소된다는 설명을 들었을 수도 있다. 이런 경우 미국에서의 인공자궁

도입은 여성의 몸에서 태아가 강제 적출될 가능성이 아니라, 위의 사례처럼 요구에 응하지 않는다면 실질적인 형사 고발을 당할 수 있는 사람의 선택으로 임신이 종결될 가능성이 실제로 매우 커질 수 있다. 임신한 사람이 범죄자가 되거나 태아를 적출해야 한다는 선택지를 두고 한 가지에 동의해야 한다면, 이 상황은 여전히 강압적일 것이다. 기존 선례들을 고려할 때, 미국 법은 신체에 강압적 시술을 적용하기보다는 임신 중 마약 사용을 처벌하는 주 법규를 준수하게 하는 이 같은 강압을 제한하지 않을 것이다.

헉슬리가 그리는 세계에서 인공자궁 사용은 법적 의무 사항이다. 미국과 달리 지금의 영국에서는 어떤 형태로든 이런 기술 사용을 강제하는 규제체계가 도입될 것 같지는 않다. 영국에는 태아에게 한 일을 이유로 임신한 사람을 범죄자로 만들 수 없도록 보호해주는 아주 강력한 법적 선례가 있다. 가장 최근에 일어난 사례로는 임신 중 알코올 섭취를 이유로 2014년 임신한 여성에게 소송이 제기된 일이 있다. 이 소송에서 법원은 영국 법에서 태아는 사람이 아니라고 단호하게 판결했다. 이렇듯 임신한 사람은 임신 중에 한 행동으로 태아에게 해를 끼치는지 여부에 상관없이 피소당할 가능성이 없다. 그러므로 미국 일부 지역의 법은 여성이 인공자궁 사용을 강요받는 일을 법으로 금지하지 않을 수도 있겠지만, 영국에서는 이 같은 행위를 금지할 가능성이 크다.

하지만 재생산을 통제하는 일은 법으로 허용하는 범위의 문제에만 국한되지 않는다.

영국에서는 2017년부터 통합 급여* 혜택에 두 자녀만이 적용되면서 급여 수령자들이 세 번째 자녀부터 추가 지원을 받을 수 없게 되었다. 급여 수령자가 쌍둥이 출산으로 세 명 이상의 자녀를 낳았거나 강간, 학대, 종속 관계 때문에 자녀를 낳은 경우만이 예외이다. 임신 중 위험을 피하기 위해 특정 방식으로 행동하게 압박하는 경우와는 다르지만, 누가 '좋은' 엄마이고 누가 그렇지 않은지에 대한 메시지를 보낸다는 공통점이 있다. 이런 제약 때문에 이미 확보된 안정적인 소득을 유지하고 있는 복지 서비스 수령자들은 아이를 언제, 몇 명이나 낳을지를 선택할 수 없게 된다. 따라서 이 정책은 노동계급의 재생산 억제와 관련하여 할데인과 그의 동료들이 언급한 말보다 더한 표현으로, 여성들에게 '더 많은 자녀를 부양할 능력이 있는지 매우 신중하게 생각'하라고 명시적으로 권고한다.

일부 집단의 여성들이 태아를 특별한 '위험'에 노출시킨다는 생각은 〈멈춤〉 프로젝트*에도 영향을 미쳤다. 〈멈춤〉은 잉글랜드에 기반을 둔 자선 단체로, 교육부에서 기금을 지원받고 영국 전

---

* **통합 급여** Universal Credit, 저소득층이거나 실직 상태인 18세 이상 국민연금 연령 미만인 사람에게 지급되며 주택, 아동 및 보육 비용에 대한 지원과 장애인, 간병인 및 질병으로 일할 수 없는 사람들을 위한 영국의 재정 지원을 말한다.

역에 있는 38개 지역에서 28개 실천 프로그램을 운영한다. 이 프로그램은 범죄 기록이나 노숙 등으로 여러 어려움을 겪는 여성들을 대상으로 하며, 프로그램이 진행되는 18개월 동안 피임약 복용에 동의하는 참여자들에게 맞춤형 지원 패키지를 제공한다. 〈멈춤〉은 지원과 재활의 대가로 지속형 피임약 복용에 동의한다는 자발적 준수 모델에 근거하여 운영된다. 그러나 〈멈춤〉 프로젝트의 참여자 다수가 해당하듯이, 가정 폭력에서부터 노숙, 마약과 알코올 섭취에 이르는 문제들에 직면한 여성들을 도울 수 있는 광범위한 대안적 지원 프로그램이 없는 탓에, 지속형 피임약을 복용하겠다는 자발적 선택 앞에는 제한된 선택지만이 놓여 있다. 비평가들이 지적하듯이 피임약 복용 요건이 없는 다른 집중 지원 방향을 선택할 수 없다면, 이 프로젝트는 재생산권과 재생산 자유에 대한 심각한 우려를 불러일으키는 일일 것이다.

이 프로그램은 특히 1920년대 시작된 불임화 또는 지속형 피임약 사용에 동의했을 경우에만 복지 지원을 제공한 미국의 다른 사례들과 다르지 않다. 〈멈춤〉은 이 프로젝트에서 제공하는 제한적 돌봄을 받는 사람들에게 재생산 능력에 대한 몸의 통제권을 양도하라고 요구한다. 이는 자원을 보유한 부유층과 중산층 사람들이 삶의 질을 높이는 데 필요한 자원과 함께 무엇이든

---

* **〈멈춤〉 프로젝트** Pause project. 파괴적 생활 방식을 멈추고 삶에 대한 통제권을 되찾아 더 나은 미래를 도모하게 한다는 취지.

원하는 가족계획 방식을 이용할 수 있는 반면, 자원이 부족한 사람들은 정의로운 사회가 어떻게든 제공해주는 지원을 얻는 대신 자율성을 내놓아야 하는 구시대적인 위계질서를 강화한다. 이렇게 돌봄과 출산 통제권을 맞바꾸는 관행은 1920년대 노먼 헤어가 《오늘과 내일》 시리즈에서 '부모 중 한 사람이 건강하지 않다면 태어날 아이의 이익을 위해 일시적 또는 영구적으로 부모가 되지 않도록 대책을 세울 필요가 있을 것'이라고 시사한 데서 그리 멀리 벗어나지 않는다. 자녀가 일부 부모에게서는 아예 태어나지 않는 편이 '최선의 이익'임을 국가가 공정하게 결정할 수 있다는 생각은 지금도 여전히 암암리에 남아 있다.

태아의 안전과 임신한 사람들의 행동을 지나치게 강조하는 일은 아이들을 보호하는 일과는 관련이 없다. 만약 관련이 있다면, 여성의 자궁을 '통제 가능한 환경'으로 취급하고 옹호하는 사람들은 국가가 이민자의 아이들을 부모와 떨어지게 하는 일에도 반대해야 할 것이다. 또 임신한 여성들과 갓 엄마가 된 사람들을 감금하는 일에도 반대해야 한다. 그렇지 않으면 임신한 사람의 몸을 공공재로 인식하고 재생산을 통제하여 젠더 및 인종이 다르다는 이유로 차별받는 사람들에게 지배력을 행사하려는 것이야말로 이데올로기적 접근 방식일 것이다. 재생산을 통제하기 위한 국가 주도의 프로젝트 수단은 바뀌었지만, 임신 중 무책임한 행동 및 부모의 '적합성'에 대한 이른바 국가의 염려는 지금도 일부 지속되고 있는 우생학의 인종차별주의 전통이다. 특정 집단의 사람들이 미래의 아이들에게 '위험'하다고 생각될 때 인공자궁 기술을 이용하여 임신을 인계받을 수 있다는 생각은 중립적인 프로젝트가 아니다. 이미 알다시피 새로운 프로젝트도 아니다.

지금 2020년대를 사는 평론가들은 무엇을 떠올리며 엄마의 행동 때문에 '위험'에 처한 태아를 보호할 목적으로 인공자궁을 사용할, 수용 가능한 방법이 있을 거라고 생각하는 것일까? 우생학이 정치적 분파를 넘어 정부와 기관들이 수행해 온 관행이라 보지 않고, 보수적이거나 권위적인 국가가 추종한 무언가에 지나지 않는다고 이해하는 한, 우생학의 잔재는 계속해서 남아 있을 것이다. 체외발생이 임신한 사람의 신체보다 태아에게 '더 안전'할 수 있다는 2000년대의 생각이 우생학으로 분류되지 않는 경우가 많다. 더 이상 우생학적 발상이 주류 사회에서 명맥을 찾아볼 수 없다는 이 신념이야말로 거의 아무런 반발 없이 이런 사고 실험을 가능하게 한다. 그렇지만 더 멀리서 찾아볼 필요 없이, 영국 정부가 코로나19로 생긴 불필요한 사망을 암묵적으로 감수한 사례만 보더라도, 1910년대와 1920년대에 유포되었던 생명에 대한 위계화가 아직도 강력하게 이어지고 있다는 사실을 알 수 있다. 영국과 (여러 번의 파고를 겪은 초기의) 미국, 브라질이 그랬듯이, 대중 영합주의적 지도자가 이끄는 국가에서는 무엇보다도 바이러스에 가장 취약한 사람들을 보호하는 방안이 눈에 띄게 부족했다. 하지만 캐나다 같은 자유주의 정부가 이끄는 국가에서도 죽어가는 사람들이 주로 노인, 면역저하자, 기저질환자였던 탓에 이들을 사소한 존재로 암시하는 말들이 무성했다. 바이러스 관리 조치들이 해제되자, 정치 지도자들과 언론들은 이미 병에 걸리기 쉬운 사람들'만'이 위험한 상황이었기 때문에 이제는 '코로나와 함께 지낼' 때가 됐다고 일제히 목소리를 냈다.

사람들을 더 또는 덜 가치 있는 생명으로, '좋은' 또는 '나쁜' 재생산 후보자로 범주화하려는 관행은 루도비치로부터 보수적인 생명윤리학자와 과학 연구자들에게로만 단순히 영향을 미치지 않는다. 이 잔재는 1920년대 재생산권과 성평등을 위해 싸운 좌파 세력에서부터, 오늘날 자유주의 좌익단체와 국가, 행동주의자에게까지 남아 있다. 헤어, 할데인, 헉슬리와 같은 시대에 성평등을 촉구한 진보적 사회운동과 함께 우생학 발전에도 기여한 사람들 중에는 1920년대 영국과 미국의 페미니스트 운동을 주도한 마리 스톱스Marie Stopes와 마거릿 생어Margaret Sanger도 있었다. 스톱스는 1921년 런던에서 최초의 가족계획 진료소를 열고 난 뒤 여성들에게 필요한 피임약에 대한 사용 지침과 관련 자료를 제공하기 위해 교회와 수많은 의료 전문가들과 맞섰다. 하지만 스톱스는 "절망적일 정도로 부패하고 인종적으로 병들었다"라고 생각되는 사람들의 불임 수술을 요구했고 인종 간의 결혼을 반대했다.[16] 미국에 가족계획연맹을 설립한 마거릿 생어는 **벅 대 벨** 판결을 지지하면서도 여성들 스스로가 자기 몸의 재생산 능력을 통제하는 것이 중요하다고 말했다. 2020년 마리 스톱스 인터내셔널Marie Stopes International은 스톱스가 중요하게 여기는 것들이 조직의 목표와 일치하지 않는다고, 공개적으로 언급하면서 공식 명칭을 엠에스아이 재생산 선택MSI Reproductive Choices으로 변경했다. 같은 해 가족계획연맹은 본래부터 인종차별주의자이자 능력주의자라는 생어의 우생학적 성향을 부인하는 동시에, 그녀의 신념에 대한 임신중지 반대 단체들의 허위 및 과장된 주장을 폭로하는 성명을 발표했다.

학자이자 사회 정의를 옹호하는 도로시 로버츠Dorothy Roberts가 주장하듯이, 지난 수년간의 변화에도 불구하고 임신중지 합법화 운동과 좌파가 주장하는 내용에서 우생학의 잔재를 완전히 뿌리 뽑지는 못했다.[17] 이로 인해 재생산과 관련된 삶을 개선하는 전향적 자세는 그저 사람들에게 임신을 종료하게 하거나 예방할 권리를 부여하는 일이라고만 여긴다. 하지만 이런 생각은 수백 년간 흑인 여성, 원주민 여성, 유색 인종 여성, 장애인, 퀴어 및 트랜스젠더가 불임 수술과 그들의 자녀를 강제 퇴거하는 일에 맞서 싸워야 했다는 사실을 가리고 있다.

1990년대는 미국에 근거를 둔 흑인 페미니스트 단체가 임신중지 합법화 회의에서 재생산을 정의하는 틀을 도출해 내면서, 백인 여성의 이익에만 오랫동안 초점을 두었던 재생산권 운동 방식에 이의를 제기하는 풀뿌리 운동이 시작되었다. 재생산 정의라는 개념을 만든 사람들, 활동가들, 의료인들, 법률가들, 교육자들이 이 틀을 지속적으로 실천하면서 알게 된 것은 재생산 자유를 요구하는 운동이 진정 포용적인 운동이 되려면, 임신을 종결하거나 예방할 권리를 보호하는 데에만 초점을 맞출 수 없다는 사실이었다. 오히려 재생산 정의는 '아이를 가질 권리, 아이를 갖지 않을 권리, 자녀를 양육하고 출산 방식을 통제할 권리', 그리고 '이런 권리들을 실현하는 데 필요한 조건'을 얻기 위해 싸우는 일도 똑같이 중요하다고 인정하는 접근이라 할 수 있다.[18] 재생산 정의를 위한 활동가들은 이런 각각의 일들이 자원을 확보하고 구조적인 시스템에 변화를 일으키는 일과 불가분의 관계에 있다는 사실을 안다. 재생산권을 인종, 젠더, 계급, 환경 정의와 함께 숙고하고 이러한 사회정의 문제가 처음부터 얽혀 있다는 사실을 이해한다면, 더 이상 국가나 기관이 개인의 재생산을 통제해도 괜찮다는 생각을 품을 수는 없을 것이다. 재생산과 관련된 삶을 총체적으로 이해하고 접근하려는 재생산 정의 운동의 관점에 따르면, 사람들을 '좋은' 또는 '나쁜' 재생산 후보자로 분류하는 어떠한 일도 해악을 영속화하는 길이다.

사람들이 아이를 갖지 못하게 국가나 기관이 막는 것을 용인할 수 있는 윤리적 방법은 없다. 나치가 주도하든 좌파 활동가가 주도하든, 이런 일은 인권 침해이자 재생산에 대한 사람들의 자율성을 박탈하는 행위이다. 그런데도 이런 행위가 계속될 수 있었던 이유 중 하나는 문제가 파시스트의 손에 있는 우생학만이 위험한 게 아니라는 사실을 헉슬리뿐 아니라 모든 국가들이 인식하지 못했기 때문이다. 문제는 인간을 분류하고 서열화할 수 있다는 바로 그 생각이다. 사람들을 더 또는 덜 가치 있는 생명으로 분류하는 그 어떤 시스템의 존재도 마찬가지이다.

우리는 할데인이 전쟁에 지쳤으나 희망을 품은 젊은 과학자들, 학자들, 작가들 앞에 서서 미래에 체외발생으로 '더 나은' 인간을 만들 방법을 고심하던 날로부터 먼 길을 여행했다. 과학의 발전은 그가 추측한 많은 것들을 뛰어넘었다. 그러나 과연 우리는 인공자궁이 강압적인 목적에 이용되지 않을 믿을 만한 세상을 만들었다고 단언할 수 있을까?

《오늘과 내일》 시리즈에 기고한 작가들은 모두가 할데인이 주장한 체외발생 및 우생학에 대한 견해에 동의하지는 않았다. 베라 브리튼Vera Brittain은 〈태평성대 또는 일부일처제의 미래Halcyon, or the Future of Monogamy〉에서 박식한 미네르바 헉스터원 교수가 2050년대까지 이어지는 과학 발전에 대해 이야기한다. 헉스터원은 할데인의 이야기와는 다른 계보를 풀어낸다. 보편적인 체외발생이 가능해졌음에도 사회가 결국 이를 널리 사용하지 않기로 했다고, 그녀는 말한다. 즉 양 부모가 모두 제공할 수 있는 '엄마mothering' 돌봄 유형이 국가와 기계가 제공할 수 있는 돌봄보다 크게 앞섰다. 헉스터윈은 과학적이고 측정 가능한 돌봄의 가치가 밝혀질 것이라고 상상한다. '체외발생주의자'는 인공자궁으로 가장 '적합한' 형질을 번식할 수 있게 해준 방식을 찬양하겠지만, 그들이 유전자 결정론에 치중한 것은 잘못으로 판명된다. 즉 사람들은 우생학이라는 '과학'을 완성할 목적으로 체외발생을 사용하려 하지만, 아이의 미래는 유전 형질이 아니라 부모에게서 받은 사랑과 보살핌에 달려 있다는 사실을 곧 깨닫게 될 것이라고, 헉스터윈은 시사한다. 그녀는 인공자궁으로 임신할 수 있는 미래를 이야기하지만, 이야기 속의 사람들은 인공자궁이 있어야 임신할 수 있는 경우에만 이 기술을 사용한다. 헉스터윈의 미래가 베라 브리튼의 미래와 다른 이유는 주로 아기를 체외발생 방식으로 기르기 때문이 아니라, 모든 부모가 자기 자신과 자녀를 돌보고 스스로의 재생산과 관련된 삶을 관리할 수 있도록 자원을 충분히 공급받기 때문이다.

다른 모든 것이 공평하다면, 사랑 위에 세워진 가정이 번영하는 사회를 만들 것이다. 이는 미래에 대한 전망이 그때나 지금이나 여전히 추측에 불과하다는 점을 시사한다. 《오늘과 내일》의 또 다른 기고자였던 과학자 버날J. D. Bernal은 앞으로 닥칠지 모를 위험을 탐색하기 위해, 지금의 현실을 추정하는 일은 "우리의 행동 결과와 예상되는 여파를 알기" 위한 하나의 방법이라고 말했다.[19] 재생산을 통제하는 강압적인 관행이 오늘날까지 계속되고 있다는 점을 고려할 때, 과연 미래의 인공자궁 사용 방식에는 어떤 위험이 도사리고 있을까?

사람을 분류하는 우생학적 정책 및 시스템을 아예 찾아볼 수 없는 세상을 상상하는 것보다, 인간의 몸 밖에서 아기를 임신하는 세상을 더 쉽게 상상한다는 사실이 우리에 대해 말해주는 것은 무엇일까? 대답은 모든 사람이 자녀를 가질지, 언제쯤 가질지 스스로 자유롭게 결정하는 데 필요한 자원과 공간을 지원받으며 사는 작은 소박한 바람이 되어야 할 것이다.

4장

어머니 기계

우생학의 잔재가 지금도 여전히 남아있다고 생각하면, 인공자궁이 어떻게 해를 끼치는 데 이용될 수 있는지 주의를 기울여 들여다볼 이유가 생긴다. 그럼에도 지금 연구 중인 기술 개발은 초극소 미숙아와 임신한 사람들을 돕는 데 그 목적이 있음을 유념하자. 현재 이런 플랫폼을 만들고 있는 연구자들은 사람들이 자신의 생식 기능을 통제하지 못하도록 막으려는 것이 아니라, 조산이라는 충격적 상황에 직면했을 때 아기의 생명을 유지하는 데 목표를 두고 있다. 이 기술은 당연히 신생아와 임신한 사람들의 건강을 혁신적으로 개선할 방법으로 널리 알려져 왔다. 하지만 인공자궁이 새로운 형태의 생식 치료에만 사용된다고 잠시 가정해 보자. 구체적으로 누가 이 기술을 사용하게 될까? 체외발생 기술의 구현을 목전에 두고 있는 지금, 아직도 전 세계의 수많은 사람들은 재즈 시대(1920~30년대-편집자)의 쇠퇴기에 베라 브리튼이 《할시온Halcyon》을 집필하던 때와 마찬가지로, 기존 형태의 기본적인 의료 서비스에도 접근하지 못하고 있다.

지금 개발 중인 기술들은 매우 비싸고 노동집약적이며 상당한 기반 시설을 갖추어야 유지할 수 있어 보인다. 이브 플랫폼 연구자들은 24시간 교대 근무 체제로 양 태아의 성장을 지속적으로 관찰했다. 연구자들이 앞으로 내놓을 인공자궁 최종 모델에도 24시간 관리가 필요해진다면, 전문가팀을 세심하게 훈련해야 할 것이다. 한편, 네덜란드 연구자들은 3D 프린터를 사용하여 기괴할 정도로 포유동물을 닮은 마네킹을 만들고 최신 시제품의 임상시험에 활용하길 기대하고 있다. 연구팀은 이 목표를 이루기 위해 복수의 생명공학 파트너들로부터 부품을 조달한 뒤, 실제로 매우 고가의 장치로 만들려고 할 것이다. 미국의 익스텐드 프로젝트의 경우 이산화탄소를 제거하고 태아에게 영양분을 공급해주는 인공 태반, 심박수 및 혈류를 지속적으로 추적하는 모니터, 탯줄 역할을 하는 조정 가능한 도관, 인공자궁 자체 등 각 기능을 면밀히 관리해야 한다. 또 신중한 계량을 거쳐 하루에 약 1130여 리터의 인공 양수도 생산해야 한다. 이중 어느 한 가지도 직접 조달하고, 조합하고, 유지하기가 어렵기는 마찬가지겠지만, 모든 부분을 조합하여 인공자궁을 만들고 제대로 작동하는지 확인하는 데에는 엄청난 노력과 시행착오가 불가피하다. 2020년 이브 플랫폼의 한 수석 연구원이 〈슬레이트Slate〉지 기자에게 말했듯이 "실제로 이 방법은 수중 분만처럼 기쁜 마음으로 재량껏 선택할 수 있는 선택지가 아니다. 이 장치를 가동하려면, 눈물이 날

만큼 비용이 많이 들고 고도로 숙련된 팀 구성원들이 필요할 것이다."[1]

그렇다면 이런 점들이 왜 중요할까? 이 기술을 적용하기 위해 필요한 많은 비용과 여러 구성 요소들, 그리고 상당한 기반 시설과 전문가의 감독이 필수적으로 있어야 안정적으로 유지할 수 있는 기술이라면, 인공자궁은 이미 자원이 풍부한 환경에서만 이용 가능성이 크다는 의미일 것이다. 팬데믹 초기에, 이 위기가 끝나면 모든 사람이 평등하게 건강하기 위해 어떤 노력을 기울여야 하는지에 대한 많은 공적 논의가 있었다. 2022년 봄, 보건의료 자원의 분배 방식이 여전히 부당하게 이루어지고 있다는 것은 명확하다. 부유한 국가들이 '정상'으로의 복귀를 선언하는 동안에도, 여전히 전 세계 대부분의 지역 사람들은 백신 접종을 받지 못했다. 바이러스에 감염되어도 세계 대부분의 지역 주민들은 여전히 치료받을 수가 없다.

우리들 중 일부는 약국에 가면 생명을 지켜줄 백신 접종*을 할 수 있다고 생각하며 하루하루 지낸다. 그리고 일부는 20분 안에 병원에 도착하여 존중받으며 빈틈없는 전문적인 치료를 받을 수 있다고 생각하면서 임신 과정을 겪는다. 지난 수년 동안에도 많은 사람들이 보건의료의 극심한 불평등을 쉽게 인정하려 하지

---

* **접종** 미국, 캐나다 등 다른 나라의 경우 약국에서도 백신 접종이 가능하다.

않았다. 하지만 이런 불평등은 공동 돌봄이 이루어지는 베라 브리튼의 유토피아보다 헉슬리의 디스토피아에 더 가까운, 우리가 이룬 세상에 대한 뼈아픈 고발장이다.

저소득 국가 사람들이 백신을 한 번 접종하기도 전에 부유한 국가 사람들이 세 번 또는 네 번 접종했다는 사실은 모든 사람에게 중요한 문제여야 할 것이다. 중요한 치료 자원의 불평등한 분배가 낳은 가장 잔인한 결과 중 일부는 임신한 사람들과 신생아들에게 영향을 미친다는 사실도 모든 사람에게 중요한 문제여야 할 것이다. 인공자궁은 이 기술이 아니라면 죽을 수도 있는 초극소 미숙아의 생명을 구할 수 있을 것이다. 극단적인 조산으로 당근 크기만 하게 태어난 22주 또는 21주 미숙아도 잘 자랄 수 있게 하는 변화를 가져올 수 있다. 더 미래에는 임신 2분기나 3분기에 건강 또는 생명을 위협하는 합병증으로 고통받는 사람들에게도 인공자궁이 도움이 될 수 있다. 지금이라면 전자간증*으로 심각한 위험에 처해 집중 관찰이 필요한 사람은 임신 대신 인공자궁을 이용하여 치료받을 수 있을 것이다. 그렇지만 이 기술이 건강 불평등이 극심한 상황에서 도입되고, 이런 상황이 계속된다면 운 좋은 소수만이 이용하게 될 가능성이 크다.

---

* **전자간증** pre-eclampsia. 임신 중 고혈압과 동반되어 소변에서 단백 성분이 나오거나 혈소판 감소, 간 기능 저하, 폐부종, 두통, 흐린 시야 등의 동반 증상이 생기면 전자간증 또는 자간전증이라 함(임신중독증).

해마다 전 세계에서는 약 1,500만 명의 미숙아가 태어난다. 인도, 중국, 나이지리아, 파키스탄, 인도네시아, 미국, 방글라데시, 필리핀, 콩고 민주공화국, 브라질의 조산률이 가장 높다. 세계보건기구는 전 세계 모성 사망(임신한 사람의 분만 전후 및 분만 중 사망)의 94퍼센트가 저소득 및 중하위소득 국가에서, 86퍼센트가 사하라 이남 아프리카와 남아시아에서 발생한다고 보고한다. 이 지역에서 태어난 아기들은 생후 한 달 이내 사망할 확률이 고소득 국가에서 태어난 아기들의 10배이다. 28주 이전에 태어난 아기들이 첫날 사망할 확률은 고소득 국가에서 10퍼센트 미만인 데 비해, 저소득 국가에서는 90퍼센트에 달한다. 부분 인공자궁이 의도한 궁극적인 대상이자 획기적인 새로운 변화가 예상되는 대상은 바로 28주를 못 채우고 태어난 초극소 미숙아들이다.

보건의료 자원을 보다 쉽게 이용할 수 있는, 세계에서 가장 부유한 국가 중에는 임신한 사람, 엄마, 영아들의 건강 불평등이 인종차별로 인해 두드러지게 나타나는 곳이 있다. 미국의 경우 임신한 흑인 여성들의 사망률은 임신한 백인 여성들의 3~4배에 이른다. 또 임신 및 출산과 관련하여 '생명이 위태로워'지거나 신체적 손상이나 합병증으로 후유증을 겪을 확률도 실질적으로 더 높다. 원주민 여성들이 임신이나 출산과 관련된 원인으로 사망할 위험은 도시에 사는 백인 여성들보다 4.5배 더 높은 것으로 추정된다. 미국에 사는 흑인, 하와이 원주민, 미국 본토 원주민,

알래스카 원주민[2] 아기들은 미숙아로 태어날 위험이 더 크고, 생후 일 년 이내에 사망할 확률도 더 높다. 일부 주의 경우 흑인과 백인들 사이에 엄마와 아기들의 건강 격차가 사실상 더 벌어지고 있다. 2005년에서 2014년까지 유일하게 미국 본토 및 알래스카 원주민 아기들만이 사망률이 감소하지 않았다.

미숙아 사망률이 국가와 인종 간 차이가 나는 이유가 신생아를 치료할 수 있는 첨단기술의 부족 탓이었다면, 부분 인공자궁 기술도 여기에 맞춰 보급하는 게 가장 타당할 수 있다. 임상시험에서 이 기술이 안전하고 효과적이라고 밝혀진 후에는, 이를테면 미숙아 사망률이 가장 높은 국가들에 인공자궁을 먼저 안배하는 것이 고위험 집단을 우선시하는 일이 될 것이다. 영국은 미숙아 출산율이 낮고 미숙아가 태어나더라도 생존 확률이 높은 반면, 인도는 미숙아 출산율이 높고 이 아기들이 사망할 확률도 상당히 높다는 사실을 알게 될 경우, 우리는 인도에서부터 인공자궁 보급을 시작해야 한다고 주장할 수는 없을까?

하지만 여기서는 첨단기술의 부재가 유일한 문제도, 중요한 문제도 아니다. 세계보건기구는 신생아 치료 기술이 있지만 자원이 부족한 환경에서 기반 시설이 없는 상태로 이런 기술을 적용하면 때로 영아 사망을 재촉할 수 있다고 밝혔다. 이를테면 전기가 오락가락하는 환경에서는 인큐베이터와 같이 안정적으로 전기 공급이 요구되는 기술을 적용할 경우 미숙아를 돕는 게 아니라 위험에 빠뜨릴 수 있다. 인공자궁이 무료이거나 값싸게 제공된다고 해도, 상당한 인적 노동력과 전력 공급, 인공 양수의 생산 설비, 각 구성 요소를 마련할 공간 등 실질적이고 예측 가능한 기반 시설은 여전히 필요하다. 이런 자원이 없이 그저 인공자궁만을 진료소와 병원으로 보낸다면 이 기술을 활용하기는 어려울 것이다. 어떤 기술을 활용하기 위해 상당한 훈련과 지속적 관리가 필요하다는 것은, 보건의료 인력이 이미 부족한 곳에서는 긴급한 진료 업무로부터 의료진들을 재배치해야 한다는 의미이기도 하다.

다시 말해 신기술이나 더 나은 기술로는 불평등이 절대로 '해결되지' 않는다. 진짜 문제는 새로운 혁신이 아니라 기본적인 자원의 정의롭지 못한 분배이다. 세계보건기구는 저소득 국가에서 32주 이전에 태어난 아기들의 절반 정도가 "보온, 모유 수유 지원, 기본적인 감염 치료, 호흡 곤란 치료 등 비용 면에서 효율적이고 상용화된 치료를 받지 못해 사망한다"고 보고 있다.[3] 예상할 수 있다시피 조산 위험뿐 아니라 출산 후 부모와 아기의 건강은 종종 임신한 사람이 어떤 지원을 받을 수 있는지가 가장 큰 영향을 미친다.

인공자궁이 의료 현장에 사용되려면 과학적·윤리적 걸림돌을 넘어서야 하겠지만, 잠시 익스텐드 연구자들이 예상한 대로 5년에서 10년 안에 임상시험이 시행된다고 상상해보자. 그리고 기대만큼 효과가 입증되었다고 가정해 보자. 2032년에는 21주에서 23주에 태어난 아기가 건강하게 생존할 수 있게 해주는 플랫폼을 확보할 수 있을지도 모른다. 그렇지만 같은 기간 동안 저소득 국가들의 항생제, 스테로이드, 문화적으로 책임감을 갖춘 훈련된 보건의료 전문인력의 수급 상황이 거의 개선되지 않는다면? 이 같은 시나리오가 진짜 일어난다면, 인공자궁은 임신한 사람들과 아기들이 이미 경험하고 있는 부유한 국가와 저소득 국가들 사이의 심각한 불평등을 더욱 악화시킬 것이다. 암울한 사고 실험이자 동시에 정직한 사고 실험이다.

신기술은 신생아와 임신한 사람들의 인종차별적인 건강 불평등에 대한 해결책도 아니다. 이런 불균형은 오히려 구조적인 인종차별주의와 의료기관 내 차별, 뿌리 깊은 인종 간 불평등 같은 사회문제들을 나타낸다. 미국에서 인종은 어떤 사람에게 충분한 건강보험이 있는지, 그 사람 가까이에 재정이 건전한 의료기관이 있는지 결정하는 요소이다. 2019년 한 연구는 흑인 아기들이 백인, 히스패닉계 백인, 아시아인 아기들보다 질 낮은 신생아 집중치료실에 몰려 있는 현상을 발표하여 문자 그대로 이 치료실 내에서 일어나는 차별을 공개했다.[4] 하지만 이런 현상은 그저 자원 분배만의 문제가 아니다. 미국의 경우 임신한 백인 여성과 아기들에게는 교육과 재정적인 안정성 같은 특권이 건강에 영향을 미쳤지만, 임신한 흑인 여성과 아기들은 교육이나 경제 수준에 상관없이 인종차별이 이들의 건강을 위협했다.

흑인 환자가 증상이나 통증을 알린 뒤 치료 지연이나 거부를 겪는 이야기는 임신한 사람들과 영아의 건강 결과에 나타나는 인종 차별에 대한 연구에서 반복적으로 다루어지는 주제이다. 여기에도 인간을 대상으로 비윤리적인 인종차별적 연구로 유명한 우생학의 잔재가 깊숙이 관여되어 있다. 마틴 쿠니의 순회 전시가 시작되기 얼마 전, 질경*을 발명한 매리언 심스J. Marion Sims는 나중에 마취 상태의 상류층 백인 여성에게 시행할 수술 기법을 개발할 목적으로, 노예가 된 흑인 여성에게 마취 없이 고통스러운 침습적 수술을 시행했다. 해리엇 워싱턴Harriet Washington이 《의료 아파르트헤이트Medical Apartheid》에 기록하고 있듯이, 심스는 흑인 아기들에게도 폭력적이고 치명적인 실험을 수행하면서 이들의 죽음을 아기 엄마 또는 흑인 조산사의 탓으로 돌렸다.[5]

아직도 엄마와 아기를 돌보는 현장에서는 흑인 여성이 백인 여성보다 신체적 고통에 둔감하다고, 100여 년 전에 심스가 실험의 근거로 삼았던 속설이 팽배해 있다. 다나 에인 데이비스Dana-Ain Davis가 《재생산 부정의, 인종차별과 임신 및 조산Reproductive Injustice: Racism, Pregnancy, and Premature Birth》에서 주장하듯이, 이런 인식은 일부 사례에서 미숙아에게까지 확대 적용되어 왔다. 데이비스는 흑인

---

* **질경** speculum, 산부인과 진찰 도구. 질을 통해 자궁 경부를 진찰할 수 있게 해주는 터널 모양의 집게.

과 아시아계 아기들이 백인 아이들만큼 '재태 기간이 길지 않아도 된다'라고 지속적으로 제기되는 비과학적 주장을 인용한다. 이런 발상은 백인 이외의 아기들을 "초인적 존재가 아니면 치료가 덜 필요한 존재로 간주하는" 위험한 생각이다.[6] 효과적인 인공자궁 플랫폼이 10년 뒤 상용화되는 시나리오를 다시 한번 상상해보자. 인종차별이 지속되어, 미숙아 흑인 아기들이 백인 아기들과 동일한 치료를 우선순위로 받지 못하는 곳에 이 기술이 도입된다면, 이미 더 나은 상황에서 임신한 백인과 아기들의 전반적 건강 상태는 개선이 되겠지만 흑인 엄마와 아기의 불균형적인 높은 사망률과 합병증 발생률에는 변함이 없을 것이다.

미국은 인종차별적인 건강 불평등이 극심한 사례로 자주 인용되며, 여러 고소득 국가들 가운데서도 특이하게 산모 사망률과 영아 사망률 모두 경악스러울 정도로 높다. 그런데 조산율과 산모 및 신생아 사망률이 훨씬 낮은 국가에서도 인종차별은 여전히 명백한 건강 위험 요인이다. 이브 연구를 이끈 연구자들이 최근 말했듯이, 이 연구의 한쪽 기반인 호주 "원주민과 토레스 해협제도 주민들의 조산율은 원주민이 아닌 사람들의 거의 두 배에 이른다."[7] 국립의료제도로, 임신한 사람들의 모든 의료비를 국가에서 지급하는 영국에서는 흑인 여성들이 임신 관련 합병증으로 인한 사망률이 백인 여성들의 4배이고, 피할 수 있는 임신 관련 합병증으로 고생할 가능성이 더 크며, 조산 위험 역시 더 높다. 마찬가지로 아시아계 여성과 혼혈 여성도 백인 여성들보다 사망률이 상당히 높고 조산아를 출산할 가능성도 더 크다.

현재 개발 중인 부분 인공자궁은 소수 여성과 아기들이 더 많이 겪을 법한 바로 이 문제들을 바로잡을 수 있다는 잠재력 때문에 각광받는다. 미국과 영국의 흑인 여성들, 태평양과 호주의 토레스 해협제도에 사는 여성들에게 매우 많이 태어나는 미숙아들이 건강하게 생존할 확률이 급격하게 높아지는 28주까지 임신 상태로 안전하게 지켜낼 수 있을지도 모른다. 하지만 이런 일은 저소득 국가와 고소득 국가 사이에 존재하는 임신한 사람들과 아기들의 건강 불평등 문제가 그렇듯이, 기술 혁신 그 자체로 자연스럽게 해결할 수 있는 문제가 아니다. 인공자궁은 초극소 미숙아가 태어난 이후 개입하여 사망률과 합병증 발생 가능성을 낮춰주는 중재 수단이다. 불균형한 조산율을 처음부터 예방하는 데에는 당연히 아무런 도움이 되지 않는다.

미국의 산부인과 의사이자 전미출생평등협회의 설립자이자 회장인 조이아 크리어페리Joia Crear-Perry 박사는 〈더 루트〉*의 기사들이 유감스럽게도 사회문제를 해결하기 위한 사회전략보다는 기술적 해법에 주목하는 경향이 있다고 보았다. 그리고 그 결과 "사람보다는 생명공학에 대한 투자가 이루어지고, 인간이 아닌 사

---

* 〈**더 루트**The Root〉 워싱턴 포스트지에서 흑인 독자층을 겨냥해 2008년 창간한 온라인 잡지.

물의 상태 개선으로 이어진다"라고 크리어페리 박사는 지적했다.[8] 인공자궁과 이 기술을 분배하는 수단은 모두 사회적인 전략보다는 새로운 첨단기술을 이용하여 조산 문제에 대처하는 방향으로 흐를 수 있다. 익스텐드 팀은 첫 번째 동물실험을 성공적으로 완수한 내용을 다룬 2017년 논문에서 "기술이 발전하는 미래에는 어떤 아기가 초극소 미숙아로 태어날지 더 잘 예측하고, 이 경우 어떤 아기의 사망률과 질병률이 가장 높을지 유전적으로 예측할 수 있을 것"으로 전망했다.[9] 또 이런 발전 가능성이 어떤 아기에게 인공자궁 치료가 필요한지 결정하는 데 도움이 될 수 있다고 말했다. 과학적 관점에서 보면, 이 이야기의 논리적 전개에는 아무런 문제가 없다. 이론적으로는, 이를테면 인공자궁 설비를 한 개라도 갖춘 미래의 미국 병원에서 조산 위험이 있는 임신한 사람이 세 명 있을 때, 이들이 낳은 세 명의 미숙아 중 사망하거나 합병증으로 고통을 겪을 가능성이 가장 큰 미숙아가 누구인지 유전적 예측을 활용하여 알아낼 수도 있을 것이다. 나머지 두 아기는 다른 치료 방법을 쓸 때 생존 확률이 높고 합병증 발생 위험이 낮다고 평가될 수 있다. 그러면 결과가 가장 좋지 않은 아기를 위해 인공자궁 치료 기회를 남겨두게 되는 것이다.

그런데 이런 접근 방식의 경우 건강에 대한 사회적 결정 요인을 전혀 고려하지 않아도 되는 것일까? 조산 위험이 가장 큰 사람, 조산으로 태어났을 때 건강이 나빠지거나 질병에 걸릴 확률이 가장 높은 아기를 판별하는 데에는 유전적 예측이 반드시 필요하지는 않다. 불균등한 자원 분배와 구조적인 인종차별의 영향은 미국에서 조산아가 가장 위험한 처지에 놓여 있다는 명확한 사회적 지표이다. 인공자궁 기술로는 애초에 이러한 불균형을 초래한 부정의를 없앨 수도 없겠지만, 미국 내 사회적 요인과 조산 관련 사망 및 합병증의 인과관계를 보여주는 근거는 이미 상당하다. 누가 생명을 구해줄 희소한 자원을 이용해야 할지 결정짓는 것이 목적이라면, 이런 근거들보다 유전 자료를 앞세워 분배를 결정해야 할 이유는 무엇일까?

사회적 요인이 아니라 유전적 평가에 초점을 맞추면, 편견이 개입될 여지가 줄어든다는 주장이 있을 수 있다. 보건의료 종사자와 윤리학자 팀이 건강의 사회적 결정 요인에 근거하여 인공자궁을 안배해야 한다면, 이런 결정은 과학적 자료에 근거한 평가와 달리 주관적인 위험 평가가 될 수도 있다. 하지만 우생학의 잔재와 인간 대상 연구에 대해 생각해 보면 알 수 있듯이, 과학과 기술은 진공 속에서 개입하지 않는다. 중립적이라고 선언하는 첨단기술들은 개발 방식과 적용 방식 모두가 기존의 차별과 연관된 경우가 많다. 이를테면 안면 인식과 음성 인식 기술을 생각해 보자. 이런 기술은 애초 개발 단계부터 백인 남성들의 자료를 주로 사용했기 때문에 피부색이 어두운 여성한테서는 오류율이 30퍼센트를 넘는 반면, 백인 남성에 대해서는 오류율이 극히 낮다. 따라서 치안 유지와 같이, 이미 인종차별로 인한 위해가 상당한 상황에서 같은 기술이 사용된다면, 흑인과 유색 인종을 감시하고 표적으로 삼는 구시대적 관행을 이어 나갈 새로운 도구가 될 것이다.

조산 관련 위험을 평가하는 유전적 예측 기술이 실제로 중립적인 일이 되게 하려면 어떤 조치가 필요할까? 수집된 데이터를 평가하는 책임은 누구에게 있을까? 위험을 평가하는 사람이 자료를 혼자 살핀다면 어떻게 될까? 이들의 정체성, 경험, 사회적 배경이 권고 내용에 영향을 미칠 수 있을까? 인공자궁이 하나뿐인 병원 시나리오로 돌아가, 며칠 동안 극소 미숙아 5명이 태어난 상황을 상상해보자. 평가 결과 22주에 태어난 미숙아들은 모두 생존 확률이 높아 인공자궁 안에 들어가면 상당히 건강해질 수 있다. 그런데 실제로 편향 없이 유전적 자료만으로 기술을 어떻게 적용해야 하는지 결정할 수 있을까? 미국에서라면 이런 결정에 재정적인 고려사항도 영향을 미칠 것이다. 그렇다면 치료 기회는 부모에게 지불 능력이 있는 환자에게 돌아갈까, 아니면 치료받지 못했을 때 사망 위험이 가장 큰 환자에게 돌아갈까?

임신한 사람에게 일어나는 임신 후반기의 조산과 건강문제는 사람들의 생명에 치명적으로 영향을 미칠 수 있어 명백하게 피해를 주는 중요한 사안이다. 우리는 이런 문제에 도움이 되는 방법이 개발되었다는 사실과, 아기가 말 그대로 엄마 자궁 안에서와 마찬가지로 발달을 이어갈 수 있게 해주는 독창적인 기술을 칭송할 수는 있다. 그렇지만 우리는 이 기술이 지금의 경로를 따라갈 때 무엇을 할 수 있고, 할 수 없는지 현실적으로 판단해야 한다. 국가와 인종 간의 건강 불평등이 이토록 심각한 상황에서, 어떻게 해야 인공자궁으로 인한 기존의 부정의를 악화시키지 않는 다른 경로를 모색할 수 있을까?

누구에게나 임신 기간과 임신 후에도 충분한 자원이 주어지는 미래를 향해, 우리는 어떻게 해야 도달할 수 있을까? 3장에서 다루었듯이 의료와 법에는 일부 사람들의 생명이 다른 사람들의 생명보다 귀하다는 우생학적 발상이 깊숙이 자리잡고 있다. 인종주의와 차별로 인해 흑인과 원주민 여성들, 그리고 이들의 아기들을 위험에 내몰고 있는 부유한 국가들의 병원과 진료소에도 이런 잔재들이 여전히 남아 있다. 조산사의 활동을 계속해서 제한하는 북아메리카의 규제 체계는 백인 남성을 중심으로 형성된 의료 기득권층이 지역사회에서 재생산 관련 돌봄을 없애고, 전통적인 돌봄 제공자와 흑인 및 원주민 조산사들을 통제할 목적으로 공들인 의도적인 산물이다. 정부 정책에서부터 의과대학 교육에 이르는 모든 차원에 이르기까지, 다른 사람들보다 백인 엄마와 아기들에게 더 높은 가치를 두도록 구축된 시스템 안에서 임신한 사람과 아기들이 공평하게 돌봄을 받지 못하는 문제가 지속되고 있는 것이다.

임신한 사람들의 권한을 침해하는 대신 이들에게 힘을 실어 주는 형태의 체외 임신은 아직 바람에 불과하지만, 이미 현재의 건강 불평등을 직시하고 임신, 출산, 양육 경험을 개선하려는 그야말로 실질적인 노력이 진행 중이다. 실제로 인공자궁이 임신한 사람과 신생아 모두에게 실질적으로 도움이 되는 미래를 구현하기 위해서는 먼저 재생산 관련 보건의료 서비스를 기본 인권으로 보호하는 일이 전제되어야 할 것이다.

미국이나 영국 같은 부유한 국가들에서는 풀뿌리 운동가, 보건의료 종사자, 정책 수립자들이 인종 간의 건강 불평등을 직면하고 재생산 관련 돌봄을 인권으로 보호하기 위해 실질적인 조치를 취해 왔다. 미국에서는 재생산 정의 체계를 이끄는 조직이 인권에 접근하는 방식을 이용하여 "재생산 관련 의료서비스를 보건, 교육, 주택, 음식과 같이 인간이 누려야 하는 모든 자원과 유사하게 취급"해 왔다.[10] 로레타 로스Loretta Ross, 린 로버츠Lynn Roberts, 에리카 더카스Erika Derkas, 휘트니 피플스Whitney Peoples, 파멜라 브리지워터 투레Pamela Bridgewater Toure는 《급진적 재생산 정의Radical Reproductive Justice》에서 재생산 관련 돌봄을 인권으로 보호하는 일이야말로, 임신한 사람들의 자기 결정권을 지키는 투쟁이자 "이 결정을 이행하는 데 적합한 조건을 보장하기 위한 사회와 정부의 의무"를 요구하는 투쟁을 의미한다고 강조한다.[11] 다시 말하면 단순히 재생산에 관련된 선택지 보장에만 초점을 맞추는 것으로는 부족하다. 피임, 임신중지, 산전 지원, 존중받는 출산, 산후 돌봄을 포함하여 사람들이 일생 동안 무료로 안전하게 재생산에 관련된 지역 보건의료 서비스에 접근할 수 있어야 한다. 또 사회는 이 접근성을 보장하고 적극적으로 보호해야 한다.

미국에서 진행되는 수많은 조직의 노력 가운데, 전미출산평등협회가 변화를 위한 포괄적인 청사진으로 제시한 '출산 평등 의제'는 재생산 건강을 기본 권리로 보호하는 일이 어떤 모습일지 보여주는 한 가지 예이다. 출산평등협회는 정부의 모든 차원에서 재생산 건강 및 자율성을 사전 보호장치로 인정해야 한다고 촉구한다. 이 밖에도 "피임, 엄마와 아기 건강, 양질의 지불 가능한 보육, 포괄적인 유급 가족돌봄 휴가를 포함하여 보건의료 접근성 문제와 같이, 재생산 자율성을 충분히 발휘하지 못하게 가로막는 모든 걸림돌"을 인권과 인종 평등의 관점에서 다룰 수 있도록 백악관에 사무실을 개설하자고 제안한다.[12] 정책 차원에서 보면, 이런 종류의 실천은 기술 혁신이 아니라 출산 전후 및 신생아의 건강 불평등 지표를 개선할 수 있는 사회혁신을 의미한다.

아기와 임신한 사람들의 건강을 인권으로 보호하는 일과 돌봄의 불평등에 종지부를 찍는 일은 세계적으로 중요한 사안이다. 2020년대 유엔의 지속 가능한 개발 목표에는 저소득 국가와 중위소득 국가들에 편중된 사산율, 모성 및 영아 사망률과 질병률의 감소가 한 가지 지표로 포함되어 있다. 이 지표를 개선하기 위해서는 상당한 국제적 자원을 지속적으로 투입해야 한다. 백신이 그랬듯이 부유한 국가들이 전염병 대유행을 종결할 수 있을지 모르는 필수 약품을 나눠주지 않으려는 모습을 생각하면, 이런 국가들이 임신한 사람과 영아들의 건강 개선 수단을 기꺼이 공유할 가능성은 얼마나 될까?

세계보건기구는 전 세계적으로 사산과 영아 사망의 95퍼센트가 발생하는 88개 국가의 보건의료 인력이 상당히 부족하다고 보고한다. 이 지역들은 전 세계 인구의 74퍼센트가 살지만 46퍼센트의 의사와 간호사만이 보유하고 있을 뿐이다. 세계보건기구, 유엔인구기금, 국제조산사연합이 2020년 의학 학술지인 〈랜싯The Lancet〉에 발표한 공동 연구 결과에 따르면, 문화적으로 적합한 수준 높은 조산사를 지역 전체에 고르게 갖춘 곳에서는 2035년까지 매년 전체 산모 및 신생아 사망과 사산의 3분의 2를 예방할 수 있다.[13] 여기에는 조산사에게 훈련 기회와 충분한 임금을 지불하는 일, 물품과 위생 시설을 보급하는 일도 수반되어야 한다. 재생산 관련 돌봄과 신생아에게 필요한 돌봄을 기본 인권으로 실제로 보호한다는 것은 오랫동안 이 목적을 위해 일해 온 지역사회와 풀뿌리 운동조직에 자원 및 자금을 지원하고 관심을 기울인다는 의미이다.

인공자궁은 전 세계의 풀뿌리 운동가, 진보적 정책 입안자, 보건의료 종사자들이 추진하고 있는 사회적 변화들이 이행될 때까지, 미숙아와 임신한 사람들 대부분에게 진정한 획기적인 기술로 인정받기는 어려울 것이다. 그렇다면 이런 미래가 실현되기 전에 세상은 어떤 모습이어야 할까? 누구나 재생산과 관련해서는 젠더, 인종, 계급, 민족, 사는 곳을 불문하고 안전하면서 문화적으로 적합한 충분한 돌봄을 받을 수 있어야 할 것이다. 또 자신을 존중하는 사람이 출산을 돌봐주고, 자신과 아기의 안전을 보호해 줄 것이라는 전제하에 조산사, 산부인과 의사, 둘라*를 무료로 선택할 수 있어야 한다. 또한 자신의 아이가 생존에 필요한 자원을 이용할 수 있다는 전제 아래 아기를 낳을 수 있어야 할 것이다.

나는 기존의 보건의료 자원을 불평등한 방식으로 배분하고 지원할 때 대다수가 이용하지 못할 값비싼 생명공학 기술에 기금을 지원하는 일이 과연 정당한지 종종 자문한다. 인공자궁 같은 값비싼 혁신에서, 불평등에 맞서는 노력으로 방향을 전환하는 편이 더 나은 올바른 길은 아닐까?

여기에는 이미 상당한 기금과 지원이 인공자궁 연구에 배정되었다는 문제가 있다. 부분 인공자궁은 가상의 일도 먼 미래에 도래하는 일도 아니다. 2019년 네덜란드 연구팀이 기능 위주의 시제품을 제작하는 초기 단계 프로젝트를 위해 단독으로 확보한 연구비만 290만 유로(한화 42억여원-옮긴이)에 달한다. 이 연구에

---

* **둘라** doulas, 그리스어에서 기원한, 여성의 임신과 출산을 돕는 마을 공동체 안의 다른 여성.

자원을 제공하는 것과 처음부터 조산 예방에 자원을 제공하는 것 중 무엇이 더 나은지 문제 삼을 단계는 지났다. 이미 현실에서는 인공자궁 연구에 기금이 확보되어 연구가 진행되고 있기 때문이다. 우리는 건강 불평등 문제에 대한 해법이 기술적 진보가 아닌 사회적 변화임을 안다. 따라서 우리는 인공자궁 연구가 진행되는 동안 기술 때문에 기존의 부정의가 강화되지 않도록 접근성과 평등의 문제를 고려하라고 요구해야 할 것이다.

2장에서 우리는 인간을 대상으로 한 임상시험으로 나아가는 매우 험난한 길을 살펴봤다. 연구자들이 새로운 미숙아 치료법을 개발할 때 접근성, 상이한 환경에서의 적응성, 감당할 수 있는 비용 등 기술의 사회적 여파를 좌우할 만한 문제들을 가장 중요하게 다루는 경우는 드물다. 하지만 이런 사안들을 인공자궁 설계의 핵심적 특징으로 삼는다면 어떻게 될까? 재생산 관련 보건의료 서비스가 가장 소외된 사람들에게 미칠 영향을 중요시하는 시민 자문 과정을 거친다면, 이 기술의 개발, 보급, 사용 방식을 재고할 수는 있을까?

2017년 바이오백에 대해 발표를 마친 미국 연구팀의 한 연구자는 체외 임신의 경제적 함의를 궁금해하는 질문에, '내다보기에는 너무 이르다'라고 하면서 미숙아의 합병증 관리와 관련된 비용 절감을 감안하면 그 어떤 비용도 상쇄될 것이라고 답변했다. 초기 입원 치료에서부터 조산으로 인한 폐 질환, 장 질환, 여타 장기 건강문제 등 이후에 필요한 치료까지 모두 고려하면, 조산아 치료 비용은 미국에서만 연간 260억 달러에 달할 정도로 막대한 규모이다. 신생아 치료에 건강보험이 적용되지 않는 경우도 미국에서는 상당히 많다. 오늘날 미국의 신생아 집중치료실 입원비는 하루 3천 5백 달러(한화 약 480만 원-옮긴이)에 달하며, 장기 입원에는 백만 달러(한화 약 14억 원-옮긴이) 이상이 필요할 수 있다. 미국에는 건강보험 없이 지내는 사람들이 많은데 보험료 납부를 어렵게 만든 시스템 탓이 크다. 사보험에 가입하는 사람들도 있지만, 대신 신생아 집중치료실 입원을 위해 빚을 지거나 다른 가족들의 건강을 포기해야 한다. 아기가 부분 인공자궁에서 4주간 지내는 비용을 부모가 지불해야 한다면, 그 '엄청난' 비용을 대다수의 사람들은 감당하기 힘들 것이다.

어떤 기술이 처음 도입된 후 접근성 높은 형태로 보급되기까지는 오랜 시간이 걸리는 경우가 많다. 고소득 국가들에 널리 상용화된 특허받은 인큐베이터들의 가격은 3만 7천 달러에서 5만 달러(한화 약 5천만 원에서 7천만 원-옮긴이)에 달한다. 그런데 인큐베이터 부품을 조달하고 기술의 운용 및 유지하는 일도 만만치 않다. 기어이 신생아 집중치료실 외부에서도 사용할 수 있는 최신 인큐베이터를 만든다 해도, 이 기술이 실용적이거나 잘 작동하리라는 보장은 없다. 지난 20년 동안 연구자 집단들은 합리적인 비용으로 다양한 환경에서 사용할 수 있는 인큐베이터를 만들기 위해 노력했다. 영국의 한 의공학 벤처기업의 경우 유지 관리가 쉬운 '엄마mOm'라는 이름의 저가의 접이식 모델을 개발했다. 임브레이스 이노베이션은 어떤 상황에서도 사용할 수 있는, 침낭 형태의 200달러(한화 약 28만 원-옮긴이) 가량의 온열기를 생산했다. 전기가 필요 없고 쉽게 조작할 수 있어, 산모가 병원에서 멀리 떨어져 있어도 미숙아의 생명을 구할 수 있다. 이 장치를 포함하여 여타 유사 사례들은 신생아 치료 분야의 혁신이 보건의료 서비스의 불평등 자체를 해결하지는 못하더라도, 그로 인한 문제를 해결하는 데 도움이 될 수 있음을 보여준다.

미국 같은 나라에서 미숙아 치료비를 낮추는 것을 넘어, 서방 국가의 부유한 병원 이외의 곳에서도 사용할 수 있는 인공자궁을 만들어 보급할 수는 있을까? 자원이 부족한 상황에 쉽게 적용할 수 있을 뿐만 아니라, 인공자궁을 만드는 데 사용되는 재료의 간접비까지 고려하여, 개발 과정에서 이 기술의 영향을 더 나은 방향으로 바꿀 수는 있을까? 연구자들이 신생아 치료의 기반 시설이 부족한 곳에서도 최소한의 훈련만을 받은 인원으로 안전하게, 사용할 수 있는 시제품을 만드는 데 우선순위를 둔다면 어떻게 될까?

임신, 출산과 관련된 건강 불평등을 직접적으로 겪는 사람들과 신생아들, 그리고 이 사안과 연관된 분야에서 일하는 사람들의 의견을 광범위하게 구하는 일도 그에 못지않게 중요하다. 현재 시제품을 개발 중인 각 연구팀은 자신들이 진행하는 연구의 함의를 충분히 검토하기 위해 연구실 밖 사람들과 함께 토론하겠다는 의사를 표명했다. 2017년 당시 3~5년 뒤에는 인간 대상의 임상시험에 착수한다는 일정을 내놓은 익스텐드 팀은 이 프로젝트의 윤리적 틀과 연구 결과를 활용하게 될 임상 환경을 탐색하기 위해 생명윤리 학자들과 협력하고 있다. 이브 플랫폼의 공동 책임자들도 자신들이 하는 일에 중요한 법적·윤리적 문제 제기가 뒤따를 것이라고 언급했다. 또 네덜란드 연구자들은 이미 시민들을 참여시켜 이 기술이 미칠 영향과 잠재적으로 제기될 윤리적 문제들을 논의하기 시작했다. 인공자궁을 어떤 방식으로 적용할지 논의하는 과정에서 이해당사자가 될 수 있는 사람들의 생각도 기술의 사회적 여파에 영향을 미칠 수 있다.

신생아학 연구자는 임상 환경에서 인공자궁을 사용할 때 맞닥뜨릴 수 있는 어려운 문제들에 대해, 산부인과 의사나 신생아 집중치료실 간호사 등과 다른 생각을 내놓을 수 있다. 조산사, 산부인과 의사, 둘라는 인공자궁이 임신과 출산 경험에 어떤 영향을 미칠지 신생아학 전문의가 생각지도 못한 문제를 제기할 수 있다. 자원이 부족한 상황에서 아기를 돌보는 보건의료 종사자도 인공자궁이 그들의 환자들에게 도움이 되려면 무엇이 필요한지, 연구비가 넉넉한 미국 진료소에 근무하는 연구자가 생각해 보지 못한 지식을 알려줄 수 있다. 같은 환경에서 일하는 서비스 제공자들도, 예컨대 전기 공급이 불안정한 환경에서도 유용한 기능이 들어간 기술을 개발할 수 있도록 유익한 정보를 제공해줄 수 있다. 저소득 국가의 조산율을 낮추기 위해 싸워온 풀뿌리 운동조직과 아기 및 임신한 사람들의 건강 정의를 추구하는 미국과 영국의 흑인 페미니스트 단체들은 이 기술의 잠재력으로 기존의 건강 불평등을 악화시키지 않게 할 방법에 대해 유익한 통찰력을 가지고 있을 수 있다. 이들은 임상시험 수행 방식이나 접근성 결정 방식에 대해서는 어떤 문제를 제기할 수 있을까?

끝으로, 아기를 신생아 집중치료실에 맡겨 본 부모와 임신한 사람들은 기술 개발자와 다른 염려를 제기할 가능성이 크다. 흑인과 원주민 여성, 성소수자들을 포함하여 재생산 관련 보건의료 서비스에서 가장 소외된 사람들이 인공자궁 사용에 관련된 논의에 우선적으로 참여한다면, 기술의 적용 방식 및 한계에 대해 유용한 토론이 이루어질 수도 있을 것이다.

현재 개발 중인 인공자궁과 향후의 체외 임신 프로젝트들은 임신한 사람들과 신생아들이 겪는 불평등과 부정의를 얼마나 중요한 문제로 인식하는지에 따라 방향이 달라질 것이다. '접근성'은 결코 보건의료 기술 비용이나 이용 가능한 장소만의 문제였던 적이 없으며, 어떤 기술이 누구를 위해 설계되는지, 누가 이 설계에 영향을 미치는지의 문제이기도 하다.

현실적으로 이런 문제들은 지금 진행 중인 여러 프로젝트에

결단코 반영되지 않을 수 있다. 시민 자문 과정도 만만치 않은 일이다. 또 연구자들은 임상 환경에 적용하기 위한 프로젝트에서 이미 상당한 걸림돌에 맞닥뜨린 상태이다. 따라서 연구자들은 기술의 접근성이나 기존의 불평등에 미치는 영향보다는, 기술이 작동하도록(그리고 잘 작동하도록) 하는 데에 일차적으로 집중하는 것이 중요하다고 볼 것이다. 하지만 아직 시작되지 않은 다른 체외발생 연구들의 가능성은 여전히 열려 있다. 앞으로 등장할 인공자궁 기술은 현재 개발 중인 기술들로 그치지 않을 것이다. 우리는 이 기술들을 어떻게 사용해야 할지 또는 사용하지 말아야 할지, 구성 요소에 대해서는 누구의 자문을 얻고, 누구를 위해 만들어야 할지 질문해 보면서, 인공자궁이 불평등한 사회에 도입될 때 어떤 결과를 낳을지 생각해야 한다. 그렇지만 어떻게 다른 상황이 전개될 수 있을지도 생각해 보도록 하자.

처음부터 정의를 염두에 두고 체외발생 기술을 개발할 수는 없을까? 그러면 무엇이 달라질까? 이 기술이 도입될 때 세상이 훨씬 더 평등하고 재생산에 관련된 건강을 진정한 인권으로 보호하는 곳이 되기를 기대할 수 있을까? 인공자궁이 실제로 모든 임신한 사람과 신생아들에게 정말로 이롭기를 바란다면, 먼저 건강 불평등에 맞서고 모든 사람에게 재생산과 관련된 돌봄을 보장해야 할 것이다.

불공정한 세상에서는 어떤 기술도 그 자체로 기적을 낳을 수 없다.

5장

임신중지의 해법

처음으로 '체외발생'이라는 단어를 접했을 때가 생생히 기억난다. 당시 나는 지도 교수님과 약속한 첫 미팅 전까지 박사 논문 주제를 좁히기 위해 재생산 기술, 권리, 정의와 관련된 여러 논문을 찾고 있었다. 특히 나는 **시험관** 수정, 난자 동결 등 어느 정도 추론적 사고가 요구되는 법적 문제에서 시선을 사로잡는 여러 사안에 호기심이 많았다. 그러던 중 우연히 2000년 초에 발표된 논문에서 미래에 등장할 수 있는 모든 재생산 기술 중, 특히 체외발생이 다음과 같은 새로운 법적 문제를 제기할 것이라고 언급한 부분을 발견했다. 누가 인공자궁에서 자란 아기의 법적 부모가 될까? 공동 육아라는 흥미로운 가능성이 인공자궁으로 열릴까? 체외발생으로 태어난 아기가 국가의 재산이 될 위험성은 없을까? 누가 이 기술에 접근할 수 있을까? 그리고 어떤 상황에서 이 기술을 사용하게 될까?

깊이 생각해 보기 전에는 일견 여성들에게 이 기술이 믿기 힘든 희소식이라는 생각이 들었다. 임신하는 사람들만큼이나 내

주위에는 임신과 관련된 일이라면 무조건 싫어하는 사람들도 많았다. 대다수 사람들의 경험은 그 중간 어딘가에 해당되었다. 그런데 가혹한 입덧을 몇 달씩 견뎌야 하는 친구들과 임신성 당뇨병이 생겨 고통스럽고 복잡한 출산 과정을 겪어야 했던 친구들에게, 임신은 통행료가 지독하게 비싼 여정이었다. 이후에도 자녀를 간절히 원하고 양육자로서 배우자와 동등한 역할을 계획했는데도, 임신과 함께 가정 및 직장에서의 역할이 자신의 의지와 상관없이 사회적이고 물리적인 방식으로 결정되는 것 같아, 좌절하는 친구들과도 나는 많은 대화를 나누었다. 부모 중 한 사람은 임신 기간을 포함하여 출산 후 1개월까지 육아휴직을 받을 수 있지만, 나머지 한 사람이 2주 이상 육아휴직을 받기가 쉽지 않을 경우 어떻게 일을 '균등'하게 분담할 수 있겠는가?

'체외발생'이라는 단어를 처음 접했을 때, 내게 떠오른 또 다른 생각은 가장 기본적인 충동과 관련이 있는 것이었다. 사람이 직접 임신하는 대신 인공자궁으로 임신할 수 있다면? 자간전증으로 진단받은 사람이 아기를 인공자궁으로 옮겨, 임신을 이어가는 동시에 자신의 건강도 지키겠다고 결정한다면? 성별이 어떻게 되든 누군가가 인공자궁으로 임신한 아기의 양육자가 되겠다고 결정한다면? 나는 복잡하게 얽힌 사회적·정치적·법적 질문이 이런 생각들에 반영되어 있다는 사실을 곧 깨달았다. 동시에 인공자궁 기술이 페미니스트, 반인종주의 연구자들의 손에 놓일 경우엔 이런 가능성이 실현될 수 있겠지만, 지금 우리가 사는 세상에서는 기존의 부정의를 악화시킬 뿐이라는 사실도 깨달았다. 하지만 체외발생이라는 개념을 처음 접한 순간, 이 기술이 임신과 출산을 겪는 사람들에게 이로운 방식으로 사용될 가능성도 전부 짚어 보고 싶은 충동을 느꼈다.

박사 논문 주제를 결정하고 그리 오래 지나지 않았던 2016년 마지막 달에 발생학자들은 법적 한계인 14일 직전까지 배아를 성공적으로 길러냈다. 2017년 1월에는 익스텐드 연구자들이 자신들의 획기적인 연구 성과를 발표했다. 처음으로 부분 인공자궁에 대한 동물실험이 큰 성공을 거두었다. 갑자기 체외발생이라는 용어가 여기저기서 등장했다. 그런데 공상과학 같은 느낌이 드는 한편, 임신한 사람들에게 도움이 되는 방식은 얼마든지 있고, 연구 대상으로 주목할 만한 문제들이 많았는데도 불구하고, 학문적으로나 대중적으로 이 기술에 관심이 집중되는 주제는 오로지 한 가지였다. 이른바 임신중지 '논란'을 인공자궁이 '해결'할 것이라는 생각이었다. 2016년부터 2022년까지 나는 이런 주장을 여러 형태로 발표한 학술대회 및 주류 언론들의 보도 내용을 계속해서 살폈다. 미국의 인본주의 활동가이자 언론인 졸탄 이슈트반 Zoltan Istvan이 2019년 〈뉴욕타임즈〉에 쓴 '임신중지 논란 지지부진, 인공자궁이 답일까?'라는 기고문도 그중 하나이다. 유사 장르의 다른 글들과 마찬가지로 이 글에서도 임신중지와 관련된 해묵은 싸움이 인공자궁을 통해 '해결'될 것이라고 상정한다. 페미니스트들은 임신한 사람의 몸에서 태아가 없어지고 자기 몸에 대한 자율성을 지킬 수 있으니 만족할 것이고, 임신중지 반대론자들도 태아를 살릴 수 있으니 만족할 것이라고 했다. 사실, 이슈트반은 인공자궁 기금을 확보하고 이 '논란'을 단번에 해결하겠다는, 공약을 홍보하면서 2020년 대통령 선거에 무소속으로 출마할 계획이 있었다고 나중에 밝힌다. 이슈트반은 이것이 새로운 제안이라고 믿었던 것 같지만, 그는 임신중지 '문제'를 해결할 마법 탄환으로 인공자궁을 내세운 여러 사람 가운데 한 명일 뿐이었다.

2016년 나는 인공자궁 덕분에 여성들이 "태아를 죽이는 방식으로 자궁을 비울" 수도, "태아를 죽이지 않는 방식으로 자궁을 비울" 수도 있게 되며,[1] 법이 후자를 강요할 것이라는 생각이 1970년대부터 떠돌고 있었다는 사실을 알게 되었다. 이런 추측에 연루되지 않는, 무관한 몸을 가진 가부장적 생명윤리학자들은 이런 발상을 그저 '중립적으로 생각할 거리'로 제시하는 경우가 많다. 그러나 자궁이 있는 사람에게는 원치 않은 임신이나 자기 의지에 반해 살아있는 태아를 몸에서 추출하여 인공자궁에 이식하는 일이 결코 중립적인 문제일 수는 없다. 안타깝게도 세계 여러 나라에서 임신중지는 여전히 필수적인 보건의료가 아닌 양극화된 정치적 논쟁 사안으로 취급되며, 재생산권 보장은 나아졌다고 해도 여전히 불안정한 상태로 남아 있다.

그런데 이 시술을 우리 사회가 무엇으로 인식하기에, 인공자궁으로 임신중지를 '해결'할 수 있을 것이라는 주장에 많은 사람들이 매혹되는 것일까? 실제로 인공자궁은 임신중지권을 위협할 수 있을까? 임신중지를 바라보는 사고방식과 법으로 임신중지권을 보호하는 방식은 국가별로 판이하다. 하지만 임신중지를 허용하는 국가에서조차 여기에 엄격한 규제와 다른 의학적 시술에 적용되지 않는 특별한 제한을 적용하는 경우가 흔하다. 인공자궁을 임신중지에 대한 '해법' 내지 도전으로 다루는 가장 강경한 학계 의견과 언론 보도들이 대부분 미국 이외의 곳에서 들려오는 현상은 우연이 아니다. 미국에서는 강경한 임신중지 반대 세력이 정치적 영향력을 행사하고 있지만, 오랜 기간 임신중지권을 요구하는 목소리가 태아의 잠재적 생명을 옹호하는 주장과 균형 있게 표출되기도 했다. 임신 39주 차에 나는 이 책의 최종 원고를 출판사에 넘기면서, 대법원이 역사적인 **로우 대 웨이드**Roe v. Wade 사건을 통해 얻어낸 임신중지권 판결을 폐기할 것이라는 예상을, 글에 포함시켰다. 그리고 2022년 6월, 생후 몇 달밖에 되지 않은 아기를 안은 채 **로우 대 웨이드** 판결이 '터무니없이 그르다egregiously wrong'는 내용에 경악하면서 새뮤얼 알리토Samuel Alito 판사의 판결문을 읽었다. 그런데 **로우 대 웨이드** 판결 취소는 갑작스러운 일이 아니었다. 이 판결은 1973년 대법원의 판결 직후부터 점점 악화일로로 치닫던 사건을 완결짓는 일이었다. 정확히 말하면 인공자궁이 임신중지 논란의 종착지라는 생각은 대법원의 재생산권 판결에 대한 대응으로 법학계에 처음 등장하게 된 것이었다.

1970년대 초반, 로우 사건이 대법원에 상고된 일은 임신중지 합법화 진영의 변호사와 활동가들이 면밀히 계산한 기획의 일부였다. **로우 대 웨이드** 사건은 소송에서 전략적으로 승리한 전형적 사례로 꼽힌다. 재생산권 운동에 참여하는 변호사와 활동가들은 기존 법의 영향을 크게 받아 법정에 설 만한 소송 당사자가 나타나기만을 기다리고 있었다. 이들은 사례를 찾고 대법원까지 갈 수 있다면 재판관들 앞에서 임신중지를 범죄화하는 법이 정의롭지 못하다고 주장하고, 이 법을 뒤집을 수 있을 터였다. 마침내 임신중지를 범죄화하는 법이 여성의 권리를 침해하므로 위헌이라는 주장을 제기할 기회가 임신중지 합법화 법률가들에게 찾아왔는데, 바로 제인 로우 사건이었다. 결과는 의미 있는 승리였다. 대법원은 자신의 의지에 반해 임신 상태를 유지하도록 강요하는 일은 사생활권을 침해하는 일이라는 데 동의했다.

판례를 확립하는 일은 기본적으로 사법부가 유사 사례에 대해 같은 방식으로 판결했으므로, 여기서 다른 판결을 내리는 것은 불공정하다고 법정에 상기시키는 문제이다. 제인 로우 사건을 맡았던 변호사들은 앞서 법원이 사생활권으로 보호되어야 한다고, 판시한 다른 개인이나 가족문제와 유사한 방식으로 임신중지권을 이해해야 한다고 주장했다. 미국 수정헌법 제14조의 적법

절차 조항은 '어떤 정부도 적법한 절차 없이 사람의 생명, 자유, 재산을 박탈할 수 없다'라고 명시하고 있다. 또 대법원은 가족문제 또는 원치 않는 치료를 거부할 권리를 다룬 여타 사례에서 수정헌법 제14조를, 특정 사안에 대해 사생활을 보호받을 권리가 사람들에게 있다는 의미로 해석하는 것이 합리적이라고 판결했다. 로우 사건 법률팀은 임신중지가 사람들이 자기 신체에 관해 사적인 결정을 내릴 권리, 즉 국가의 간섭 없이 임신을 지속하거나 지속하지 않기로 '선택'할 권리를 보호받아야 하는 영역 중 하나로 여겨야 한다고 주장했기에 이길 수 있었다.

로우 판결은 임신을 종결할 수 있는 법적 권리를 확립했고, 서툰 불법 임신중지로 미국에서 여성들이 죽고 다치는 시대에 종지부를 찍었다. 은밀하게 불법 시술을 추구한다는 이유로 가중되는 낙인과 수치를 벗어던질 수 있으리라는 희망도 제시했다. 그렇지만 이 기념비적 판례가 남긴 유산에는 복잡한 의미가 담겨 있다. **로우** 사건에서 담당 대법원 판사들은 이 판결이 환자의 요청에 따른 임신중지를 모두 인정하는 것은 아니라는 점을 확증하는 데는 신중했다. 여기에는 중요한 한계가 포함되어 있었다. 즉 판사들은, 정부는 임신한 사람의 사생활권을 보호해야 하는 한편, 태아의 생명을 보호해야 한다는 두 가지 상충적인 이해관계를 가지고 있다는 점을 분명히 했다. 그리고 두 이해관계의 균형점을 맞추기 위해 임신 단계에 근거하여 느슨한 기준을 마련했다. 임신 제1분기, 태아가 독립적으로 생명을 유지할 능력이 없는 시기에는 임신한 사람의 권리가 태아의 생명보다 우선한다. 제2분기가 시작될 무렵부터 정부는 해당 규정이 '산모 건강과 합리적으로 연관성'이 있는 경우 더 엄격하게 임신중지를 규제할 수 있다. 태아가 '살 수' 있는 제3분기, 즉 자궁 밖에서 생존할 가능성이 있다고 여겨지는 임신 26주경부터는 정부가 '잠재적인 인간 생명을 보호해야 할 이해관계를 추구하겠다고 방침을 정한다면', 임신한 사람의 건강이나 생명을 지키는 데 필요한 경우를 제외하고 '임신중지를 규제할 수도 나아가 금지할 수도 있다'.

로우 대 웨이드 판결은 재생산에 관련된 선택권을 지지하는 단호하고 명쾌한 판결은 아니었다. 이 판결은 임신중지를 합법화하지도, 다른 형태의 보건의료 서비스와 유사한 돌봄으로 인정하지도 않았다. 임신중지 서비스를 제공해야 하는 정부의 의무를 확실히 증명하지도 않았다. 대신, **로우 대 웨이드** 판결은 다음과 같이 단언했다. 첫째, 국민에게는 임신중지를 선택할 권리가 있다. 하지만 이 서비스에 대한 접근성을 보장받을 권리는 있지 않다. 둘째, 임신중지권은 **잠재적인** 태아의 생명을 보호해야 하는 국가의 권리와 항상 균형 관계에 있다. 사생활권을 근거로 임신중지권을 인정받고 보호하겠다는 투쟁 방식은 그야말로 전략적인 선택이었다. 하지만 동시에 **로우** 사건 직후 임신중지를 반대하는 주 입법부와 연방 차원의 운동가들이 사실상 임신중지를 가능한 한 어렵게 만들 목적으로 신속하게 행동을 취할 수 있었다는 뜻이기도 했다. 이론적으로 사생활권은 어떤 행위를 허용하거나 허용하지 않는 정부의 간섭으로부터 사람들을 보호하지만, 정부가 사람들에게 자원을 지원해야 한다고 요구하지는 않는다. 이를테면 정부가 사람들에게 임신중지 시술 비용을 제공하라거나, 필요한 경우 지역사회에 임신중지 시술 기관을 배치하고 누구나 이 시술 기관이 있는 곳으로 이동할 수 있게 보장하라고 요구하지는 않는다. 따라서 **로우** 판결이 (재정적, 사회적) 자원이 있는 사람들의 임신중지 결정에는 정부가 더 이상 간섭할 수 없도록 보장을 했을지 몰라도, 자원이 없는 사람들에게는 사실상 '선택'할 권리란 거의 무의미한 경우가 많았다.

로우 판결의 한계를 보여주는 주요 사례는 '하이드 수정안Hyde Amendment'이었다. 이 수정안은 강경한 임신중지 반대론자인 공화당 헨리 하이드Henry Hyde 의원이 반대 운동을 벌인 끝에 1977년 의회를 통과했다. 그 이후에도 다양한 형태를 거쳐 2016년에 확정된 개정법은 임신한 사람의 생명이 위험하거나 근친상간 또는 강간으로 임신한 경우가 아니면 임신중지에 대한 연방 기금을 금지한다. 일부 주(아이다호, 켄터키, 미주리, 노스다코타, 오클라호마)에서는 2022년 초봄부터 임신중지를 보장하는 보험이 사보험으로 한정되었고, 다른 주(콜로라도, 일리노이, 켄터키, 매사추세츠, 미시시피, 네브래스카, 델라웨어, 오하이오, 펜실베이니아, 로드아일랜드, 사우스캐롤라이나 및 버지니아)에서는 임신중지에 대한 건강보험 보장이 제한되었다. 이외에도 메디케이드(Medicaid, 미국 저소득층을 위한 건강 보험 지원 제도-옮긴이) 보장을 받는 사람, 연방 공무원과 그 부양가족, 군인과 그 부양가족, 인디언 건강보험법 적용을 받는 원주민, 수감 여성들은 개인적으로 비용을 지불하지 못하면 임신중지 시술을 받을 수 없게 되었다.[2]

헨리 하이드가 1970년대 '하이드 수정안'을 위해 싸우면서 잘 알고 있었듯이, 그의 제안은 임신중지를 보호해야 할 사생활권의 약점을 공략했다. 또 **로우** 판결에서 확증된 여성의 사생활과 태아의 잠재적 생명이라는 국가의 두 가지 이해관계 사이의 균형에 호소했다. 여성들에게 임신중지라는 선택지가 여전히 '허용됐기'에 사생활권은 인정됐으나 이 선택을 실행하는 데 연방 기금을 이용할 수는 없었다. 물론 하이드는 정확히 이 점을 의도했다. 개정법은 연방 기금에 의존하는 사람들, 주로 흑인과 원주민 여성, 저소득층 여성, 유색 인종 여성들이 법적으로 인정된 임신중지에 거의 접근할 수 없도록 했다. 하이드도 이렇게 말했다. '물론 합법적으로 가능하다면 부유한 여성, 중산층 여성, 가난한 여성 등 그 누구도 임신을 중지할 수 없게 막고 싶었다. 안타깝게도 유일한 수단은 메디케이드 청구서 뿐이다.'

로우 판결 이후 수십 년 동안 임신중지권에 대한 미국 대중과 정치권의 지지는 지역과 당파적 노선에 따라 크게 갈렸다. 임신중지 반대 입법부가 있는 주, 즉 정치적·사회적으로 임신중지에 반대하려는 동기가 강한 주(조지아, 미시시피, 텍사스, 앨라배마 등)에서는 임신중지가 불가능하지는 않더라도 접근하기 매우 어렵게 만드는 조치를 계속 통과시켰다. 이를테면 임신중지 시술기관 선별규제법은 임신중지에 반대하는 주의회가 환자 안전을 위한다는 명목으로 의료 기관의 임신중지 시술을 점점 더 어렵게 만들 목적으로 통과시킨 조치였다. 이 법은 임신중지를 시술하는 방의 최소 규격과 같이 임신한 사람을 보호하는 일과는 아무 관련이 없는 온갖 임신중지 규제 요건들을 규정하고 있다.

임신중지 반대 활동가와 주 의회들은 임신 종결 방식에 대한 접근을 막는 새로운 방법을 계속해서 찾았다. 2021년에는 텍사스 심장박동법*이 시행되었다. 이 법은 6주 이후 모든 임신중지를 금지했고, 발효되기 전에 위헌 판결을 받을 수 있는 소송을 회피하려는 명확한 의도로 세심하게 설계되었다. 간단히 말해 이 법은 주 정부 또는 공무원이 집행하지 못하도록 설계되었다. 그렇지 않으면 법이 발효되기 전에 위헌인 법을 집행한다는 이유로 공무원이 고소당할 수도 있었다. 대신 이 법은 6주 후에 임신중지를 시행한 사람과 누구든 임신중지 시행 또는 유도를 돕거나 부추기는 행위에 고의로 관여한 사람을 상대로, 시민 개인이 소

* **텍사스 심장박동법** Texas Bill SB8, 태아의 심장 박동이 시작되는 대략적 시기를 근거로 임신중지 금지 시기를 설정한 법이라는 의미.

송을 제기할 수 있게 하고 최소 1만 달러를 청구할 수 있도록 했다. 이 법은 주 정부가 노골적으로 임신중지를 금지할 경우 **로우** 판례의 임신중지권 보호를 위반하게 되므로, 6주 이후 임신중지를 시행한 기관에서부터 친구한테 임신중지를 받게 한 사람들에 이르기까지, 모든 텍사스 주민을 정보원으로 만들어 감시하게 하려는 것이 본질이다. 법이 시행된지 1개월 만에 텍사스에서는 임신중지가 60퍼센트나 감소했지만, 경제적 여유가 있는 사람들이 고향에서 받을 수 없는 시술을 받기 위해 다른 지역으로 이동하면서, 이후 인근 주에서는 임신중지가 증가한 것으로 나타났다. 2022년 6월, **도브스 대 잭슨 여성건강기구**Dobbs v. Jackson Women's Health Organization 사건에 대한 대법원 판결문에서는 임신중지에 대한 헌법상 권리가 미국에는 없으므로, **로우** 판결과 그 이후의 판례들로 간신히 지탱하고 있던 보호 조치들이 결코 유지되어서는 안 된다고 보았다. 이 판결 이후 미국 26개 주에서는 임신중지를 전면 금지하는 움직임이 일었으며, 13개 주에서는 법원 결정이 난 즉시 금지 효력을 발휘하도록 설계된 '촉발법trigger laws'이 제정될 거라고 굿마허 연구소(재생산 정책 연구 센터)는 예측했다.

일부 평론가들은 인공자궁이 미국의 임신중지권에 새로운 도전이 될 거라고 말하지만, **로우** 판결의 한계와 이후 미국 사회에서 이어진 재생산권에 대한 공격과 임신중지권에 대한 법적 보호가 번복된 일을 감안하면, 이 권리가 수십 년간 억압 받아왔다고 말하는 편이 더 정확할 것이다. 이와 달리 인공자궁을 임신중지의 '종말'이라고 생각해 온 생명윤리 학자들은 잘 알고 있듯이, 임신한 사람의 이해와 태아의 생존 역량 사이의 균형으로 임신중지권을 규정하는 곳에서는 인공자궁 기술이 임신중지의 법적 허용 범위를 더 제한하려고 동원된 또 다른 도구일 가능성이 크다. 간단히 말해 임신중지를 보호하는 법체계가 부실하고 강경한 임신중지 반대론자들이 정치적 영향력을 행사하는 사법 관할권에서는 인공자궁이 위협적일 수 있다.

사람들이 자기만의 방식으로 임신을 종결하는 능력에 의문을 제기하는 용도로, 이 기술이 더 이상 사용되지 않으리라고 확신할 수 있으려면 임신중지와 관련된 법이 어떻게 바뀌어야 할까? 2018년 여름, 나는 런던의 답답한 회의실 안에서 어느 생명윤리학자가 '인공자궁이 있었더라면 여성들의 임신중지가 허용되었을까요'라고 묻는 모습을 다시 한번 목격했다. 그는 윤리적 관점에서 누군가에게 자신의 의사에 반해 임신을 이어가도록 강요하는 일은 정의롭지 못하므로 임신중지가 허용 가능하다는 설명을 이어갔다. 하지만 인공자궁이 도입되면 여성들은 태아의 목숨을 끊지 않고 자기 몸에서 인공자궁으로 옮길 수 있으므로 임신을 종결하기보다는 그렇게 하도록 도덕적으로 강요를 받을 수 있다. 그는 현재 상황에서는 남성이 여성의 임신 종결을 막으려 하는 일이 비윤리적일 수 있지만, 인공자궁이 있다면 양쪽 배우자가 태아에 대해 동등한 권리를 가질 수 있다고 말했다.

회의실 바깥에는, 언제든 합법적으로 자유롭게 임신중지를 가능하게 해달라는 시위가 진행되고 있었다. 당시 트럼프의 통치를 등에 업고 대담해진 주 의회가 임신중지에 접근할 기회를 조금씩 줄이면서, 미국 전역에서 임신한 사람들은 재생산의 자율성을 새삼 위협받고 있었다. 아일랜드 공화국에서 일었던 '8차 수정조항 폐지' 운동은 임신한 사람들의 생명보다는 태아의 생명을 우선시하는 구시대적 법 조항을 폐지하기 위한 투표에 승리하면서, 자기 결정권을 인정받기 위한 오랜 투쟁에 기념비적 성과를 남겼다. 아르헨티나에서는 임신중지를 엄격히 제한하는 법을 철폐하기 위해 활동가들이 단결했고, 상원 표결에서 가까스로 무효화되었지만 사회에 상당한 반향을 남겼다. 회의 참석자들은 임신중지권이 종식될 수 있는 미래 기술에 대한 가상의 이야기를 들었다. 그사이에 전 세계에서는 사람들이 인공자궁이 없는 데도 기존의 임신중지 규제 때문에 계속해서 사망하고, 다치고, 범죄 위험에 내몰리고 있었다. 아일랜드처럼 런던 회의실에서 비행기로 1시간 거리에 있는 가까운 곳도 있었다. 2012년, 31세 사비타 할라파나바르Savita Halappanavar는 유산이 임박한 상황에서 임신 종결 시술을 거부당해 패혈증으로 사망했다. 아르헨티나에서는 상원 표결 후 얼마 되지 않은 2018년 8월 엘리자베스라고만 알려진 젊은 여성이 혼자서 임신중지를 시도하다 사망했다.

임신중지가 불법이거나 거의 불법이나 마찬가지인 곳에서는 자살 또는 부주의로 태아를 죽일 수 있다는 이유로 치료를 거부당해 임신한 사람들이 사망했다. 이런 죽음은 예방할 수 있는 일이다. 1980년대 이후 임신중지 방식이 그 어느 때보다 안전해졌기 때문에 이런 실태가 더욱 비극적으로 다가온다. 1960년대와 1970년대에 미국이나 잉글랜드 같은 나라의 임신중지 합법화 옹호자들은 지지를 얻어내기 위해 서툰 뒷골목 임신중지로 사망한 여성들의 이야기를 알렸다. 그러나 1980년대에는 미페프리스톤mifepristone, 미소프로스톨misoprostol 같은 알약을 복용하거나 삽입하기만 하면 되는 약물적 임신중지 방법이 보급되면서 임신을 종결하기가 그 어느 때보다 안전하고 쉬워졌다. 지금도 같은 방식으로 집에서 안전하게 임신을 종결할 수 있는 수단이 있다. 하지만 그럼에도 자신의 몸에 대한 자율성을 추구했다는 죄로 여성들이 죽거나 건강을 해치고, 아니면 범죄자로 고발당하고 있다.

2022년 현재 24개국에서는 어떤 경우에도 임신중지가 허용되지 않는다. 42개국에서는 시술을 받으려는 사람의 생명을 구하는 목적으로만 허용된다. 56개국에서는 생명이나 건강을 지키려는 목적으로만 허용된다. 그레이트브리튼Great Britain(영국, 스코틀랜드, 웨일즈를 통틀어 일컫는 말-옮긴이)을 포함하여 일반적으로 자유주의적 임신중지법을 두고 있다고 생각되는 14개국에서는 폭넓은 사회적·경제적 이유로 임신중지가 허용된다. 그렇지만 이중에는 그레이트브리튼을 포함하여 여전히 임신중지를 형법으로 관리하는 곳이 많다. 72개국에서는 환자의 요청에 따른 임신중지가 가능하다. 임신중지를 승인받기 위해 어떤 조건을 충족할 필요가 없다는 뜻이다. 이중 다수의 국가에서는 임신중지 제한이나 금지가 더 엄격하게 적용되는 재태 기간 제한을 두고 있다.

배아 연구에 대한 논란과 마찬가지로, 특정한 사법 관할권 내에서 임신중지가 범죄화되는지, 허용되는지는 그 지역의 지배적인 종교가 무엇이고, 이 종교 집단의 정치적 영향력이 얼마나 큰지 등 문화적 요인에 따라 달라진다. 잉글랜드에서는 영국의학협회, 왕립 산부인과 대학 같은 선도적 보건의료 종사자 단체가 환자의 요청에 따른 임신중지 시술을 보호할 것과 형사 제재를 전면 철폐할 것을 지지해 왔다. 캐나다에서는 (일부 지역에서는 재태 기간 제한이 있지만) 임신 기간 내내 임신중지가 범죄가 되지 않고 법으로 강력하게 보호받는다. 하지만 이렇게 임신중지에 대해 합의를 이루고 폭넓게 허용하는 사법 관할권 내에서도 임신중지 시술에 대한 정치적 입장은 당파적 노선에 따라 갈릴 때가 많다. 2020년 보수당 의원 피오나 브루스Fiona Bruce(초당적 의원 모임 내 임신중지 반대 그룹 의장)는 영국 전역에서 임신중지에 새로운 제한을 두는 법안을 발의했다. 이 법안은 하원의 첫 독회를 통과하지 못했다. 2020년 캐나다에서는 레슬린 루이스Leslyn Lewis 박사가 일부 임신중지 시술에 대해 새로운 금지정책을 도입하겠다는 공약을 내걸고 보수당 대표 선거에 출마했다. 이 두 사례는 자신을 여성 권리와 태아 권리의 옹호자로 내세울 목적으로 임신중지 반대 신화를 이용했다. 둘 다 실패한 시도였지만, 동료 보수주의자들의 지지를 얻었다. 나는 **로우** 판결이 번복된 뒤인 2022년 초여름 이 글을 다시 쓰기 시작했다. 재생산권이 언제나 정치와 얽혀 왔기 때문에, 이 책이 인쇄될 즈음에는 다시 한번 임신중지를 둘러싼 법적 보호의 지형이 달라질 것이라고 예상하면서 지금 나는 이 글을 쓰고 있다.

그럼에도 언제나 임신중지가 양당 간의 논쟁거리였던 것은 아니다. 초기에 임신중지가 범죄화된 이유를 살펴보면, 의사와 대중들이 임신중지 시술에 대한 접근성 보장을 널리 지지하는 국가에서조차 보수주의자들이 재생산권을 과거로 후퇴시키는 데 집착하는 이유를 보다 잘 알 수 있다. 1800년대 후반까지 임신중지는 살면서 당연하게 겪을 수 있는 일이었다. 혼외 성관계가 눈살을 찌푸릴 만한 일이고, 일부 지역에서는 금기일 때조차 그 지역의 산파와 여성들이 원치 않는 임신을 끝내기 위해 임신중지를 유도하는 방법을 알고 있었다는 것은 널리 알려진 사실이다. 2장에서 다루었듯이 18주 이후 여성에게 태아의 움직임이 느껴지는 '태동'이 있기 전에는 특별한 논란거리가 되지 않는다고 여기는 관행으로 임신중지가 허용되었던 것이다.

임신중지에 대한 형사 제재는 미국과 영국의 경우 1800년대 후반 무렵부터 명백하게 백인 우월주의와 여성 혐오주의로 주도되었다. 서유럽과 아메리카에서는 인구의 질을 개선한다며 우생학이 태동하고 있었으며, 부유한 백인들 사이 출산율 감소에 대한 두려움이 고개를 들면서 임신중지를 바라보는 관점이 달라졌다. 동시에 남성이 대다수였던 의사들은 여성들의 출산, 임신, 피임을 주로 맡아왔던 조산사와 지역사회 돌봄 제공자들로부터 권위를 빼앗고자 했다. 임신중지가 범죄화되자, 의도대로 재생산 관련 돌봄은 남성 의사들의 통제권 안에 놓이고, 상류층 여성들에게는 아내와 엄마 역할이 강화되는 이중 효과가 뒤따랐다. 초기 미국과 잉글랜드의 임신중지 금지 조치에서 긍정적인 면을 찾아본다면 임신중지가 위험할 수 있고, 섣부른 임신중지는 심각한 해를 입힐 수 있다는 점이었다. 그러나 결코 **모든** 임신중지 시술이 해를 입히지는 않았으며, 임신중지가 더 안전해지기보다는 임신중지의 범죄화로 음성화되는 결과를 가져왔다. 임신중지를 형사법의 소관으로 만드는 일은 언제나 권력과 관련이 있었다.

2018년 그 과열된 회의실에서 인공자궁이 있으면 더 이상 임신중지가 허용될 수 없을 거라는 발상을 탐색하던 그 생명윤리학자는 그저 직업상 자신이 하는 일을 수행하고 있었을 뿐이다. 그는 임신중지가 금지되어야 한다는 자기 생각을 군이 드러내지 않고서도, 체외발생 기술이 도래할 경우 임신중지권이 어떻게 될지 상상하며 철학적 사고실험을 수행하고 있었다. 하지만 이 학자가 사고실험에 사용한 즉물적material이고 비가설적인non-hypothetical 방식(즉 태아가 여성의 몸에 의존하지 않고도 계속 살아남아 자랄 수 있다면 여성들에게는 임신중지를 허용하지 않을 수 있고, 아버지들에게도 태아에 대해 동등한 권리가 있다는 생각)에는 임신중지에 대한 접근성을 떨어뜨리고, 여성들을 범죄화하고, 돌봄을 차단하여 실제로 피해를 초래한 수년간 효과를 발휘해 온 주장이 담겨 있다. 물론 이때도 인공자궁이 제기되지 않는 상황에서 나온 주장이다. 이 사고실험에는 임신중지가 이루어져서는 안 된다고 집단적으로 동의하는 '우리'가 존재한다는 가정이 전제되어 있다. 임신중지가 도덕적 딜레마라는 데 모든 사람이 동의하리라고 가정한 것이다. 심지어 여기에는 임신중지 합법화에 찬성하는 사람들조차 몸에 대한 자율성을 보호할 수 있는 다른 대안을 찾을 수만 있다면 임신을 중지하지 않으려 할 것이라고 전제한다.

앞으로 임신중지가 없어질 거라고 예상하는 전문가들이 내놓은 경솔한 의견과 달리, 우리 중에는 임신중지가 정치적 사안도 도덕적 잘못도 아닌 필수 보건의료 서비스라고 생각하는 사람들도 많다. 합법적이고 자유롭게 접근 가능한 안전한 임신중지를 요구하는 운동에 참여해 본 사람이라면, 아니면 그저 사람들에게 선택할 권리가 있어야 한다고 믿는 사람일지라도 이 기술이 임신중지를 둘러싼 싸움의 귀결이라고는 보지 않을 것이다. 대신 이 싸움의 끝은 모든 사람이 자기 몸에 대한 자율성을 인정받는 세상일 것이다. 또 범죄화나 부상의 위험 없이 모든 형태의 재생산 돌봄에 자유롭게 접근할 수 있는 세상, 자기만의 방식으로 재생산에 관련된 사안을 결정하는 사람이 정치적 논쟁에 내몰리지 않는 세상일 것이다. 즉 임신중지 '논쟁'은 더 이상 임신중지로 낙인찍지 않는 곳에 이르러서야 끝날 것이다. 그때는 더 이상 임신중지가 형사법의 소관으로 분류되지 않을 것이다. 또 재생산 돌봄에 대한 접근성이 확보되어 그저 당연히 받아들일 수 있는 보건의료 서비스가 될 것이다. 임신중지가 더 이상 신랄한 논평이나 항의, 연설의 소재로 여겨지지도 않을 것이다.

임신한 사람들의 건강과 자기 결정권을 중요시하는 페미니스트 관점에서 볼 때, 인공자궁이 임신중지의 반가운 대안이라는 생각에는 매우 분명한 몇 가지 문제가 있다. 법학자 에밀리 잭슨 Emily Jackson이 적절하게 포착했듯이, 다른 무엇보다도 "임신중지가 불법이거나 불가능한 곳에서도 여성들은 원치 않는 임신을 지속하지 않는다."[3] 임신중지가 불법이거나 접근하기 어려운 곳에서도 임신한 사람들은 심각한 정서적·재정적·신체적·법적 장벽에 부딪히면서까지 계속 임신을 종결할 방법을 찾아다닌다. 체외발생이 임신중지의 '종식'을 불러올 것이라고 주장하는 사람들은 임신을 끝내려는 사람이라면 누구나 태아를 인공자궁으로 옮기는 선택지를 임신중지와 동등하게 받아들일 것이라고 가정한다. 하지만 사람의 몸에서 임신이 시작되는 한, 여전히 임신을 종결하고 싶은 사람이 있을 것이다.

이렇게 상상해보자. 여러분은 방금 임신한 사실을 알게 되었다. 언젠가는 아기를 원하겠지만, 당장은 그렇지 않다. 누군가가, 당신이 원한다면 임신을 끝낼 수 있지만 태아는 인공자궁으로 옮겨가 계속 자랄 수 있도록 자궁에서 적출된다고 이야기해준다. 내게서 비롯된 원치 않았던 아이가 다른 곳에서 혼자 계속 자란다니, 이런 일은 생각해 본 적이 없다. 언젠가는 아이가 왜 나를 기계에서 자라게 했는지 알고 싶다고 연락해 온다면 어떻게 될까? 인공자궁에서 자라는 동안 무언가 끔찍한 일이 일어나서 당신이 책임감을 느낀다면? 당신과 태아의 또 다른 유전적 부모는 관계가 좋지 않다. 임신이 진행되는 동안 그들이 친권을 주장한다면? 태아가 자라는 동안 치료에 관여했을지 모를 두 사람이 함께 아는 친구나 동료라면 어떻게 처신해야 할까? 당신에게서 비롯된 태아가 지금 인공자궁에서 자라고 있고, 이 태아의 이식을 도와준 간호사가 여전히 그 일을 하는지 잘 모르고 있다가, 식료품점에서 이 간호사와 우연히 마주친다면 어떨까?

인공자궁이 임신중지의 정당성과 필요성을 일소할 것이라는 생각의 이면에는 물리적으로 임신을 종결하려는 욕구만이 이 시술을 받으려는 유일한 합리적인 임신중지 동기라는 가정이 깔려 있다. 결국 무엇을 선택하든 당사자가 결정을 내릴 때는 '내가 임신을 원하는지, 혹은 원하지 않는지'보다 훨씬 더 복잡한 사안들을 가늠하게 될 것이다. 임신중지를 받으려는 사람들에게 보편적인 이유 따위는 없다. 임신중지를 도덕적 문제가 아닌 필수불가결한 보건의료 서비스로 이해하기 위해, 보다 중요한 점은 임신중지를 선택하는 사람이 처음부터 그에 대한 정당한 사유를 제시해야 한다는 생각 자체를 거부한다는 사실이다. 원했든 원치 않았든 사람의 몸에서 진행되는 임신은 그 사람의 신체적·정신적 경험이 수반된다는 점에서 체외발생과는 근본적으로 차이가 있다. 임신중지를 보건의료 서비스로 인식하고 긍정적으로 다루는 법체계는 상황에 따라 필요도 달라진다는 인식에서 출발하는 유연성과 융통성을 발휘할 것이다. 페미니스트 법학자 사라 랭포드 Sarah Langford는 인공자궁이 임신중지의 '해법'이라는 발상이 임신한 사람들을 '사람이 아니라 태아 인큐베이터'로 규정하는, 믿기 힘든 비인간적인 발상이라고 지적했다. '태아를 단순히 한 인큐베이터(여성의 몸)에서 다른 인큐베이터(가짜 자궁)으로 옮기면 된다고 전제한다'는 이야기이다.[4] 임신한 사람의 몸과 인공자궁을 완전한 등가물로 간주하기 위해서는 임신한 사람의 욕구, 필요, 이해를 삭제해야만 한다.

바로 이 지점에서 임신중지 반대 진영과 임신중지 합법화 진영이 태아의 죽음을 막을 인공자궁을 한마음으로 환영할 거라는 생각이 무너진다. 본질적으로 이런 주장은 '선택'과 '자율성'의 실제 의미를 아주 협소하게 이해한 데서 기인한다. 임신중지권을 보호하는 사회는 임신중지를 받을 수 있다는 사실이 기본적인 자율성을 행사할 권리의 일부라는 이유로 그렇게 한다. 인공자궁을 환영할 만한 임신중지의 대안으로 제시하는 사람들은 이 기술이 임신한 사람의 몸에서 태아를 제거할 수 있게 해주므로, 태아의 생명도 지키고 (원치 않는 임신을 종결시킴으로써) 자율성을 존중받을 권리를 보호해줄 것이라고 주장한다. 하지만 이때의 '자율성'과 '선택'은 다른 방식으로 이해할 수 있다. 사전적 의미의 '자율성'은 자기 지배, 독립, 자유이다. 선택은 자신에게 가장 적합한 일련의 행위를 선택하는 능력으로 자율성을 행사하는 일이다. 인공자궁이 임신중지의 정당성과 필요를 종식할 도구라고 주장하는 사람들은 자율성을 신체적 의미로만 이해함으로써 사람이 임신하거나 임신하지 않기로 선택할 수 있다고 본다. 여기서 신체적 자율성은 임신을 종결하거나 지속할 수 있는 능력이 된다. 이렇게 주장하는 사람들은 일단 태아가 임신한 사람의 몸에 의존하지 않게 되면 그 사람의 자율성과 관련이 없어진다고 생각한다. 하지만 자율성을 자기 몸에서 벌어지는 일을 선택할 수 있는 능력으로만 이해하더라도, 누군가에게 태아를 죽게 하는 대신 들어내어 체외발생으로 옮기라고 요구하는 일은 신체를 침해할 소지가 상당히 높다.

1970년대부터 1990년대까지의 임신중지 시술은 대부분 간단한 확장소파술 또는 흡입술이었다. 2010년대에는 대부분 약물 임신중지로, 아주 이른 시기에 시행된다. 이 장의 앞부분에서 언급했듯이 몇몇 예외를 제외하면 많은 경우 24시간 동안 알약 2알을 먹고 집에서 관리할 수 있는 회복기를 갖는다는 의미이다. 태아를 적출하여 인공자궁으로 옮기는 시술이 임신을 종결하는 시술이나 마찬가지라는 생각은 매우 시대착오적인 발상이다. 현재 인공자궁은 재태 기간이 22주에서 24주인 태아를 위해 개발되고 있다. 따라서 시간이 지나면서 이 재태 기간이 20주, 17주, 혹은 15주까지 앞당겨지더라도, 사람의 몸에서 태아를 온전히 들어내어 인공자궁으로 옮기는 시술은 알약 두 알 복용하는 일보다는 훨씬 더 침습적인 일임을 미루어 짐작할 수 있다. 짐작하건대, 임신한 사람은 인공자궁으로 태아의 생명이 안전하게 보전될 수 있을 때까지 임신을 이어가야 할 것이다. 신체적 자율성을 보호한다는 면에서 임신 초기에 임신중지약을 복용하는 일과, 이식이 가능해질 때까지 임신을 유지하다가 태아를 분만하거나 외과적으로 들어내야 하는 일에는 분명 큰 차이가 있다.

논의의 편의를 위해 미래에는 이 두 가지 방식이 사실상 같은 시점에서 만나는 일이 가능해진다고 가정해 보자. 아기를 지우는 임신중지는 알약을 두 알 복용하면 되고, '태아 이전'은 더 이상 침습적인 시술이 아니다. 설령 그렇더라도 '인공자궁이 임신중지의 대안'이라는 주장은 '자율성'과 '선택'의 실제 의미를 매우 환원적인 관점에서 바라본다. 임신한 사람의 자기 결정권을 진정 보호하는 방법은 재생산의 다양한 선택지 중 자신에게 가장 적합한 방식을 선택할 수 있는 권리와 자원을 부여하는 일일 것이다. 임신중지뿐 아니라 이들이 받아들일 만한 종류의 임신중지 시술에 대해서도 접근성을 보장하는 일일 것이다. 에밀리 잭슨Emily Jackson이 주장했듯이 임신중지와 관련된 결정에서 자율성이란 단순히 "원치 않는 침입으로부터 자유로울 권리에 국한되지 않고 개개인이 자신의 가치, 신념, 욕구에 따라 자신의 목표를 추구할 수 있어야 한다는 생각"과 관련이 있다.[5] 누군가가 임신중지를 원할 때 체외발생만이 유일한 선택지로 제시된다면 그 사람의 '가치, 신념, 욕구'에 따라 결정할 수 있는 자원을 차단하는 일이 될 것이다. 태아를 인공자궁으로 옮기고 다른 사람 또는 여러 사람이 돌봄을 이어가게 하는 시나리오를 아무도 선호하지 **않는다**는 이야기가 아니다. 그렇지만 인공자궁을 선택지의 하나로 제시하는 것과 임신을 종결하려는 사람에게 이 기술을 사용해야 한다고 의무화하는 것은 다르다.

지금 우리가 사는 불평등한 세상에서는 아기를 지우는 방식의 임신중지 대신, 태아 이식이라는 '선택지'를 열어두는 일조차 심각한 해악을 초래할 수 있다. 앞서 몇 장에 걸쳐 살펴봤듯이 효과적인 인공자궁을 만들기가 쉽지 않다는 점과 체외발생 기술이 고가이고 쉽게 이용할 수 없으리라는 점을 모두 고려하면, 인공자궁으로 임신 중절을 완전히 대체할 수 있다는 생각은 상당한

비약을 거쳐야 한다. 계획적으로 임신했다가 조산으로 태어나는 아기를 위해 개발되는 인공자궁 기술을, 임신중지를 원하는 사람들 모두가 널리 이용할 수 있게 될 가능성은 지극히 낮다. 임신중지와 함께 인공자궁으로 태아를 이전하는 방법이 결국 한 가지 대안으로 제시된다면, 접근성이 계층화된다는 시나리오가 가장 유력할 것이다.

캐나다와 같이 임신 기간 내내 임신중지가 합법인 사법 관할권에서도 임신중지에 대한 접근성은 공평하지 않다. 몇몇 주에는 임신중지 시술 기관이 드물어 농촌과 외딴 지역에 사는 경우 장거리를 이동해야만 한다. 법적 제한뿐 아니라 지리적 제한이나 경제적 제한도 임신중지 접근성에 상당한 영향을 미친다. 임신중지에 더해 인공자궁이라는 선택지가 제시된다면 돌봄에 대한 기존의 불평등한 양상이 재현될 가능성도 크다. 임신중지 금지법이 시행되고 있는 사법 관할권의 경우 임신 종결에 대한 접근성은 보장하지 않은 채 인공자궁을 이용하게 할 수도 있다. 필요한 자원이 확보된 사람들은 나름대로 임신을 종결할 방법을 찾을 수 있겠지만, 그 나머지 사람들은 인공자궁을 사용하는 것과, 임신중지가 가능한 곳을 찾아 여행하거나 건강을 해칠 위험을 무릅쓰고 임신중지를 시도하고, 아니면 자가 임신중지로 범죄자가 되는 것 중에서 '선택'을 강요당할 수 있다. 의료체계에서 소외되고 과잉 단속의 대상이 되는 사람들이야말로 이미 걸림돌에 걸려 임신중지에 접근하지 못할 가능성이 가장 크다. 흑인과 원주민 여성, 유색 인종 여성, 사회경제적 지위가 낮은 여성, 나이가 어린 사람들, 퀴어, 임신한 트랜스젠더와 논바이너리가 그에 해당한다. 임신중지의 '대안'으로 제시되는 인공자궁은 또 다른 걸림돌이 될 것이다. 자원을 많이 가진 사람들에게는 받고 싶은 임신중지의 선택지가 늘어날 수 있는 반면, 자원이 매우 부족한 사람들은 임신을 이어가거나 인공자궁을 이용하도록 강요당할 수 있다는 점에서 기존의 상황을 악화시킬 수 있다.

물론 그다음 문제는 체외발생으로 태어난 아이들이 자신을 낳지 않으려 했던 사람들로부터 기꺼이 제거되었든 강요로 제거되었든, 과연 어떤 일을 겪게 될 것인지 이다. 누가 이 아기들을 책임지게 될까? 입양을 준비한다면 몇째 주에 예비 부모를 찾아야 할까? 이들을 품은 인공자궁은 어디에 둘 것이며, 문제가 발생하면 누가 책임지게 될까? 아기를 품는 일이 그저 아기를 담을 용기를 찾는 일만큼 간단하다는 가정에는 임신한 사람들을 업신여기는 시각도 뚜렷이 담겨 있다. 임신을 이어가고 싶지 않으면 태아를 인공자궁으로 옮기면 된다고 말하는 평론가들은 이 아이들에 대해 누가 무엇을 책임질 것이냐 하는 꽤 중요한 질문에 대해서는 미심쩍다는 듯이 침묵하는 경우가 많다. 사실 사람의 몸 안에서 자라든 인공자궁 안에서 자라든, 태아는 절대 독립체가 될 수 없다. 인공자궁이 있으면 태아를 자율적 존재, 즉 모든 권리를 보유한 인격으로 대우할 수 있다는 생각은 안타깝게도 아기를 돌보는 데 들어가는, 흔히 젠더화된 노고를 오랫동안 묵살해 온 문화를 대변한다.

인공자궁을 언급하는 평론가들은 어찌 이리 쉽게 임신한 사람의 몸이 방해만 되지만 않는다면 태아가 독립적인 인간이 될 수 있을 거라고 가정할까? 이 논리의 좋은 예는 1980년대에 최초로 인공자궁이 임신중지를 종식시킬 것이라는 주장을 내놓은 생명윤리학자 피터 싱어Peter Singer와 딘 웰즈Deane Wells의 연구에서 찾아볼 수 있다. 두 사람은 태아를 적출하여 인공자궁으로 이전하도록 의무화하면 "태아를 해치지 않는 임신중지가 가능해지고, 이렇게 되면 그 태아 또는 신생아는 입양시키면 된다"고 주장했다.[6] 싱어와 웰즈는 태아가 엄마의 자궁에서 제거된 이후에는 '갓난 아기', 즉 법적 인격이 된다고 본 것이다. 하지만 인공자궁 안에 있다고 해도 태아는 아직 아기가 아니다.

태아는 아직 자궁 밖에서 생존할 수 있는 능력을 발달시키고 있는 상태로, 품어주는 곳에 전적으로 의존하는 존재이다. 태아가 사람의 몸 안에서 자라는 동안에는 생명을 이어가는 데 필요한 것을 모두 사람이 제공한다. 그리고 인공자궁 안에서 자라는 동안에는 기술뿐 아니라 간호사든, 의사든, 기술자든 그 과정을 관찰하는 사람들이 태아를 돌본다. 미래 어느 시점에 인공자궁이 임신을 완전히 복제할 수 있으리라고 상상할 수 있겠지만,

어떤 형태든 인간의 관리 감독이 늘 필요할 가능성은 남아 있다. 체외발생으로 자라는 동안, 누가 이 태아들을 돌보게 될까?

세계보건기구는 해마다 전 세계에서 4천만에서 5천만 건의 임신중지가 이루어진다고 추정한다. 매일 12만 5천 건씩 임신중지가 이루어진다고 알려진 바로 그 수치이다. 언제나 불법 임신중지에 대한 수요가 있다는 점을 감안하면 실제 일어나는 건수는 훨씬 더 많을 것이다. 우리는 임신한 사람들이 원치 않았던 모든 태아를 돌봐야 한다는 망막한 문제에 누군가 입양을 원할 것이라고 쉽게 대답해서는 안 된다. 다른 가족이 나서는 상황도 있겠지만, 아기가 만삭까지 자랐을 때 돌봐줄 사람이 아무도 없는 상황이 벌어질 수도 있다. 원치 않았던 태아들을 전부 체외발생으로 키우는 데 필요한 기반 시설의 마련도 기계와 인력 모두에서 고비용이 수반될 것이다. 이 태아들은 국가가 운영하는 병동에서 자라게 될까, 아니면 인공자궁으로 이전하기 전에 각자 돌봐줄 사람을 찾아야 할까? 인공자궁이 임신중지를 대체할 것이라는 태평한 주장에서 감정이 복받치는 이 같은 질문들이 자주 빠져 있다는 사실은, 이런 주장을 제기하는 저자들이 아기를 임신하고 태어난 아기를 돌보는 데 무엇이 필요한지에 대해 얼마나 관심이 없는지를 나타낸다.

이들은 임신을 이어 나갈지 결정해야 할 때 무엇을 고려하게 되는지에 너무나 관심이 없다. 이런 발상이 앞뒤가 딱 들어맞는다고 가정하는 것은 임신과 부모 역할이 고된 일이라는 사실을, 또 종종 자원이 부족한 상황에서 혼자 하는 고독한 일이라는 것을 인정하지 않는 우리 사회의 현실을 보여준다. 인공자궁에 있는 태아가 단순히 출산하게 될 것이라는 손쉬운 가정도 수많은 임신한 사람들과 부모들이 여전히 고군분투하는 상황과 잔인한 대비를 이룬다. 이민자와 흑인 자녀, 원주민과 노동계급 부모를 둔 아이들이 지원 없이 방치되기만 하는 게 아니라 종종 폭력의 표적이 되는 세상에서, 임신중지로 적출된 태아들을 체외발생으로 길러낼 기반 시설을 만드는 일이 명백하게 사회에 이익이 된다는 단순한 생각이야말로 불합리한 가정이다.

2020년 영국 토리당 정부는 학교에서 배고프게 지내는 아이들에게 무료로 제공되는 점심 지원금을 거부하고는 크게 환호했다. 같은 해 미국에서는 최소 545명의 어린이가 강제 추방된 부모와 헤어졌고, 이어서 국가가 이들의 정보를 기록하지 못해 실종되었다. 대법원이 **로우** 판결을 번복하고 강제 임신을 승인한 바로 그달에, 미국 전역에서는 사람들이 아기한테 먹이는 분유 부족 사태로 고군분투해야 했다. 세계에서 가장 부유한 국가가 이런 방식으로 소수 집단의 어린이와 부모들에게 지속적으로 해를 끼치고 있는 실상을 생각할 때, 임신중지로 적출된 태아를 인공자궁으로 옮겨 생명을 보존하는 일이 생명을 존중하거나 아기를 '구하는 일'과는 무관하다는 사실을 알 수 있다. 만일 인공자궁

'해법'을 환영하는 오늘날의 임신중지 반대 운동가들이 진정 여기에 가치를 두었더라면, 아기를 살릴 수 있는 수단을 차단당한 부모의 아기들 또는 국가의 만행으로 이미 피해자가 된 아기들을 보호하기 위해 힘을 합쳐 싸웠을 것이다. 하지만 이 일은 언제나 그래왔듯이 젠더화된 몸을 통제하는 일과도 관련이 있다.

임신중지의 강제적 대안으로 인공자궁이 임신한 사람들의 재생산에 관련된 자기 결정권을 침해하는 방식을 모두 고려하는 것만으로도 우리는 충분히 결론을 내릴 수 있다. 그렇지만 동시에 이 문제에서는 태아의 잠재적 생명에만 관심 있어 보이는 사람들도 잠시 멈추어야 할 것이다. 태아는 아직 사람으로 볼 수 없지만 앞으로는 될 수 있다. 어떻게 체외발생으로 태어난 아이에게 너는 부모가 임신중지를 하려다 강요에 의해 인공자궁으로 옮긴 아기였기 때문에 부모가 없다고 설명하겠는가?

캘리포니아 샌프란시스코 대학은 2010년부터 임신중지를 거절당한 미국 여성들의 경험을 시간의 흐름에 따라 추적한 임신중지 거절 연구Turnaway Study 결과를 2018년에 발표했다. 연구자들은 미국에서 매년 약 4천 명의 여성이 임신중지를 거절당한다고 추정했다. 한 가지 놀라운 점은 이 여성들의 90퍼센트가 입양을 반대했다는 사실이다. 이 결과는 우리가 이미 알았어야 하는 사실, 즉 아기를 입양시키는 일과 임신중지는 같지 않다는 사실을 보여준다. 또 임신중지를 원하는 사람들이 결국 아기를 지우는 일보다는 입양시키는 일에 더 가까운 인공자궁이라는 대안을 어떻게 받아들일지 시사할 수도 있다. 그런데 임신중지를 거절당한 사람이 아기를 입양 보낸 경우, 그 입양인은 자신의 태생을 알 권리가 있을까? 성인이 된 미국의 입양인들은, 유전적인 가족과 함께 자란 대다수의 사람들이 당연하게 여기는 자기 역사에 대한 정보에 접근할 권리를 얻기 위해 단체를 결성했다. 자기를 낳은 부모가 누구인지, 자기를 만나고 싶어 할 친척이 살아있는지 아는 것이 바로 그에 해당한다. 출생증명서와 입양 기록, 자기 삶에 영향을 미칠지 모를 가족의 질병 및 사회력에 접근할 수 있는 권리, 그리고 자신의 생물학적 친척들을 형성한 문화와 입양 당시의 상황, 세대 트라우마(generational trauma, 한 세대에서 다음 세대로 이어지는 트라우마-편집자), 자신과 자기 아이들에게 영향을 미칠 수 있는 유전적 조건에 대한 이해도 그에 해당한다. 이 정보를 들여다보고 싶지 않은 사람들도 있을 것이다. 복잡하고 때때로 일어나는 강제 입양 상황을 감안하면, 입양인들 모두가 이런 바람을 품고 있다고 가정할 수는 없다. 그렇다면 인공자궁에서 태어난 아기들은 자신의 유전적 부모가 임신 또는 태아 이전 중에서 선택해야 했다는 이야기를 듣게 될까? 자기 핏줄을 찾으려다 부모가 임신중지를 거절당하는 바람에 자기가 체외발생으로 임신되었다는 사실을 알게 된다면 어떤 기분이 들지 생각해 보라.

인공자궁을 임신중지의 대안으로 주창하는 법학자, 신문해 설위원, 정치인의 말을 가볍게 여기고 싶은 마음도 있다. 지금까지 살펴본 모든 이유 때문이라도, 임신중지를 보건의료 서비스로 보는 관점에서 본다면 이들의 주장을 결코 받아들일 수 없다. 그런데 왜 이들의 주장은 환대를 받는 것일까? 아무리 혐오스러운 발상이라 해도, 임신중지가 여전히 형사법으로 관리되거나 중요한 인권으로 인정받지 못하고 규제되는 곳에서는 인공자궁이 임신중지에 대한 **법적** 보호를 확보하는 데 도전이 될 수도 있다는 의미에서 안타깝게도 이들의 주장은 옳다. 그렇다고 이 기술이 도입된 후 재생산권에 대한 제약을 우리가 그저 받아들여야 한다는 뜻은 아니며, 오히려 현재 많은 국가에서 임신중지가 충분히 보호받지 못하고 있다는 의미이다.

임신중지는 모든 법적인 상황에서 똑같은 방식으로 다루어지지 않는다. 어떤 사법 관할권에서는 인공자궁이 재생산권을 위협할지 여부가 특정 요인들의 조합에 따라 달라질 가능성이 크다. 임신중지를 형사법으로 다룰지, 태아에게 독립적 생명이 될 역량이 있다고 간주하고 임신중지를 제한할지, 임신중지와 관련하여 어떤 정치적, 문화적, 법적 태도가 우세한지 등이 그에 해당한다. 도미니카 공화국, 이라크, 이집트처럼 임신중지를 전면 금지하는 국가에서는 아직 임신중지권을 법으로 보호하지 않기 때문에 인공자궁이 미치는 영향도 거의 없을 수 있다. 하지만 임신중지를 형법으로 규제하면서 특정 상황에서만 허용하는 국가에서는 인공자궁이 법적 보호를 무력화시킬 가능성이 있다.

인공자궁 임상시험은 몇 년 안에 준비를 마치리라고 예상된다. 나는 2022년 봄 이 글을 쓰면서, 미국법은 인공자궁에서 자라는 태아가 살 수 없다고 판명되더라도 임신한 사람의 사생활과 태아의 생명이라는 두 이해관계의 균형을 내세워 여전히 인공자궁 기술을 활용하는 임신중지 제한을 허용할 수도 있겠다고 생각했다. **가족계획연맹 대 케이시**Planned Parenthood v. Casey 사건에서 대법원은 주 정부가 임신 초기라도 주 차원의 임신중지 제한을 시작함으로써 태아의 생명에 관심을 드러낼 수 있다고 재차 강조했다. 법원은 이러한 균형을 명확히 하기 위해 '지나친 부담' 기준*을 정했다. 그리고 '태아에게 생존 능력이 생기기 전에 임신을 중지하려는 여성들 앞에 실질적인 걸림돌을 두려는 것이 규제의 목적 또는 효과라면, 지나친 부담이 존재하므로 법률 조항은 무효다'라고 판단했다. 다시 말해 주 정부는 임신한 사람에게 '지나친 부담'을 지우지 않는 한, 태아가 생존 능력을 갖추기 전에 시행되는 임신중지를 제한할 수 있었다. 태아가 생존 능력을 갖추기 전에 임신중지를 전면 금지하는 일이야말로 임신중지를 받으려는 사람의 앞길에 실질적인 걸림돌을 두는 일일 것이다. 그렇지 않다면 태아가 인공자궁에서 생존할 수 있다는 가능성만 있어도, 임

---

* **'지나친 부담' 기준** [참고] https://www.hani.co.kr/arti/international/international_general/572478.html

신중지를 반대하는 주 의회가 태아를 죽이는 방식의 임신중지를 금지할 수 있다는 뜻일 수도 있다. 실제로는 언제나 가능하지 않더라도 원론적으로 인공자궁을 사용할 수 있게 된다면, 법적으로 이런 금지는 임신 초기에도 실질적인 걸림돌로 간주되지 않을 수 있다. 이론적으로 보면 임신중지를 받으려는 사람에게는 태아를 적출하여 인공자궁으로 이식하는 선택지가 있기 때문이다. 임신한 사람들이 지역의 임신중지 시술기관에 접근하지 못하게 하려고 이미 여러 주 정부에서 취한 조치들과 맥을 같이 한다.

이런 사안들은 2021년 에이미 코니 배럿Amy Coney Barrett이 대법관으로 임명된 이후 임신중지를 반대하는 판사들이 6:3으로 현직 미국 대법관의 다수를 점하면서 더 심각해졌다. 2022년 4월, 대법원은 미국에서 임신중지권이 나아갈 방향을 결정할 준비가 되어 있었다. **도브스 대 잭슨 여성건강기구** 사건은 15주 이후 임신중지 전면 금지를 포함하여 미시시피주에서 임신중지 시술에 대한 접근을 거의 차단하다시피 하기 위해 발동한 여러 조치들을 다루었다. 사건이 대법원에 상고되자, 보수적 성향의 다수파는 **로우 대 웨이드** 판결에서 확립되고 **케이시** 판결에서도 재확인된 임신중지권 판결을 순식간에 번복했다. 선고에 반대한 판사들이 인정했듯이, 미국 법원은 기본적이고 절대적인 임신중지권을 진정으로 인정한 적이 없었다. 대신 법원은 임신한 사람의 권리와 태아의 권리 사이에서 균형을 지켰다. 도브스 판결에서 소토마이어

Sotomayer, 케이건Kagan, 브레이어Breyer 판사는 '법원이 이 균형을 포기했다'는 의견을 내었다. '이 판결에 따르면 수정이 일어나는 순간부터 여성은 아무런 권리도 주장할 수 없다.'

미래의 인공자궁 기술로 인해 촉발된 임신중지에 대한 위협은 사회적으로 용인될 가능성이 없고, 불가피한 것도 아니다. 그렇지만 미국 같은 곳에서는 시간이 지날수록 재생산권이 계속 잠식당하는 방식을 이해하는 한편, 이런 목적을 달성하기 위해 일부 지역에서는 인공자궁을 채택할 가능성이 매우 크다는 사실을 직시하는 것이 중요하다. 도브스 판결은 우리가 주의를 기울이지 않는다면 인공자궁 같은 기술이 어두운 경로로 나아갈 수 있다는 점을 확실히 보여주는 사례이다. 이 기술이 도래하기 전에 이런 점을 이해하면 재생산권을 보호하기 위한 전략을 세울 수 있을 것이다. 세밀하게 지정된 범위 내에서만 임신중지가 허용되는 국가, 이 범위를 넘어서는 임신중지에 대해서는 임신한 사람들과 의료진을 범죄자로 만들 수 있는 국가, 임신중지 반대 정서가 강력하게 지속되는 국가에서는 이 기술이 법적인 문제를 불러일으킬 수 있을 것이다.

일부 평론가들이 믿게 하려는 것처럼 인공자궁이 임신중지권에 대한 보편적 시험대라는 뜻은 아니다. 미국 내에서도 전반적으로 임신중지 합법화를 옹호하는 주 의회가 있다. 캘리포니아, 오레곤, 코네티컷에서는 계속해서 임신 기간 내내 임신중지가 허용되며, 2019년 1월 뉴욕에서는 재생산 정의 지지자와 활동가들이 임신중지를 범죄화하는 규정을 폐지하고 스스로 임신 종결을 결정하도록 허용하는 재생산 건강법Reproductive Health Act을 성공적으로 통과시켰다. 이 책이 인쇄될 즈음에는 미국 전역의 활동가, 정치인, 보건의료 종사자들이 **도브스** 판결의 부정의를 맹비난하면서 거부하고, 돌봄에 대한 접근성을 보장받기 위해 다양한 전략을 활용하고 있을 것이다. 임신중지에 대한 법적 규제는 사법 관할권마다 큰 차이가 있다. 인공자궁이 재생산권을 침해할 가능성이 있는지 여부를 결정하는 데에는 광범위한 사회적·법적·정치적 태도 역시 중요하게 영향을 미친다.

잉글랜드, 스코틀랜드, 웨일즈의 경우 1967년 임신중지법 Abortion Act에 따라 '유산을 알선하는 것'이 해당 법률에 명시된 구체적 지침을 벗어나 행해지는 경우 여전히 형사 범죄로 간주한다. 사람들은 이 지역에서 임신중지가 아직도 형사 범죄일 거라고 생각하지 않을지 모르겠지만, 1967년 임신중지법은 임신중지를 합법화하는 대신 몇 가지 구시대적 법률에 근거하여 계속해서 형사 범죄로 남겨 둔 채 예외를 두었다. 임신중지는 잉글랜드 관습법에서 수십 년간 범죄로 규정되었다. 1861년 잉글랜드, 웨일즈, 북아일랜드에 도입된 '사람을 대상으로 한 범죄에 관한 법 Offences against the Person Act 58조'는 여성이 유산을 유도하기 위해 '불법적으로 자신에게 독 또는 기타 유해물을 투여하는 일' 또는 다른 사람의 유산을 돕는 일을 법으로 정한 범죄로 명시했다. 1929년에는 임신한 사람의 생명을 보호하려는 선의가 아닌 한 '산 채로 태어날 수 있는' 태아 임신을 종결하려는 일을 범죄로 규정하기 위해 '사람을 대상으로 한 범죄에 관한 법'과 함께 유아생명(보호)법Infant Life (Preservation) Act 1조가 도입되었다. 1967년 임신중지법은 등록된 의사가 임신을 종결하고 두 명의 의사가 해당 임신이 24주를 넘기지 않았다고 선의로 동의할 경우, 임신한 사람은 유죄가 아니라고 명시하고 있다. 또한 이들은 임신한 사람이나 아이의 정신적 또는 신체적 건강과 관련하여 "임신을 지속하는 것이 임신을 종결할 때보다 더 큰 위험이 따른다"라거나, 임신한 사람의 건강 또는 생명을 보호하기 위해 임신을 종결해야 한다거나, 끝내는 아기가 죽은 채로 태어나거나 중요한 기형을 가지고 태어날 위험이 상당하다는 사실에 동의해야 한다.[7]

1960년대 이 법안이 통과되면서부터는 임신중지가 허용되고 이 시점이 지나면 규제가 더 엄격해지는 재태 기간 상한선은 28주였다. 이후에는 앞의 두 가지 사유에 해당할 때만 임신중지가 허용되었다. 1990년에 의회는 태아의 생존 가능성의 기준 변화를 의미하는 신생아 치료 기술의 개선 여부 및 정도에 대한 장기간의 논쟁 끝에 재태 기간 제한을 24주로 앞당기는 데 찬성했다.

브리튼Britain에서는 인공자궁이 의학적인 생존 능력에 미칠 영향 때문에 24주라는 재태 기간의 제한 기준이 재검토를 거쳐 다시 한번 앞당겨지면서, 더 이른 시기에 임신중지에 대한 규제도 더 엄격해질 가능성이 있다. 임신한 사람이 법에 명시된 요건을 충족하는지 두 명의 의사가 확인해 주어야 한다는 요건과 관련하여, 일부 의사들은 인공자궁으로 임신을 이관하는 일이 태아를 지우는 것보다 임신한 사람의 몸을 더 손상시킨다고 생각하고 선의로 동의해주지 않을 가능성도 있다. 또 대부분의 의사들이 임신중지 시술에 대한 접근성 보장을 지지한다 해도, 태아를 인공자궁으로 옮기는 일이 임신을 지속하는 일보다 위험성이 비슷하거나 더 적다는 주장을 제기한다면, 이들 역시 형사 고발 위험에 직면할 수 있을 것이다.

이런 사안들은 임신중지를 둘러싼 상이한 사회적·정치적 에토스가 영향을 미칠 수 있는 지점들이다. 브리튼에서는 의사와 정치인 대다수가 임신중지를 비범죄화하고, 임신한 사람들의 임신중지 결정에 더 큰 자율성을 부여할 것을 강력하게 지지한다. 잉글랜드, 스코틀랜드, 웨일즈 지역의 오래되고 명확하게 규정된 임신중지 정책은 일부 지역에 여전히 임신중지 반대 정서가 남아 있어도 전반적으로는 임신중지를 정해진 정치적 사안으로 다루어지고 있다는 의미이다. 영국에서는 사회정치적 맥락에 중대한 변화가 일어나지 않는 한(물론 가능하다), 임신중지 대신 인공자궁을 사용하자는 캠페인이 커다란 지지를 받기는 어려울 것이다. 영국과 미국 모두 인공자궁으로 임신중지권이 위협받을 여지가 있는 임신중지**법**을 여전히 유지하고 있지만, 영국에서는 미국과 다른 분위기 때문에 이런 위협이 성공할 가능성은 적어 보인다. 그럼에도 인공자궁 때문에 임신한 사람들과 의사들이 임신중지를 저지른 범죄자로 몰릴 가능성이 있다는 것은 아무리 가능성이 낮더라도 용납할 수 없는 일임이 분명하다. 인공자궁이 재생산권을 침해할 가능성은 임신중지를 형법상으로 다루는 국가에서는 계속해서 논의되고 있는 사안이다.

코로나19 전염병이 대유행 중이던 2020년, 영국 임신자문 서비스를 포함한 보건의료 서비스 제공자들과 자선 단체들은 원격 의료를 통해 임신중지약을 이용할 수 있게 해 달라는 정부 로비에 성공했다. 1967년 임신중지법에 따르면 모든 임신중지는 승인받은 의료 시설에서 이루어져야 한다. 영국 정부는 원격 의료를 통한 임신중지를 허용하는 정책을 추진하기 위해, 가정을 일시적으로 승인받은 의료 현장으로 재규정했다. 이 정책을 옹호하는 지지자들은 이런 변화가 지속되기를 바랐지만, 2022년이 되자 영국 정부는 사람들이 의사와 상담을 거친 곳에서 두 번 중에 첫 번째 복용을 병원이나 진료소에서 시행해야 한다는, 대유행 이전의 절차를 복구한다고 발표했다. 웨일즈는 대유행기에 개정한 절차를 유지하기로 했다. 2022년 현재 잉글랜드가 이렇게 하기를 꺼리는 모습은 임신중지 접근성을 계속 관리하여 젠더화된 재생산 신체를 통제하는 수단으로 이용하려는 정치적사회적 세력이 계속 존재하는 현실을 보여준다. 현재의 법체계 아래에서는 원치 않는 임신을 하게 된 사람들이 계속해서 위험에 처해 있다는 뜻이기도 하다. 2022년 여름 현재, 잉글랜드에서는 알약을 복용하여 임신을 종결한 여성 두 명이 임신중지 혐의로 형사 고발을 당해 최대 종신형까지 선고받을 수 있다. 영국 임신 자문 서비스에 따르면 지난 8년 동안 최소 17명의 여성이 임신 중지 혐의로 조사를 받은 바 있다. 국가의 특정 규정을 따르지 않으면 처벌받아야 하는 사안으로 임신중지를 취급하겠다는 방침은 오만하고 악의적이다. 임신중지를 다른 형태의 보건의료와 구분하는 한, 접근성은 계속해서 취약한 분야로 남아 있게 될 것이다.

법학자와 생명윤리 학자들은 수년에 걸쳐 인공자궁이 등장한 이후에도 현 상태를 유지할 수 있도록 임신중지를 제한적으로 보호하는 법체계를 재정비할 다양한 방안을 내놓고 있다. 체외발생과 관련된 기술 도입 이후에도 적용할 수 있도록 태아가 아무런 치료 없이 살아남을 수 있는 상태를 가리키는 생존 능력을 재정의하는 일, 소유권 또는 유전적 친권을 적용하는 일, 신체적 자율성에 근거하여 임신중지의 보호 범위를 확장하는 일이 이런 제안에 들어 있다. 임신중지가 범죄로 남아 있는 곳에서는 그 어떤 방안도 현 상태를 유지하기 위한 법적인 전략으로 활용될 가능성이 있다. 물론 이러한 각각의 전략은 재생산권을 인공자궁이 위협하는 곳에서는 이 권리를 법적으로 일부분 보호하는 데 효과적으로 동원될 수 있겠지만, 애초부터 이 재생산권을 공격에 노출시키는 한계를 재현할 위험성도 있다.

문제는 인공자궁이 아니다. 오히려 일부 국가에서는 애초부터 임신중지를 법적으로 방어해야 할 일로 계속해서 규정하는 것이 문제이다. 이 법들이 기초하고 있는 가부장적 간섭주의 잔재, 여성들이 자기 몸에 대해 권한을 갖는 것에 대한 두려움이 문제이다. 재생산의 자유를 위해 협소한 영역을 조금씩 계속 개척하거나 임신중지를 형법 사안으로 간주하는 제한된 법적 해결책은 필요치 않다. 재생산과 관련된 삶을 통치하는 법은 우리에게 필요치 않다. 대신 임신중지를 비범죄화하고, 필수 보건의료 서비스로 취급하고, 세계 어느 곳에서나 지역과 문화에 적합한 안전한 임신 종결 방식에 접근하도록 보장해야 한다. 이런 식으로 임신중지를 인정하는 곳에서만이 부모가 원해서 낳은 미숙아를 돕기 위해 설계된 인공자궁 같은 기술이 재생산권을 위협할 일은 없을 것이다.

유용한 예를 캐나다에서 찾아볼 수 있다. 캐나다에도 강경한 임신중지 반대 단체들이 잔존하고 받아들이기 어려울 만큼 임신중지에 대한 접근성이 제한된 지역이 많지만, 임신중지는 임신 기간 내내 합법이다. 연방 정부 차원에서는 태아에게 있는 생명으로써의 잠재력을 임신한 사람의 권리와 견줄 만한 이해 사안이라고 표현한 적이 결코 없다. 캐나다에서 임신중지권을 확립한 **여왕 대 모겐탤러**R. v. Morgentaler 사건은 1988년 대법원에 상고되었다. 퀘벡에서 일하는 의사 모겐탤러 박사와 동료들은 캐나다 형법Canadian Criminal Code 251조를 무시하고 임신 종결을 시술해 왔다. 251조는 임신을 계속 유지한다면 여성이 사망에 이르거나 건강을 해칠 수 있다고 병원 위원회에서 합의가 된 사안 외에는 임신중지 시술을 기소될 수 있는 범죄로 취급했다.

모겐탤러는 이미 한차례 법정에 선 적이 있었다. **로우** 사례의 법률팀이 법정에서 임신중지 범죄화에 이의를 제기했듯이, 모겐탤러와 그의 동료들은 사건을 대법원까지 끌고 가 임신중지 금지가 부당하다는 판결을 얻어낼 수 있기를 바랐다. 결국 법원은 '모든 사람에게는 개인의 생명, 자유, 안전에 대한 권리가 있으며 기본적 정의의 원칙을 위배하지 않는 한, 권리를 박탈당하지 않는다'라는 〈권리와 자유에 관한 캐나다 헌장Canadian Charter of Rights and Freedoms〉 7조에 근거하여 병원 위원회의 승인을 요구하는 조항이 여성의 권리를 침해했다는 데 동의했다. 문제의 규제가 정확히 어떻게 캐나다 헌장을 위반했는지, 판사 3명 각자의 해석이 담긴 다수 의견이 낭독되었다. 세 가지 다수 의견 중, 당시 유일한 여성이었던 베르타 윌슨Bertha Wilson 판사는 "다른 법률 분야에서 재생산 선택에 관한 판결을 뒷받침할 목적으로 가장 자주 인용되고 활용되는" 의견을 제시했다.[8] 이후 판례들에 자주 인용되는 윌슨 판사의 의견은 캐나다에서도 임신중지에 대한 폭넓은 보호 방침을 명시하고 있다. 윌슨 판사는 "재생산을 하거나 하지 않을 권리는 현대 여성이 인간으로서 자신의 존엄성과 가치를 확고히 하기 위해 고군분투하는 과정에서 필수적인 부분이라고 보는 것이 적절하다.[251조 4항에서] 실제로 여성들은 수단으로, 즉 자신이 바라는 일이 아님에도 통제할 수 없는 목적을 위한 수단으로 대우받고 있다"라고 말했다.

모겐탤러 판결은 임신중지 보호를 개인의 안전(즉, '개인의 신체적·정신적 온전성')과 자유를 모두 보호하는 데 필요한 권리로 인정했다. 정부가 '개인의 선택을 가능한 한 최대한 존중해야 하며, 좋은 삶에 대한 하나의 관념에 비추어 그 선택을 판단해선 안 된다'는 의미였다. 캐나다 법에서 임신 기간 내내 임신중지가 합법이라는 사실은 인공자궁이 임신중지 보호에 직접적인 위협을 가하지 않는다는 의미로 해석할 수 있다. 또 임신중지권에 대한 해석이 자유의 문제로 확장되었다는 점은 임신중지 반대 단체들이 인공자궁 기술이 도입됨에 따라 임신중지 반대 소송을 제기하더라도 법정에서 고전하게 된다는 의미라고 전망할 수 있다. 태아를 지우는 대신 인공자궁으로 이전하라는 요구가 임신한 사람의 안전을 크게 해치지 않는 사례를 상정해볼 수도 있을 것이다. 하지만 누군가에게 임신을 종결하는 대신, 인공자궁을 사용하라고 요구하는 일이야말로 '좋은 삶에 대한 하나의 관념'에 비추어 이들의 선택을 판단하고, 임신한 사람의 '인간으로서의 존엄과 가치'를 위협함으로써 자유를 보장받을 권리를 침해하는 일이라고 할 수 있다.

캐나다의 상황은 임신중지를 완벽하게 보호하는 것과는 거리가 멀다. 어떤 형태로든 재생산 돌봄에 접근하기가 어려운 지역도 여러 곳이다. 앨버타나 매니토바 같은 일부 주의 경우 도시에서는 임신중지 진료를 받을 수 있지만, 외딴 지역이나 농촌 지역에서는 그렇지 않다. 노바 스코샤, 프린스 에드워드 아일랜드, 뉴브런즈윅 같은 주에서는 12~16주 이후에는 시술을 받을 수 없다. 드물게(모든 임신중지의 2.5 퍼센트 미만) 20주 이후에 임신 종결이 필요한 사람들은 이 시기에 임신중지가 가능한 세 도시 중 한 군데로 이동해야 하며, 어떤 경우엔 미국으로 이동하기도 한다. 이렇게 접근성이 부족한 상황과 때로는 사람들이 여행을 하거나 자비로 임신중지 비용을 지불해야 하는 상황은 문제가 있다. 이 책에서 이미 살펴봤듯이 어떤 일에 대한 법적 권리는 그 자체로 충분하지 않다. 즉 권리에 의미가 있으려면 실제로 사람들이 그 권리를 행사할 수 있도록 자원과 지원이 뒤따라야 한다.

그럼에도 캐나다 사례에서 볼 수 있듯이 임신중지가 형사 제재와 무관한 곳에서는 인공자궁이 임신중지에 대한 **법적** 보호를 반드시 위협하는 것은 아니다. 이런 맥락에서라면 임신중지법은 범죄자가 되지 않도록 임신한 사람들을 보호한다. 이처럼 임신중지를 부끄럽고 불법적인 시술이 아니라, 보건의료 서비스로 다루는 법이 있는 곳에서는 최소한 인공자궁으로 인해 임신중지에 대한 법적 제재가 뒤따를 가능성은 낮아진다. 우리는 캐나다의 재생산권 보호 수준을 넘어서야 한다. 또 광범위한 임신중지에 대한 접근성을 적극적으로 보호해야 하며, 임신한 사람들의 자기 결정권에 우선순위를 두고 지역과 문화에 적합한 서비스를 갖추어야 한다.

2013년 7월, (인디애나주) 사우스 벤드에 살면서 가족식당에서 일하는 33세 여성이 응급실에 도착했다. 이 여성은 얼마 전 간호사 친구에게 메시지를 보내 임신중지를 유도하는 약에 대해 물은 적이 있다. 그리고 병원에서는 피를 많이 흘리면서 자신이 유산했다고 의사에게 말했다. 통증에 시달리며 도움을 구하던 여성은 겁이 나고 어떻게 해야 할지 몰라 배출물을 쓰레기 수거함에 넣었다고도 했다. 그날 만난 의료진에게 정직하게 이야기한 대가로, 이 여성은 전화 기록에 대해 조사를 받았다. 그리고 경찰은 태아를 수거한 뒤 2009년 인디애나주 법령에 따라 이 여성을 투옥했다. 이 여성의 이야기를 들은 의사는 열렬한 임신중지 반대자로 이 사실을 듣고 경찰에 신고했고, 태아가 있는 곳으로 경찰을 안내하여 이 여성을 범죄자로 만들었다. 그녀는 태아 살해와 아동 유기라는 두 가지 (상충되는) 혐의로 재판을 받았다. 어떻게 한 사람이 자궁에 든 태아를 죽였다는 혐의와 태어난 아기를 유기했다는 혐의를 동시에 받을 수 있을까?

지연된 법정 소송에서, 이 여성의 변호인은 임신한 여성이 폭행을 당해 태아가 사망에 이른 사례를 참고하여, 결코 임신한 사람 본인을 범죄자로 만들려는 의도로 법이 제정된 것은 아니라고 주장했다. 또한 변호인은 23주 내지 24주로 추정되는 태아가 사산되었으므로 의뢰인에게 태아 살해 혐의를 적용할 수 없다고 말했다. 검찰은 이 여성이 임신중지를 시도했지만 태아가 산 채로 태어났다는 점을 입증하려고 애썼다. 자신들의 주장을 방어하기 위해 검찰은 17세기에 영아 살해를 식별하기 위한 수단으로 개발된 '폐 부유 검사lung float test'를 활용했다. 1900년대 초 이미 신빙성이 없어진 이 검사는 공기에 노출된 적이 없는 폐는 물에 가라앉게 되지만, 호흡이 시작된 폐는 공기가 차 있으므로 물에 뜬다는 미심쩍은 논리에 근거한다. 검찰은 태아의 폐가 물에 떴으므로 산 채로 태어나 공기를 호흡하다 방치되어 죽은 것이 분명하다고 주장했다. 자존심이 있는 과학자라면 누구도 이 검사 결과를 신뢰하지 않겠지만, 태아에게 살 기회가 있었고 그 기회를 놓쳤다는 검찰의 주장은 증거로 인정됐다.

인디애나주 법에서는 임신중지가 성공하지 못한 경우라도 임신을 종결하려는 시도에 대해 태아 살해 혐의가 적용될 수 있다. 문제의 임신중지약은 인디애나에서 의사에게 처방받을 수 있는 약이었음에도 임신중지약을 복용했다는 이유로 이 여성한테 유죄 선고를 내렸다. 또 태아 살해 시도가 실패했다는 검찰의 주장에 따라 아동 유기 혐의로도 기소되었다. 이 여성에게는 연방 교도소 20년 수감형이 내려졌다. 1년 뒤, 이 여성의 법률팀은 항소를 제기하여 부분 승소를 얻어냈다. 항소 법원은 태아 살해 혐의를 기각하고 아동 유기 혐의에 대한 선고 형벌을 감형했다.

이 여성의 유죄 판결은 **로우 대 웨이드** 판결에 근거하여 재생산권이 법적으로 보호받는 지역에서 벌어진 일이었다. 이 사례는 정부의 간섭 없이 임신중지를 '선택'할 수 있다는 제한적 법적 권리만으로는 재생산권을 충분히 보호받을 수 없다는 사실을 여실히 보여준다. 우리는 임신중지와 여타 재생산에 관련된 모든 보건의료 서비스에 누구나 무료로, 낙인찍히지 않고 접근할 수 있게 해야 한다. 또 임신한 사람들이 범죄자가 될 염려 없이 보건의료 서비스에 접근할 수 있도록 보장해야 할 것이다.

로우 판결의 한계는 임신한 사람 누구에게나 동일한 방식으로 영향을 미치지 않았다는 사실이다. 임신중지를 선택할 권리를 협소하게 보호했지만 정부에게 실질적 접근성 보장을 요구하지 않았던 법체계는 주로 자원을 보유한 백인 여성을 보호했다. **로우** 판결이 번복되면서, 임신한 흑인 및 유색 인종 여성, 이민자, 저소득층, 나이가 어린 사람들이 범죄자로 몰리고 필수적인 치료를 거부당하는 불공평한 일이 계속해서 일어날 공산이 커졌다. 이런 맥락에서 인공자궁이 도입된다면 이전과 다를 바가 없기에, 사람들에게 아기를 지우는 대신 인공자궁을 사용하도록 요구하는 정책은 모두 소외 집단에 가장 큰 타격을 입힐 것이다.

보수주의적 평론가와 자유주의적 법학자들은 인공자궁이 임신중지권의 현재 상황에 어떤 영향을 끼칠지에 초점을 둔다. 하지만 이들은 임신중지에 대한 논의를 재구성하는 한편, 임신중지를 보건의료 서비스이자 불충분하게 보호되고 불평등하게 분배되는 필수 자원 중 하나로 이해하도록, 오랫동안 캠페인을 벌여오고 있는 전 세계 많은 단체 및 활동가, 진보적 변호사들의 노력에 반하는 일을 서슴치 않는다.

체외발생 기술이 구현되기 전에 임신중지에 대한 접근을 보장하기 위한 필요한 조치들은 각국의 기존 관행에 따라 다를 것이다. 그렇지만 두 가지, 즉 임신중지를 형법에서 분리해내는 일, 재생산에 관련된 모든 보건의료 서비스에 접근성을 보장하는 일은 지역에 상관없이 어느 곳에서나 필요한 조치이다. 굿마허 연구소는 안전하지 못한 임신중지가 해마다 약 2천만 건씩 이루어진다고 추산하는데, 대부분은 임신중지법이 가장 엄격하고 피임 수단에 접근하기가 힘든 국가들에서 발생한다. 임신중지법이 엄격하다는 말은 임신중지가 더 적다는 뜻이 아니다. 안전한 임신중지가 더 적고 임신한 사람들의 건강과 안녕이 더 심각하게 위협받는다는 의미이다. 의도하지 않는 임신의 비율은 임신중지 규제가 가장 엄격한 국가들에서 상대적으로 높은 반면, 임신중지가 널리 합법화된 국가들이 가장 낮다. 임신중지를 가장 엄격하게 규제하는 국가들에서는 임신중지로 귀결되는 의도하지 않은 임신의 수가 사실상 1990년대 이후 증가했다. 인공자궁이 임신중지에 대한 법적 보호를 위협할 것인지 논의할 때 언제나 가장 이상한 점은 임신중지권을 법적 사안으로 설명해야 한다는 가정일 것이다. 임신중지 반대자들의 서사에서 임신중지는 언제나 범죄행위였으나, 이것은 와전된 역사이다. 임신중지가 범죄가 된 것은 비교적 최근에 벌어진 일이며, 또 얼마든지 되돌릴 수 있는 일이다.

우리는 어느 곳에서나 예외 없이, 즉 재태 기간에 상관없이 임신 기간 내내 임신중지를 범죄화하지 말아야 한다. 그러면 임신한 사람들의 생명, 건강, 욕구, 필요를 우선시하게 되고, 그렇지 않으면 이들을 위험으로 내몰기 때문이다. 그런데도 임신중지가 전혀 발생하지 않기를 바라는 사람들에게 직설적으로 말하면, 의도하지 않은 임신을 줄이고 임신중지를 줄이는 최선의 방법은 임신중지를 비범죄화하는 일이라는 사실을 통계가 증명한다는 점이다. 물론 임신중지를 비범죄화하고 제한 없이 요청할 수 있게 만드는 일이 우리가 확실히 해야 할 유일한 조치는 아니다. 하지만 임신중지에 대한 여러 담론에서 체외발생을 분리시키고, 이 기술이 임신중지권을 종식시킬지 모른다는 두려움을 느끼지 않도록, 임신한 사람들에게 유익한 방법을 탐구할 여지를 생기게 하기 위해서라도 추진해야 하는 일이다. 그렇게 되면 우리는 사람들이 언제, 어떤 상황에서 체외발생에 접근할 수 있는지 등 다른 윤리적 질문들에 초점을 맞출 수 있다.

재생산 관련 돌봄을 대폭 개선하기 위해서는 원격 의료를 통한 약물적 임신중지에 대한 보편적 접근성 같은 조치가 필요할 것이다. 전 세계 곳곳에서 부족한 임신중지 서비스에 대한 즉각적인 조치는 임신한 사람이 원격 의료로 임신중지약을 구해 스스로 처치한다는 이유로 범죄자로 내몰리지 않게 하는 일이다. 자가 관리 임신중지 캠페인은 임신중지와 체외발생에 관한 글에서 후렴처럼 흔히 등장하는 (임신중지는 규제 대상이며 정당한 이유가 있어야 한다는) 주장을 대신할, 새로운 틀을 제시한다. 자가 관리는 스스로 관리할 수 있는 시술에 대해 의사의 승낙이나 감독이 필요치 않게 임신한 여성들에게 권한을 집중시킨다. 또 혼자 살든, 사랑하는 이와 함께 살든, 임신중지를 어떤 상황에서 진행할지 임신한 여성들이 결정할 수 있게 한다. 접근성을 제한하는 문제들에도 관심을 갖게 한다. 즉 진료소를 이용할 수 없는 사람이 있는지, 이용할 수는 있으나 임신한 여성이 나름의 방식으로 임신을 종결하는 것을 보장해주는 긴 승인 절차를 거쳐야 하는지, 문화적 또는 개인적인 이유로 자신이 받게 될 치료를 신뢰하지 않는지 등이 여기에 해당한다.

부모가 원했던 일찍 태어난 미숙아의 생명을 구하기 위한 목적으로 부분 인공자궁을 연구하는 연구자들이 진일보한 결과를 발표할 때마다, 평론가들은 이구동성으로 임신중지권의 종식이 가까워졌다는 전망을 내놓는다. 작가와 학자들도 이것이 임신중지의 완전한 금지를 의미하는지 다양하게 고민하고, 임박한 기술 공격으로부터 임신중지권을 보호할 이른바 해법이라는 것을 내놓는다. "왜 우리가 여전히 이런 이야기를 하고 있는 거지?"라고 의문을 제기하는 사람은 거의 없다. 이 논객들은 임신중지를 '토론 거리'로, 재생산권을 그저 임신을 종결할 수 있는 단순한 권리로 축소하고, 이마저도 임신과 몸을 분리시켜주는 혁신이 일어나는 순간 없어질 권리로 생각함으로써 임신중지를 임의적·도덕적 사안으로 받아들인다.

하지만 우리는 임신한 사람과 부모들이 원해 태어난 미숙아들의 건강에 도움이 될 수 있는 기술이, 오히려 이들에게 해가 될 수 있다는 의제를 내세워 이 기술의 채택을 거부할 수 있다. 또 우리는 인공자궁이 재생산권을 침해할 수 있다는 사실을, 임신중지가 기술로 해결될 수 있는 '문제'라는 증거로 여겨서도 안 된다. 오히려 임신중지가 충분히 보호받지 못하고 있다는 증거로 받아들여야 할 것이다. 나아가 우리는 이런 사실이 문화적으로 민감한 임신중지를 비범죄화하고 오명을 벗기는 동시에, 무료로 안전하게 접근할 수 있는 보건의료 서비스로 개선해야 할 때가 한참 지났다는 분명한 표시라고 받아들여야 할 것이다.

6장

생물학의 폭정

슐라미스 파이어스톤Shulamith Firestone은 1970년 성명서에서 임신을 공정하지 못한 사회적 의식이라고 비난했다. 파이어스톤은 임신을 겪은 친구들과 이야기를 나누었고, 이들의 경험에 비추어 볼 때 "종species을 위해 개인의 몸을 한시적으로 변형시키는 임신"은 그녀에게 명백히 부당한 일이었다.[1] 한 여성이 적나라하게 표현했듯이 출산도 마지막에는 '호박이 대변으로 나오는 것 같은' 일로 보였다. 임신은 운동 제한부터 메스꺼움과 사망까지 온갖 증상들이 동반되었다. 영구적인 신체 손상 및 정신적 외상trauma을 입게 된 여성들도 있었다. 이 모든 사실에도 불구하고 여성들은 여전히 자신의 가치가 아이를 갖는 일과 엮여 있는 것처럼 생각하고 있었다. 엄마가 되지 않겠다고 거부하는 여성도 있었겠지만, 그럼에도 아이가 없는 여성은 부자연스러운 존재로 취급되었다는 사실은 전혀 놀라운 일도 아니다.

여성들은 임신 합병증이 아무리 끔찍해도 아기를 갖는 일을 숙명이라고 믿어 왔다. 임신 과정의 끝에 아기를 만나는 기쁨은 직전에 경험한 고통을 잊고 출산의 '자연스러움'을 받아들이기에 충분하다고 여겼던 것이다. 그런데 파이어스톤은 인류가 과거 '자연스럽다'라고 받아들여지던 많은 것들을 개선하면서 혁신을 일구었다고 주장했다. 인류는 우주에 성공적으로 사람을 보냈다. 그런데도 여전히 여성만이 임신을 책임져야 한다는 사실에 대해서는 어찌할 방법이 없다는 이야기를 듣는다. 남성들이 아이를 낳을 수 있었다면 세상의 모든 자원은 이미 임신의 대안을 만드는 데 집중되었을지도 모른다. 문제는 기술력 부족이 아니라 의지 부족이었다. 파이어스톤이 보기에, 인간의 재생산에 수반되는 타격을 여성들이 감내해야 했다는 사실은 '생식 생물학의 폭정'이 초래한 결과였다. 용인된 현상일지 몰라도, 바로잡아야 할 거대한 부정의였다. 파이어스톤은 임신을 자동화할 수 있다면 젠더화된 관계를 재생산 관계로 바꿀 수 있을 것이라고 상상했다. 이렇게 함으로써 출산을 엄마 혼자 짊어지는 짐이 아닌, 공동체의 일이자 사회 전체의 책임으로 만들 수 있을 것 같았기 때문이다.

오늘날의 부분 인공자궁 연구도 파이어스톤에게는 특별한 인상을 주지 못했을 것이다. 이런 기술의 선행 사례는 이미 1970년대 성명서에 들어 있었다. 그녀는 학생 시위대와 물의를 일으킨 스탠포드 교수의 실험연구 등 1950년대와 1960년대의 인공자궁 연구가 자신이 생각한 체외발생 연구와는 거리가 멀다고 언급했다. 미숙아를 살리기 위한 거액의 연구비를 투자하는 일은 공동 임신의 수단으로 만들려는 페미니스트 연구자들이 내다본 가능성과는 근본적으로 다르다는 주장이었다. 파이어스톤이 보기에는, 인공자궁 개발과 관련된 모든 진보가 아기들을 구할 수 있다는 근거로 정당화되어야 한다는 생각이야말로 당대 가부장적 과학자들의 전형적인 사고였다. 그런데 '이들 중에는 페미니스트는 물론이고 다른 여성조차도 거의 없었다.'[2] 여성 해방은 그 자체로 과학적 탐구의 정당한 목적으로 인정받지 못했는데, 이것이 문제의 일부였다. 2022년에도 실행 가능한 임신의 대안을 만드는 일이 요원하다는 사실을 파이어스톤이 알게 된다면 놀라워하지는 더라도 낭패감을 느꼈을지도 모른다. 그럼에도 체외발생이 불공평한 재생산의 부담으로부터 여성들을 '해방'시키는 생산적인 도구가 될 수 있다는 발상은 열렬한 지지를 받고 있다.

〈체외발생이라는 도덕적 정언명령The Moral Imperative for Ectogenesis〉이라는 대담한 제목을 내건 논문에서, 철학자 안나 스마이도르Anna Smajdor는 "여성은 아이를 갖기 위해 임신과 출산을 감내해야 하는 반면 남성은 그렇지 않다는 사실"이야말로 자연적 불평등이라고 주장한다.[3] 이어서 그녀는 말하길, 임신은 여성들에게 '재생산 사업에서 유일한 위험 부담자'가 될 것을 요구한다. 경미한 메스꺼움과 치질뿐 아니라 당뇨병, 전자간증, 정신질환, 우울증, 그리고 사망 위험까지 포함한다면, 임신이 상당한 부담을 주고 있는 것은 사실이다. 파이어스톤과 마찬가지로 스마이도르 역시 미숙아들을 구하는 일이 유일하게 인공자궁을 만드는 타당한 이유라는 생각을 전적으로 거부한다.

스마이도르에게는 좋은 동지가 있다. 호주의 생명윤리학자 에비 켄달Evie Kendal은 2015년에 낸 책에서, 정부는 남성과 여성 사이, 그리고 임신이 가능한 사람들과 불가능한 사람들 사이의 평등을 위해 체외발생을 후원해야 한다고 주장했다. 켄달 역시 미숙아의 생명을 지키는 일은 인공자궁을 위한 연구기금을 지원해야 할 유일한 이유도, 가장 중요한 이유도 아니라고 주장한다. 파이어스톤은 임신과 관련하여 여성들이 출산에 이르는 과정 내내 불편과 통증을 겪으며 지내는 일이 으레 그런 것이라고 계속 믿게 되었다고 썼으며, 이것을 '상처'라고 했다. '그리고 당신에게 좋은 일은 아니다'라고 덧붙였다. 임신 예방 또는 임신 종결을 함께 비교한다면, 오늘날 만삭까지 임신을 이어가는 일이야말로 가장 위험한 선택지일 것이다. 에비 켄달은 이렇게 기술했다.

임신과 출산은 입덧, 어지러움, 두통, 관절 및 근육통, 시력 저하, 잇몸 출혈, 숨찬, 속쓰림, 정맥류 및 치질을 포함하는 일부 '정상적' 임신 관련 증상과 함께 수많은 건강 위험을 초래한다고 알려져 있다. 중요한 점은 이 중에는 상당히 힘든 증상이 많은데도 불구하고 '정상'으로 간주되기 때문에 종종 심각한 문제로 인정받지 못하고 치료 없이 방치되는 경우가 많다는 사실이다.[4]

스마이도르와 켄달이 생각하기에, 여성들이 계속해서 임신과 출산의 타격을 감내하고 이러한 경험이 위험하고 고통스러울 수 있다는 사실은 체외발생 연구를 목적으로 할당되는 자원을 충분히 정당화할 만한 이유여야 한다.

임신과 출산이 너무 버거운 일이라서 임신의 대안 연구가 필요하다거나 체외발생이 궁극적 대안이라는 데는 모든 사람이 동의하지는 않을 것이다. 그럼에도 한가지 부인할 수 없는 사실은 일차적으로 여성들에게 영향을 미치는 건강문제에 대한 연구가 파이어스톤이 글을 쓰던 1970년대부터 스마이도르가 활동하던 2000년대까지 계속해서 열외로 취급되었다는 점이다. 1969년에 파이어스톤은 '수행된 연구들이 여성의 이익에 부합하는 점이 있더라도 단지 우연이었을 뿐이다'라고 말했다. 안타깝게도 이 모든 지적은 지금까지도 매우 유의미하다. 임신과 관련된 긴급한 연구 문제는 얼마든지 많다. 피임, 유산, 자궁내막증이나 다낭성 난소 증후군 같은 만성질환, 출산 전후의 다발성 합병증, 질 열상, 자궁 탈출증, 산후 요실금, 폐경 증상은 주로 여성들의 생활에 영향을 미치는 많은 사안들 중 일부이다. 이런 문제들은 또한 극도로 연구가 부족하고 잘 다루어지지도 않는다. 궁극적으로 생의학 연구의 목적은 문제의 다양한 차원을 이해하고 탐색하여 해결하려는 것이 되어야 할 것이다.

파이어스톤은 1970년대 과학 연구는 남성들이 주도했기 때문에, 여성들에게 영향을 미치는 문제들이 해법을 찾기 위해 합당한 관심을 받기는 커녕 고르게 검토되지도 못했다고 주장했다. 무엇보다도 선견지명이 돋보이는 사례는 남성용 피임약에 대해 언급한 부분이었다. 파이어스톤은 재생산을 관리할 책임을 여성들에게 모두 지우는 편이 더 쉬웠기 때문에 남성용 경구 피임약에 대한 연구는 1960년대에 완전히 묵살되었다고 말했다. 마침내 2000년대에 연구자들이 남성용 경구 피임약 개발을 본격적으로 다시 검토했을 때는 피로, 성욕 감소, 여드름, 기분 변화, 두통 등의 부작용에 대한 분노 때문에 프로젝트가 급히 중단되었다. 2020년 현재, 진행되던 연구는 여성용 피임약 판매로 호황을 누리는 제약회사의 관심 부족이 부분적인 이유가 되어 제자리걸음을 하고 있다.

경구 피임약을 복용해본 적이 있는 사람이라면 부작용 목록이 놀라울 정도로 친숙하다는 사실을 깨닫게 될 것이다. 나는 이 약을 10년째 복용하던 중, 나처럼 전조를 동반한 편두통이 있는 사람이 복합 경구 피임약을 계속해서 복용하면 뇌졸중 위험이 커진다는 이야기를 간호사에게 들었다. 여성들이 쉽게 구할 수 있는 경구 피임약의 부작용에는 여드름, 체중 감소 또는 증가, 성욕 저하, 우울증, 불안증, 혈전증 등이 있다. 일부 국가들에서는 극미한 혈전 생성 위험(대략 10만 명 중 1명) 때문에, 아스트라제네카 백신 사용이 제한되었을 때 사람들에게 접종해도 안전하다는 점을 보여주기 위해, 일부 경구 피임약 복용에 수반되는 혈전 생성 위험이 훨씬 높다는 사실을 비교 대상으로 이용하기도 했다. 경구 피임약이 근본적으로 나쁘다거나 위험하다는 말은 아니다. 피임약 복용에 따른 혈전 생성 위험도 아주 낮다는 사실을 이해하는 것이 중요하다. 그리고 부작용을 경험하는 여성들도 있지만, 그렇지 않은 여성들이 많다. 문제는 피임약이 부작용을 일으킬 수 있느냐 하는 것이 아니다. 문제는 재생산과 관련된 위험을 남성에게 부과하는 일은 전적으로 거부하면서, 이런 위험들을 여성들에게만 지우는 데에 더없이 행복해하는 사회의 위선이다. 또 여성들이 주로 복용하는 피임약의 부작용을 정확하게 조사하고, 추적하고, 설명하는 것에 무관심한 사회 현실이다. 나아가 여성들이 임신과 피임을 홀로 책임질 것이라는, 계속되는 가정과 불공평한 부담의 결과에 대한 관심 부족이다.

파이어스톤이 1960년대와 1970년대에 관찰한 양상은 좌절감이 들 정도로 지금도 지속되고 있다. 파이어스톤이 글을 쓰던 당시는 **로우 대 웨이드** 판결이 승소하기 전이었다. 그리고 피임약이 곧 널리 보급될 예정이었지만, 법적 걸림돌과 윤리적 염려 때문에 접근 가능성이 불투명했다. 존 록John Rock과 (1930년대 《멋진 신세계》에 영감을 불어넣은 바로 그 연구를 수행한 연구자) 그레고리 핀커스Gregory Pincus는 경구 피임약에 대해 최초로 FDA의 승인을 받았다. 이들의 첫 번째 임상시험은 푸에르토리코의 여성들과 매사추세츠 정신병원 환자들을 대상으로, 충분한 설명에 근거한 동의 없이 수행되었다. 초기에는 지금의 피임약보다 호르몬 함량이 훨씬 높게 포함되어 있어 그만큼 부작용이 생길 가능성도 훨씬 높았다. 푸에르토리코에서 임상시험을 감독한 여의사는 초기 보고서에 17퍼센트의 여성들이 편두통, 메스꺼움, 현기증 등의 불쾌한 증상을 경험했다며, 피임약 사용을 정당화하기에는 부작용이 너무 뚜렷하다는 의견을 제시했다. FDA는 피임약과 혈전 생성 위험의 연관성을 나타내는 증거를 보고도, 경구 피임약의 위험이 임신 중 직면하게 되는 위험보다 낮다는 이유로 승인 절차를 진행시켰다. 미국에서는 피임약 보급이 시작된 후에도 이 약을 임신 예방 수단으로 사용하길 꺼리는 여성들이 여전히 많았다.

1960년대 대법원은 피임약 사용을 금지한 코네티컷주 법을 뒤집고, 결혼한 부부들이 피임약 사용을 선택할 수 있다고 판결하여 사생활 보호권의 적용 범위를 확대시켰다. 하지만 독신인 사람들에게까지 이 판결이 적용된 것은 1970년 초반에 이르러서였다. 파이어스톤이 선언문을 쓰던 당시에는 생식 능력이 있는 여성의 신체를 둘러싸고 서로 연관된 온갖 부정의가 자행되었다. 피임약은 임신 예방 수단으로 잠재력이 있었음에도 일부 여성들에게 거부되는 한편, 또 다른 여성들에게는 건강에 미치는 영향이나 충분한 설명에 근거한 동의를 거칠 권리를 전혀 고려하지 않고 시험 적용한 경우도 있었다. 이런 일들은 생식 능력이 있는 여성의 신체를 통제한다는 동일한 프로젝트의 양면이었다. 경구 피임약의 위험성에도 불구하고 임신보다 안전하다는 이유로 승인됨에 따라, 임신중지에 대한 접근성 보장을 요구하는 사람들은 여전히 힘겨운 싸움을 했다. 시카고의 제인 콜렉티브Jane Collective 같은 초법적 페미니스트 임신중지 시술기관을 통해 안전하게 임신중지 시술을 받을 수 있는 여성들도 있었지만, 나머지 여성들은 아기를 지우는 과정에서 생명이나 건강을 잃기도 했다.

따라서 당시에는 간절히 원한 임신조차도 대가가 뒤따랐다. 파이어스톤은 여성들이 아기를 낳을 때 받는 대우를 보고 경악했다. 일부 병원에서는 으레 여성의 생명을 아기의 생명보다 덜 중요하게 여겼다. 또 이들의 바람을 무시하기 일쑤였다. 의사들은 선제적인 회음 절개술 같이 고통스럽고 종종 불필요한 시술까지 집도했다. 회음 절개술은 의사가 출산 전 질과 항문 사이의 연부조직인 회음부에 칼집을 넣는 일로, 아기가 나올 때 틀림없이 이 부분이 찢어질 것이므로 저절로 찢어진 상처보다는 외과적 절개 부위가 더 쉽게 나을 것이라는, 잘못된 신념 때문에 오랫동안 흔한 관행으로 남아 있었다. 이런 출산의 의료화는 1880년대에 백인 남성 의사들이 재생산 문제를 지역사회의 여성들과 조산사의 손에서 빼앗으려 하면서 시작되어 점점 고착화되었다.

1960년대와 1970년대 미국에서는 이런 처치들에 대한 대응으로 '자연스러운' 출산*이, 많은 이들이 공유하는 여성운동의 명분이 되었다. 임신을 질병으로 규정하는 관행과 여성들이 병원에서 겪어온 가부장적 학대에 저항하는 의미에서 약물 없이 병원이 아닌 집에서 아기를 낳도록 장려했다. 하지만 파이어스톤은 이 운동을 탐탁치 않게 여겼다. 여성의 가치가 엄마 되는 능력과 직결된다는 메시지를 강화하는 또 다른 수단에 불과하다고 생각했기 때문이다. 의사들은 여성들에게 약을 주더라도 임신 과정과 마찬가지로 부작용이 나타나면 여전히 감내하기를 바란다. '자연스러운' 출산을 주장하는 사람들은 출산을 여성이 힘을 행사하는 원천이라고 주장하고, 출산 경험을 덜 고통스럽게 하는 해결책을 거부하도록 권고하여 여성들을 생식기로 환원시킨다. 어느 쪽도 여성이 임신과 함께 짊어져야 하는 막대한 부담을 덜어줄 수 있고, 또 그래야만 할 부정의라고는 인식하지 못했다.

출산의 과도한 의료화, 그리고 그 반대에 놓인 '자연스러운' 출산에 대한 압박은 지금도 출산하는 사람들에게 똑같이 해로운 것은 사실이다. '자연스럽게' 출산하라는 압박은 제왕절개술이 필요하거나 약물을 요청한 사람들에게 실패감을 안길 수 있다. 영국 슈루즈버리 앤 텔포드 병원 NHS 트러스트에서 9명의 산모가 사망하고 200명이 넘는 아기가 죽거나 영구적인 손상을 입게

---

* **'자연스러운' 출산** 'natural' childbirth, 우리나라에서 '자연분만(normal delivery)'은 의학적 관리를 받지만 '제왕절개 분만'이나 '유도분만'에 해당되지 않는 정상 분만을 가리킴. 여기서 말하는 '자연스러운' 출산, 의학적 개입이 없는 출산은 '자연주의 출산'에 더 가까워 보임.

된 사건을 다룬 2022년 보고서는 '자연스러운 출산'을 지나치게 강조한 것이 이런 비극을 가져온 핵심적 원인이라고 보았다. 여성들은 생명을 구해줄 제왕절개술 등의 시술을 거절당했는데 아기를 잃었다는 이유로 비난까지 받았다. 이들 가족에게 일어난 일은 임신과 출산을 겪는 사람들에게 출산 방식에 대한 하나의 관념을 강조하여 초래한 가슴 아픈 사례라 할 수 있다. 이 경우는 의학적 개입 없이 진통이 '자연스럽게' 이루어져야 한다는 이념적 집착이 사망 및 영구적 손상을 불러왔다. 이와 유사한 징후를 다른 의료 환경에서도 찾아볼 수 있다. 특히 북미에서는 임신과 출산을 겪는 사람들이 이들의 바람이나 시술의 효과에는 거의 관심을 두지 않은 채, 출산 예정일이 지나면 유도 분만 같은 불필요한 시술을 종용받는 경우가 많다고 보고한다. 의학적으로 필요하지도 않고, 때로는 상당한 신체적 손상과 정신적 외상을 초래할 수 있는 의학적 개입을, 출산하는 사람들에게 수용하라고 압박을 넣고 심지어 위협까지 하는 것이다.

병원 출산도, 가정 출산도 똑같이 여성에게 힘을 실어줄 수 있다. 진통할 때 경막외 마취의 도움을 받고 싶은 욕구도, 약물 없이 분만하고 싶은 욕구도 똑같이 존중받아야 한다. 어디에서, 어떤 도구를 이용하여, 누구와 함께 출산하고 싶은지 사람들의 선호에 귀를 기울여야 한다. 임신과 진통 과정을 존중하는 태도로 돌본다는 것은 사람들이 무엇을 이용할 수 있는지, 어떤 상황에서 의학적 개입이 필요하고 생명을 구할 수 있는지, 출산 중에 힘을 느끼려면 어떤 전략을 사용할 수 있는지 이해하도록 돕는 것을 의미한다. 누군가의 몸이 진통을 겪도록 '만들어졌다'고 주장하는 방식이든, 약을 먹지 못하게 말리는 방식이든, 필요하지도 원하지도 않는 치료를 받아들이라고 요구하는 방식이든, 이런 선택권을 박탈하는 것이야말로 용납될 수 없는 일이다.

1970년대에 파이어스톤이 책을 낸 이후 아무것도 변한 것이 없다고 말한다면 부당한 평가일 것이다. 환자 활동가들, 재생산과 관련된 건강 및 권리, 정의 운동을 조직화한 사람들은 물론이고 페미니스트 과학자와 연구자들의 협력은 재생산 건강 및 임신에 초점을 맞춘 연구를 실질적으로 진척시켰다. 그럼에도 임신의 여러 합병증과 고통스럽고, 불쾌하고, 위험할 수 있는 많은 '정상적인' 측면들에 대한 연구는 아직도 탄식이 나올 만큼 부족하다. 많은 경우 약물과 치료가 임신한 사람들에게 미치는 영향에 대한 지식이 부족한 이유는 임신한 사람들을 대상으로 하는 연구가 더 엄격하게 규제되고 있기 때문이기도 하다. 사전예방 원칙은 자료가 부족한 이런 경우에 대처할 목적으로 적용되는 경우가 많은데, 만일 여러분이 임신한 상태라면 그로 인해 걱정이 더 많아질 수 있을 것이다.

오랫동안 임신한 사람들은 진통제가 필요할 때 아스피린이나 이부프로펜 같은 진통소염제NSAIDs를 복용하지 말고 파라세타몰 같은 아세트아미노펜을 사용하라는 권고를 받아왔다. 2021년 연구원들은 아세트아미노펜이 태아 발달에 영향을 미칠 가능성이 있다며 임신 중 사용에 '사전예방 원칙'을 적용하라고 촉구했다. 물론 임신기에는 두통, 관절통 등 온갖 통증을 경험할 가능성이 매우 크다. 그리고 밝혀진 것처럼 임신한 사람이 고통을 겪으면 자라는 아기에게도 부담이 된다. 정확히 어떻게 통증을 관리하라는 말인가? 웃으며 참으라고? 특히 이 경우 사전예방 원칙에 따른 권고는 만일 아세트아미노펜을 복용해야 한다면 최소 용량을 가능한 한 최단기간 복용하라는 것이었다. 그런데도 이 연구가 발표되자마자 타이레놀도 '안전하지 않다'는 말을 약사로부터 들은 후 내가 깨달았듯이, 많은 경우 이 원칙은 복용을 완전히 만류하는 방식으로 해석되고 적용된다는 사실이었다.

3장에서도 살펴봤듯이 어떤 음식과 음료, 운동이 임신 중에 부작용을 초래할 가능성이 있다고 입소문이라도 전해지면, 여성들은 보통 그냥 이것을 멀리하라는 이야기로 듣는다. 이 책을 쓰는 동안 나는 임신 기간과 임신 후에 특정 활동이나 경험을 유보해야 한다는 생각이 하나의 쟁점이라고, 생각하고 싶지도 않다는 사람들이 놀라울 정도로 흔하다는 사실을 알게 되었다. 실제로 생명윤리 학자들은 여성들이 "사소한 이유"로 인공자궁을 사용하는 일이 생기지 않도록 몇 가지 조치를 취해야 한다고 충고했다.[5] 하지만 무엇이 '사소한' 것인지 누가 판단할 수 있겠는가?

사람들은 시스젠더 남성이 아이를 갖기 위해 최소 10개월간 커피, 술, 치즈, 생선을 포기하는 일을 당연하다고 생각하지 않는다. 달리기, 춤, 등산을 쉬엄쉬엄할 것이라고도 생각하지 않는다. 이들은 출산을 준비하면서 나타나는 메스꺼움, 더부룩함, 어지러움, 기분 변화, 전신 쇠약감 같은 증상도, 이후 여러 달 동안 자신의 젖으로 아기를 길러야 하는 부담도 경험하지 않는다. 또 이 기간에는 임신 전 상당한 기쁨의 원천이 되는 활동들을 즐길 수 없는 경우가 많은데, 이 남성들은 이런 활동 역시 제약받지 않는다.

습관처럼 매일 두세 잔씩 커피를 마시며 행복해하는 나는 임신 중이라는 이유로 커피를 줄여야 하는 상황이 억울했고, 커피섭취가 뭐라도 문제를 일으킨다는 분명한 근거조차 없다는 것이 더 억울했다. 나는 포도주를 끊는 것도 싫었고, 임신과 함께 생각만으로도 술이 역겨워졌다고 말하는 친구들에게 공감이 가지 않았다. 거의 평생 초콜릿, 치즈, 고기, 생채소, 날 해산물 등 무엇이든 가리지 않고 흡입해온 내게는 내가 선택한 음식이 '아기에게 안전한지' 다시 생각해보는 일이 무척 힘들었다. 무엇보다도 힘든 부분은 임신 막바지에 접어들면서 평소 즐기던 모든 일들이 그야말로 능력 밖에 있다고 깨닫게 되는 일이었다. 극심한 골반 통증은 곧 달리기를 그만두라는 의미였다. 하이킹을 하거나 에너지 넘치는 강아지를 산책시킨 후 찾아오는 기분 변화와 심한 체력 고갈은 활동을 줄이고 좀 더 누워 있으라는 의미였다.

출산은 예상치 못한 방식으로도 나를 덮쳤다. 무언가 잘못되면 어떡하지? 어떻게 한 번도 해보지 않은 과정에 대해 실제 '선호도'를 적을 수 있을까? 진통을 겪어보기 전까지 내게 약이 필요한지 어떻게 알지? 사람들이 출산에 대한 무서운 이야기를 에둘러 말해주는 분명한 '조언'들은 다 뭐지? 출산휴가를 보내면서 한 인간을 키우려고 염두에 두었던 온갖 다양한 호흡 기술과 병원, 산후 조리, 수유와 관련된 목록들을 어떻게 종합해야 할까? 임신의 의료화와 '자연스러운 출산'이라는 이중 압력은 내 배가 커지면서 사람들이 지나가듯 툭 던지는 말에도 반영되어 있다. 약을 먹을까? 통증을 불편감이라고 생각하는 법을 배우기만 하면 정말로 누구나 '자연스러운' 진통을 할 수 있다는데. 무엇을 해야 할지는 아기가 가장 잘 아니까, 나는 그냥 아기가 나오기만 기다려야 할 것이다. (아마도 병원? 의사들?) '그들'은 내가 예정일을 넘기도록 '그냥 놔둘까' 아니면 분만을 유도할까? 나는 내 모습이 엄청 크게 보인다는 사실을 아나? 아기가 저렇게 크면 제왕절개 수술이 필요하지는 않을까? 아이가 37주 치고 조금 작은 것 같으니 검사를 해봐야 하지 않나?

임신이 힘들고 좌절감과 불쾌감, 불공평을 느낄 수 있는 여러 이유 중 하나를 가리켜 '사소하다'고 치부하는 것은 여성들의 경험을 비하하는 일이다. 파이어스톤이 글을 쓰던 1970년대부터 오늘날까지, 모든 사람이 동일한 방식으로 임신을 경험했던 적은 없다. 많은 사람들이 임신이야말로 살면서 매우 행복감을 느끼는 시기이고 힘이 느껴지는 출산 경험이었다고 묘사한다. 다른 사람들에게는 임신이란 말 그대로 생명을 위협받는 일이다. 임신을 근본적으로 '좋은' 또는 '나쁜' 일로 분류할 수는 없다. 나는 임신에 따른 힘든 상황을 모두 우회하려는 경향과 모든 일이 악몽 같을 것이라는 가정에 똑같이 분개했다. 대개는 내가 활기차고 행복해하며 아기의 발길질이 즐겁던 임신 제2분기 말에, 마치 심각하게 아프고 휴식이 필요한 사람처럼 대접받는 일은 기이한 경험이었다. 그럼에도 우리는 여성들의 경험을 전체적으로 일반화하지 않고 임신의 예방, 종결, 지속에 모두 실질적 위험, 즉 불편감에서부터 사망에 이르는 위험, 주로 여성들에게 계속해서 부과되는 위험들이 뒤따른다는 데 동의할 수 있어야 한다.

임신에 따른 신체적·정서적 어려움과는 별도로, 임신과 출산은 자연스러운 노동 형태로 계속 과소 평가되고 있다. 여성들은 여전히 육아를 일방적으로 책임지고 있다. 이런 불균형은 임신 기간에 시작되어 그 이후 오랫동안 지속되는 경우가 대부분이다. 2022년 현재 미국은 여전히 유일하게 연방 차원의 유급 육아휴직 제도가 없는 부유한 국가에 속한다. 1993년에 제정된 가족 및 의료 휴가법Family and Medical Leave Act(FMLA)은 12주의 무급 출산휴가를 보장하는 것이 고작이지만, 40퍼센트의 근로자에게는 이런 기대 이하의 제도조차 활용할 자격이 주어지지 않는다. 뉴욕, 콜롬

비아 특별구, 오레곤 등 일부 주에는 유급 가족 돌봄 휴가법이 있지만, 미국 여러 지역에서 어머니와 임신한 부모들은 출산 2주 후에는 직장에 복귀해야 하고 아버지와 임신하지 않은 부모들은 전혀 휴가를 쓸 수 없다.

에스토니아, 스웨덴, 리투아니아, 헝가리 등은 유급 육아휴직 제도를 선도하는 국가들이다. 그러나 많은 국가들이 어머니를 위한 유급 휴가 제도조차 갖추는 데 적극 나서지 않고 있으며, 92개국 이상에서는 아버지를 위한 유급 휴가 제도조차 아예 없다. 파이어스톤은 '생식 생물학의 폭정'에서 모성에 대한 기대가 여성들이 살아가면서 내려야 하는 결정 가능성을 어떤 방식으로 제한하는지도 살펴보았다. 솔직한 마르크스주의자였던 파이어스톤은 여성들에게 초과 근무 기회를 동등하게 부여하는 데 초점을 두는 정책 변화에는 별 관심이 없었을 것이다. 어쨌든 파이어스톤이 추구한 것은 혁명이었다. 하지만 임신의 대안으로 체외발생을 지지하는 자유주의적 페미니스트들은 임신이 여성의 경제적 지위와 경력 기회에 미치는 영향을 자주 지적한다.

2015년 에비 켄달은 국가가 주관하는 체외발생에 대한 이야기에서 다음과 같이 주장했다. "임신의 사회적 부담은 이중적이다. 즉 사회적 기대는 여성에게 임신을 요구하고, 임신은 여성의 사회생활에 실질적인 지장을 초래하고 미래의 기회를 제한한다."[6] 현재 유급 육아휴직이 가능한 곳일지라도, 이 휴직이 임신한 어머니한테만 국한되어 있는 곳이라면 임신하지 않은 부모, 즉 아버지가 아닌 임신한 어머니가 일을 쉬게 될 것이라는 기대를 한다. 출산한 여성만이 휴직을 할 때에는 파트너가 계속 경력을 쌓는 동안 아기를 낳은 여성이 아기와 함께 집에 머물러야 한다는 메시지이다. 문제는 아버지의 육아휴직을 보장하는 정책 유무에 단순히 국한되지 않는다는 사실이다. 한국과 일본은 아버지에게 유급 휴가를 1년 이상 보장하는, 세계에서 가장 관대한 육아휴직 정책을 채택하고 있다. 그러나 이 제도를 활용하는 남성은 많지 않다. 성역할에 대한 구시대적 규범을 계속 유지하는 곳에서는 지정 휴가나 의무 휴가 같은 조치로 아버지의 휴가를 장려할 필요가 있다. 이성애 관계에 있는 아버지가 울부짖는 아기를 돌보는 일은 말할 것도 없고, 어린이집에서 걸려 오는 전화를 받는다거나, 아이가 아플 때 같이 집에 있어 준다거나 하는 일은 여전히 상상할 수 없는 일이다.

'어머니용 일자리' 또는 '모성 불이익'이 여전히 만연하다는 것은 여성들이 출산 휴가를 사용한 뒤에 취업 기회나 승진에서 배제되고 있다는 의미이다. 남성들이 경력을 쌓거나 경험을 늘릴 수 있는 바로 그 단계에서 여성들은 정체기를 맞거나 강등된다. 1960년대부터 오늘날에 이르기까지 보육 비용이 많이 들고 여성 임금이 평균적으로 남성보다 낮다는 사실은 여성들이 억압받게 되는 상황을 만든다. 이성애 관계에 있는 여성들의 경우 직장에

남는 편보다 집에서 아이를 돌보는 편이 재정적으로 더 나은 지속 가능한 선택지가 될 수 있다는 가능성에 직면하는 경우가 많기 때문이다. 정규직 맞벌이 가정에서조차 여성들이 육아 대부분을 수행하는 경우도 마찬가지이다.

코로나19 대유행으로 휴교와 온라인 수업이 이루어지자, 직장에 다니던 어머니들이 돌봄을 떠맡았다. 육아가 여성들에게 미치는 불균등한 영향은 산업 전반에 반영되었다. 이를테면 경력을 쌓으려 할 때 강력한 출판 이력과 성공적인 연구비 조달이 필수적인 학계의 경우, 남성 저자들의 활동이 증가하는 시점에 여성 저자들의 연구비 지원 및 학술지 투고는 급감했다. 미국진보센터는 전 지역에서 여성들이 남성들보다 더 근무시간을 줄이거나 직장을 떠났다고 보고했다. 장기간의 봉쇄 조치 이후 4명 중 1명의 미국 여성이 육아 대책이 없어 실직한 것으로 나타났다.

이런 현상 역시 인종차별적인 양상을 보인다. 미국이나 영국 같은 부유한 국가의 경우, 백인 어머니들이 더 나은 경력을 위해 노력할 수 있는 이유는 흑인 여성과 유색 인종 여성들에게 돌봄과 가사 노동을 외주화하기 때문인 경우가 흔하다. 흑인, 라틴계, 원주민 미국 여성들은 전염병이 대유행하는 동안 일선 업무에 배치되고, 재정적 이유로 직장을 그만둘 수 없는 경우가 백인 여성들보다 더 많았다. 불공평하게도 이 집단에 속한 여성들은 육아를 위해 근무 시간을 줄이거나 바꿔야 했기 때문에 재정적 부담도 가중되었다. 적어도 세계 일부 지역에서는 출산과 양육이 여성들의 앞길을 가로막을 수 있다는 켄달의 주장은 여전히 유효하다. 여기서 문제는 임신과 돌봄 노동이 여전히 여성들에게 불공평하게 영향을 미치는지가 아니다. 이에 대한 대답은 분명 '그렇다'라고 알고 있기 때문이다. 대신 우리가 던져야 할 질문은 체외발생으로 이 문제가 해결되느냐 하는 점이다.

재생산 노동의 젠더 불평등을 시정하기 위해 인공자궁을 활용할 수 있다는 발상은 설득력이 있다. 아마도 오래 묵은 사회적 난제들을 시정하고 깊이 뿌리내린 구조적 장벽을 해체하는 일에 비하면, 임신 자동화 기술을 개발하는 편이 간단해 보이기 때문일 수 있다. 안타깝게도 이 기술은 사회문제를 해결할 기술적 해법을 찾는 또 다른 사례이다. 인공자궁은 성별에 관계없이 부모에게 허락되는 1~2년의 법정 유급 육아휴직의 대체재일 수 없다. 성별에 따른 임금 격차를 줄이거나 보편적인 무상 교육의 대체재일 수도 없다. 임신과 돌봄의 무게를 홀로 짊어진 한부모에게도 도움이 되지 않을 것이다. 분명 그 자체로는 임신과 출산을 겪는 사람들의 건강문제에 대한 연구비 투자 부족을 해결하지도 못할 것이다. 임신의 신체적·정서적 위험과 돌봄 노동의 평가절하가 여성들에게 부정적인 영향을 더 많이 끼쳤다는 스마이도르와 켄달 같은 평론가들의 주장은 타당하다. 하지만 이들이 같은 문제에 사회가 대처하는 방법을 인공자궁에 대한 개발 투자라고 말한다면, 문제의 근본 원인으로 여성은 임신할 수 있고 남성은 그럴 수 없다는 점을 시사하는 것이나 마찬가지일 것이다. 하지만 문제는 생식 생물학이 아니다. 임신을 중요한 문제로 여기지 않고 적절히 다루지 않아 생기는 위험은 오히려 성차별주의와 의학의 가부장적 간섭주의의 책임이다.

이런 문제를 해결할 목적으로 인공자궁으로 눈을 돌리는 일도 아이를 임신하고 엄마가 되는 일을 어렵게 만드는 사회·정치적 문제들 대신 여성의 몸으로 책임을 돌리는 안타까운 결과를 초래한다. 스마이도르 같은 평론가들이 체외발생에 관해 이야기한다면 자신들이 사회문제에 기술적 해법을 제시하고 있다는 사실을 알고 있는 경우가 대부분이라고 말하는 것이 솔직할 것이다. 실질적인 변화가 필요하다는 점과 진행 속도가 너무 느리다는 사실은 동시에 인정할 수 있는 일이다. 여성들은 자신들이 과도하게 짊어진 위험들의 진정한 재분배와 육아에 대한 실효성 있는 대책을 기다려왔다. 이 지점에서 일부 페미니스트 평론가들은 사회적 노력에 시간이 너무 많이 걸린다는 이유로 체외발생에 찬성하는 입장을 취한다. 체외발생은 극단적 선택지이자, 꼭 필요할 때 쓸 수 있는 선택지이다.

어떤 의미에서는 그들이 옳다. 파이어스톤이 《성의 변증법 Dialectic of Sex》을 쓴 지 50년이 지난 지금도, 어떻게 이 책에 언급된 그 많은 부정의들이 여전히 완강하게 자리를 지키고 있을까? 어떻게 아직도 많은 사람들이 직업과 돌봄을 균형 있게 유지하는 데 부모들과 똑같은 어려움을 겪을 수 있을까? 시간이 너무 오래 걸린다는 말은 사실이다. 하지만 인공자궁이 더 빨리 도입되리라고 믿을 근거는 거의 없다. 이 책에서 살펴보았듯이, 한 가지 변함없는 사실은 역사를 통틀어 기술이 도입되는 맥락만큼만 진보할 수 있다는 것이다. 돌봄 노동을 둘러싼 불평등은 1970년대 파이어스톤의 책이 출판되기 훨씬 전부터 지속되어 왔다. 물론 이 문제는 우리가 사는 사회구조 자체의 문제이기 때문에 지속되어 온 측면도 있다. 나아가 돌봄 노동과 관련된 불평등은 우리 아이들에게 이분법적 성 관념을 매우 적극적으로 강화하면서 되풀이되고 있으며, 우리가 의존하는 거의 모든 사회제도에 의해서도 유지되고 있다. 우리가 인공자궁 기술을 가지고 있었다면 기존의 규범들을 지우기보다는 강화하는 또 다른 도구로 이용했을 가능성이 더 컸을 것이다.

요즘은 체외발생에 대한 논문에서 가끔 파이어스톤의 이름이 눈에 띄는데 대다수의 경우 그녀가 체외발생이 여성들에게 힘을 실어줄 것이라고 확신하는 다소 순진한 기술애호가로 묘사된다. 사실 파이어스톤은 체외발생이 누군가를 해방시킨다는 생각에 중요한 경고를 보냈다. 그녀는 사회 봉기가 일어나지 않은 상황보다는, 이후 기술이 어떻게 활용될지에 더 관심이 있었다. 파이어스톤은 공평함을 요구하지 않았다. 그녀는 단지 '남성의 특권'만이 아니라 '성 구분 자체를 제거하는' 페미니스트 반란에 대해 사회의 급진적 재고를 요구했다. 유토피아는 남성과 여성들이 동등한 육아휴직을 누리는 상태가 아닌, 모든 사람이 재생산 노동과 육아를 분담하는 곳이었다. 상당한 사회적 변화가 없다면 인공자궁은 기존의 한계와 편견으로 일그러진 세상에 단순히 편입될 뿐이다.

인공자궁을 남성과 여성 간 재생산 노동의 불평등한 분배를 완화하기 위한 수단으로 여기는 접근 방식은 또한 여성들이 단일체였던 적이 한 번도 없었다는 사실마저 지워버린다. 서로 다른 여성 공동체들 사이의 불평등은 젠더 불평등 못지않게 극심하다. 4장에서 살펴봤듯이 임신한 사람들과 영아에 대한 돌봄 격차가 전 세계적으로, 또 인종차별적 방식으로 이리 극명하게 남아 있는 상황에서는 체외발생에 대한 사회적 투자가 도덕적 책무로 여겨질 수 없을 것이다. 다수의 여성들이 엄마가 되라는 압력을 경험하는 것은 분명한 사실이다. 언제 아기를 가질지 하나같이 궁금해하는 가족들, '너무 늦기' 전에 아이를 가질 수 있도록 부지런히 파트너를 찾아야 한다는 생각, 파트너가 있는 사람에게 임신 계획을 묻는 무례한 질문들은 낯익은 레퍼토리이다.

그러나 켄달, 스마이도르, 파이어스톤은 여성들이 집단적으로 끊임없이 출산장려정책의 대상이 되고 무자녀 방침을 감행하면 망신을 당한다는 사실을 비슷하게 보여준다. 하지만 파이어스톤이 모든 여성들에게 부과되는 엄마가 되어야 한다는 사회적 압력에 대해 비난하는 동안에도, 흑인과 원주민 여성, 장애가 있는 여성, 저소득층 여성들은 자신들을 엄마 될 자격이 없는 사람으로 대하는 사회 시스템에 맞서 싸우고 있었다. 재생산 정의 운동을 이끄는 로레타 로스가 강조했듯이 강제 불임, 피임 압박, 자녀를 빼앗길 수 있다는 위협은 이 집단에 속한 여성들에게 그 이상은 아니더라도 똑같이 시급한 일이었다. 파이어스톤 같은 백인 여성은 주로 모성을 의무로 느끼게 하는 관행 형태가 재생산에 관련된 자율성에서 느끼는 제약이었다. 하지만 3장에서 다루었듯이 다른 많은 여성들은 임신을 존중받을 권리와 자녀를 안전하게 양육할 권리를 누리기 위해 고군분투하고 있었다. 체외발생이 여성들을 재생산 압력에서 '자유롭게' 할 수 있다는 발상도 모든 여성이 같은 수단으로 억압받고 있다고 상정함으로써 변함없이 백인 여성들을 염두에 둔 묘사에서 나온 것이다.

　체외발생에 대한 이런 페미니스트 접근 방식은 파이어스톤이 미국에 사는 백인 중산층 여성의 재생산 경험과 흑인이나 원주민 여성, 장애가 있는 여성, 저소득층 여성들의 경험이 어떻게 다른지 세심하게 고려하지 못한 데서 비롯되었다. 따라서 여성들을 임신 경험에서 '자유롭게' 할 수 있다는 점을 근거로 인공자궁을 도입해야 한다는 발상은 기본적인 요구사항이 전제될 수 있는 특권적 입장에서 나오게 된 것이다. 말하자면 재생산에 관련된 자유를 향한 다음 단계는 상대적으로 특권적 위치에 있는 여성들이 대부분 받을 것이라고 가정할 수 있는, 재생산 관련 돌봄 형태에 접근하는 것을 보장하는 것이 아니라 임신에 대한 대안을 완전히 창출하는 곳에서 시작될 것이라는 이야기이다.

1990년대 의료 사회학자 도로시 로버츠Dorothy Roberts는 재생산의 새로운 '선택지'로 **시험관** 수정이 자리 잡게 된 방식을 다루었다. 그녀는 재생산 기술을 해방의 도구로 이해하는 방식은 "재생산을 둘러싼 자유와 통제의 가치를 결정하는 사회적 권력의 문제를 잘 보이지 않게 하는 눈가리개 역할을 한다"라고 평가했다. "즉 문제를 완전히 무시하는 방식이 아닌 사회적 불평등을 바로잡을 필요 없이 개인의 자유를 쟁취하라고 주장함으로써 문제를 가린다는 것이다."[7] 임신이라는 불평등한 부담으로부터 여성을 '자유롭게' 하는 수단으로써 인공자궁을 도입해야 한다는 주장도 똑같은 방식으로 사람들에게 반향을 불러일으킨다. 임신에 따르는 위험과 여성들에게 부과되는 불공평한 양육 책임의 무게를 바로잡길 바란다면, 우리는 임신에 대한 새로운 대안으로 체외발생의 도입에 초점을 맞춰서는 안 될 것이다. 대신 우리는 앞에서 들여다본 불평등을 바로잡는 데 초점을 둬야 한다. 우선은 인종차별주의가 흑인 여성들을 조산 위험에 내몰지 않는 단계까지 나아가야 한다. 또 임신한 사람을 성 정체성, 능력, 민족성, 계급 때문에 엄마 될 자격이 없는 사람으로 대하지 않는 단계까지 나아가야 한다.

인공자궁이 남녀 간 불평등을 종식시킬 것이라는 발상 역시 젠더가 이분법적 특성이라는 가정에서 출발한다. 이 논리에 따르면 여성은 임신할 수 있는 생물학적 능력으로 규정되며, 남성은 생물학적으로 아이를 몸에 지니고 있지 않아도 재생산이 가능한 특성 때문에 여성과 구분된다. 이런 구분에 근거하고 있는 거대한 젠더 불평등은 남성은 아이를 임신할 수 없는 반면 여성은 임신할 수 있다는 차이로 이해된다. 그리고 이것이 생명과 관련하여 누구나 인정하는 사실이라면 인공자궁이 해법을 제시해줄 것이라는 주장은 이치에 맞는다. 이 기술은 몸 밖에서 아이를 임신할 수 있게 함으로써, 남성들이 아이를 갖는 책임을 질 수 있게 되는 새로운 가능성을 열어줄 것이다. 그러나 이런 논리는 성과 젠더에 대한 본질주의적 접근 방식이다. 세상에는 두 가지 이상의 성이 존재한다. 임신이 가능해져 자녀를 몸에 지니고 다닌 남성들이 있다. 임신할 수 없지만 여전히 여성인 사람들도 있다. 체외발생이 임신과 여성 신체의 연관성을 해제하여 해법을 제시할 수 있다는 대대적인 선언은 이미 임신한 부모가 된 트랜스젠더 남성들, 논바이너리, 젠더 퀴어들의 존재를 지워버린다. 이런 현상은 서구 문화에 만연해 있는 젠더에 대한 편협한 이분법적인 사고방식의 집요함을 보여준다.

세상에 오직 두 가지 성만 존재한다는 신념이 너무나 견고한 나머지, 우리는 여성들이 홀로 임신을 책임지는 현 상태에서 벗어나려면 임신을 몸에서 완벽하게 분리해내는 신기술을 개발해야 한다고 생각한다. 이것은 그야말로 사실이 아니다. 생식 생물학은 파이어스톤의 생각과 달리 '폭정'의 주체가 아니다. 실제 폭정은 성과 젠더에 대한 구시대적 생각을 버리지 못하는 우리의 무능력에서 기인한다. '암female'과 '수male'의 부모 역할이라는 이분법적 발상을 지양하는 가족을 계속해서 만들어 온 것은 시스젠더와 이성애 관계 밖의 사람들이다. 이 '폭정'은 사회적·법적·정치적 현상이다. 즉 폭정은 성에 대한 환원적이고 배타적인 생각을 계속 강화하고 엄마, 아빠, 부모가 될 수 있는 사람에 대한 편협한 정의를 강요하는 제도들이다. '여성'을 암컷으로 태어난 사람들로 환원시키고, 생식 생물학 때문에 여성들이 근본적으로 '억압받는다'고 상정하는 페미니스트 사고는 이 문제의 일부분이다. 이런 사고는 비판의 대상이 되는 제한적인 성역할을 악화시킬 뿐이다. 브리튼 여성계의 시선을 한 몸에 받은 자칭 '젠더 비판적' 평론가가 트랜스젠더를 혐오하는 독설을 내뱉은 일은 실제이 결과를 보여주는 유명한 사례이다.

2018년 영국 정부는 2004년 젠더 승인법Gender Recognition Act(GRA)의 요건을 개정하기 위한 대망의 협의를 완료했다. 이 법 조항에 따르면, 자신의 젠더 정체성을 승인받으려는 사람은 성적 위화감*이라는 진단을 확인해주는 정신과 진단서, 상세한 치료력 보고서, 2년 이상 '후천적 성'으로 살았다는 증거, 기혼자라면 배우자의 동의서를 얻어내야 하는, 시대에 뒤떨어진 부당한 과정을 거쳐야 한다. 이런 요건들은 트랜스젠더의 경험을 의료화하고 낙인찍는다. 이 법은 또한 논바이너리 정체성을 인정하지 않고 18세 미만에게는 적용되지 않는다. 협의를 앞두고 사람들은 이런 제한 요건이 철폐될 것이라는 바람이 있었다. 또, 한 걸음 더 나아가 정부가 아일랜드, 노르웨이, 아르헨티나처럼 자기 선언을 허용하는 국가들과 발맞추어, 사람들에게 자신들이 가진 성에 대한 결정권을 부여하는 더 진보적인 모형으로 나아갈 것이라는 희망을 품었다. 이 협의에 반응한 수많은 사람들이 이 법에 명시된 제한 요건의 철폐를 지지한 것을 고려하면 당연한 희망이었다.

결과적으로 협의는 〈여성을 위한 공정한 승부Fair Play for Women〉나 〈여성의 자리Women's Place〉 같은 '젠더 비판적' 페미니스트로 추정되는 단체들 때문에 대부분 그르치고 말았다. 이 단체들은 사람들이 스스로의 정체성을 규정하도록 허용하면 '성(sex)에 근거한' 권리가 침해당할 것이라는 생각으로 의견을 개진했다. 그런데 이 단체들을 각각 만났던 당시의 여성평등부 장관 리즈 트러스Liz Truss는 트랜스젠더 권리 옹호자들도 만났다며 오해의 소지가 있는 발언을 한 것으로 나중에 밝혀졌다. 당시 트러스는 자신의 성

---

* **성적 위화감** gender dysphoria. 이 용어는 자기가 다른 성(性)으로 잘못 태어났다고 느끼는 상태로, 정체성보다는 불편함을 문제로 삼는다.

을 법적으로 확인받으려는 사람들을 위해 행정 비용을 조금 인하하는 것 외에는 법을 그대로 유지한다고 발표한다. 여성들의 이익을 위해 활동한다고 주장하는 협회들의 치밀한, 조직화된 활동으로 협의 과정이 습격당한 사건은 훨씬 더 광범위한 문제를 드러낸다. 이들의 주장은 생식과 관련된 생물학적 특성이 사회에서 그 사람에게 주어지는 자리를 결정한다는 생각의 외피로 귀결된다. 수컷이라고 지정된 생식 기관을 가지고 태어난 사람은 누구나 남성이고, 따라서 남성은 근본적으로 억압하는 자이다. 트랜스 여성은 여성 전용 공간*에 있는 시스젠더 여성들을 폭력 위험에 노출시킬 것이며, 이들이 그러지 않는다 해도 남성들이 이 공간에 들어와 단지 여성들에게 몹쓸 짓을 하기 위해 트랜스 여성이라고 주장할 수도 있다. 따라서 암컷이라 지정된 생식 기관을 가지고 태어난 사람들은 여성이고, 기본적으로 억압받는 자이며, 언제나 위험에 노출되어 있다.

분명 귀에 익숙한 논리이다. 우리는 3장에서 과학적 인종차별주의가 우생학을 정당화하고 인간의 가치를 위계화하는 방식을 살펴보았다. 백인 우월주의는 인종과 능력이 사회에서 그 사람의 지능, 역량, 자리를 결정한다는 논리를 주입했다. 트랜스젠더 혐오는 폭력적인 범주화와 똑같은 양상을 띤다. 인간을 암수 두 범주

---

* **여성 전용 공간** single-sex spaces. 화장실, 탈의실과 같이 여성 또는 남성만 들어갈 수 있는 공용 공간을 가리킴.

로 환원시키고 그 사람이 어떤 범주에 있는지에 따라 그 사람이 누구인지, 어떤 궤적을 그리며 세상을 살아갈지 전적으로 좌우된다고 전제하는 것이다. 음경을 가지고 세상에 태어나면 폭력적 포식자가 될 수밖에 없다고 판단하고, 질을 가지고 태어나면 희생자가 될 수밖에 없다는 의미이다.

　트랜스젠더를 혐오하는 페미니스트들은 여성됨을 생물학적 성과 결부시키지 못하면 여성의 권리가 침해된다고 주장한다. 이 생각에서 무엇보다도 잔인한 점은 트랜스젠더 혐오 집단이 여성에게 가할 것이라고 두려워하는 가정 폭력, 성적 학대 등 다양한 형태의 폭력을, 특히 흑인 트랜스 여성들이 경험할 위험이 극도로 높다는 사실이다. 이는 여성을 보호하는 일도, 누가 여성으로 인정받을 수 있는지에 대한 통제력을 행사하는 일도 아니다. 젠더 승인법 협의가 시작된 후 트랜스젠더를 배척하는 급진적 페미니스트들은 이들의 권리를 보호한다면 시스젠더 여성들이 해를 입을 것이라고 주장했다. 이후 5년간 트랜스 여성에 대한 증오 범죄가 4배나 증가했다. 생식과 관련된 생물학적 특성이 사람의 성을 결정한 다음에 억압하는 자인지, 억압받는 자인지 결정한다는 환원적 발상이야말로, 아이를 몸 안에 지니고 양육하는 일의 재분배 가능성을 제한하는 진짜 폭정이다. 여성이, 또 여성만이 연루되는 임신의 엉킨 실타래를 푸는 데 필요한 것은 체외발생이 아니다. 돌봄 노동을 보호하고 가치를 인정하는 일과 함께, 우리는 아버지들, 논바이너리, 젠더퀴어 사람들을 사회적으로 법적으로 보호하지 않으려는 문제를 해결해야 한다.

2020년 한 영국 언론인이 트랜스젠더 부모들에게는 획기적일 수 있었던 사건으로 대법원에 항소를 제기했다. 프레디 맥코넬 Freddie McConnell은 아들을 임신해 낳은 부모로, 법적 아버지로서 인정받으려 했다. 법원은 프레디를 남성으로 승인하고 인정했지만 법적으로 아기의 아버지가 될 수 없다고 판결했다. 대신 그는 법적으로 '남성 엄마'였다. 이 법원의 판결은 엄마만이 아기를 임신하는 일을 할 수 있다고 여기는 잉글랜드 법의 경직성을 보여준다. 그 결과 여성 신체와 임신의 연관성이 해제될 가능성을 제한한다. 사실상 법원의 판결은 다음과 같은 의미이다. 우리는 당신이 남성이라는 것을 알기 때문에 남성이 임신할 수 있다는 것도 압니다. 그렇지만 임신에 책임이 따르는 사람은 어머니만이 가능하므로, 당신은 아버지가 될 수 없습니다. 프레디가 자기 아이를 임신한 아버지로 인정받을 수 있었다면 임신이 어머니, 아버지, 즉 어떤 부모라도 할 수 있는 일이라는 선례로 남았을 것이다. 파이어스톤, 스마이도르, 켄달의 비전이 바로 이런 것이었는데, 즉 성별에 상관없이 누구나 임신에 책임이 따르는 미래이다.

법적으로 친권의 경계를 성별과 결부시킬 필요가 있을까? 이분법적 가족 역할을 강제하지 않아도 양친과 아이의 권리는 보호할 수 있다. 2017년 캐나다 온타리오주에서 통과된 온 가족평등법All Families Are Equal Act은 관련 있는 부모들의 협의를 거쳐 도출 되었으며, 임신이 그 사람의 성별과 무관하게 가능한 일이라고 인 정하는 방향으로 진일보했다. 이 법에 따르면 아이를 낳은 부모 가 아이를 낳지 않은 부모보다 법적 권리를 더 많이 누리는 것은 아니다. 아기가 태어나면 4명까지 부모 자격을 승인받을 수 있으 며, 이들은 어머니, 아버지, 또는 그냥 부모로 식별 범주를 선택할 수 있다. 이 체계는 핵가족 모형에 부합하지 않는 기존 가족들도 승인하고 보호할 수 있다.

임신을 '탈젠더화'하는 데에는 임신을 자동화하는 수단이 필 요치 않다. 성별과 무관하게 임신하고 부모가 되는 일을 가로막 는 의학적·법적·사회적 관행들을 실질적으로 무효화하는 일이 필요하다. 이 길을 가로막는 장벽은 우리의 신체적 한계가 아니 다. 그것은 바로 젠더를 관리하고 가족에게는 임신하는 어머니와 임신하지 않는 아버지가 필요하다는 메시지를 보내는 제도들이 다. 우리는 오랫동안 '생식 생물학의 폭정'으로부터 벗어날 수 있 는 도구를 이미 가지고 있었다. 즉 자신의 성별을 사람들이 스스 로 결정할 수 있게 하고, 임신 관련 돌봄에 대한 접근성과 여성이 아닌 임신 부모의 친권을 보호하는 일이 바로 그런 일들이다.

우리는 여성만이 잉태한다는 그릇된 생각을 거부해야 한다. 또 그렇게 하면서 동시에 **인간**의 임신에서 무엇이 자동화될 수 없는 일인지 질문할 필요가 있다. 그렇다고 해서 아기를 임신한 사람이 엄마가 되어야 한다거나, 임신 부모가 아이의 삶에 반드시 관여하지 않는 대리모나 입양을 통해 형성된 가족들이 무언가가 결여되어 있다는 뜻은 아니다.

1860년대에 타르니에는 임신 후반기를 몸 밖에서 재현할 날이 멀지 않았고 완전한 체외발생도 단지 시간 문제일 뿐이라고 생각했다. 1923년 과학의 미래를 생각하던 할데인은 40년 이내에 체외발생이 임신을 대체할 것이라고 확신했다. 하지만 이 기술이 반드시 도래할 것이라는 끊임없는 예측이 있었음에도, 우리는 아직 그런 위업을 달성하지 못했다. 그래야 할 필요성이 부족했다는 설명도 가능하지만, 결국 임신이란 복제할 수 없는 일이기 때문일 수도 있다. 물론 가능성은 열려 있다. 또 우리는 인공 임신이 모든 면에서 인간의 임신과 동등하다는 사실을 깨닫게 될 수도 있다. 그렇다고 해서 우리 모두가 인공 임신을 선택할 것이라는 의미는 아니다. 또 인공자궁에서 태어나 사실상 기계를 부모로 둔 최초의 아이조차 성인이 되어 이 방법을 선택하지 않을 수도 있다. 체외발생이 사람들에게 힘을 실어주는 기술이 되고 재생산에 관련된 자신의 삶을 통제하게 해주는, 또 다른 도구가 되려면 임신이 문제로 간주되지 않는 곳에서 시작해야 할 것이다.

아기를 지니고 다니다

임신 중에 이 책을 쓸 거라고는 예상하지 못했다. 사실 코로나19만 아니었다면 나는 임신 검사 결과를 보고 '잠깐, 뭐지?'라고 중얼거리고는 아래층으로 뛰어 내려가 내가 잘못 본 게 분명한 작은 줄이 내 파트너에게도 보이는지 물어보던 시점까지는 이 프로젝트를 전부 끝마쳤을 것이다. 지난 9개월 동안 나는 전문가와 초보자 사이, 지적 사유와 경험 사이라는 독특한 공간에서 지냈다. 그리고 나는 수년 동안 임신, 임신중지, 재생산 건강에 관련된 법을 연구해왔다. 정부가 우리 몸을 어떻게 규제하는지, 그리고 의료제도의 가부장적 간섭주의가 출산 경험에 어떤 영향을 미치는지에 대한 글을 쓰던 중 갑자기 내게 임신이 시작되었다.

트랜스젠더를 혐오하는 '엄마 블로거들'은 오로지 '진짜 여성들'만이 임신할 수 있다고 하면서 아기를 몸으로 임신하고, 낳고, 먹일 수 있는 능력이 본질적이고 자연스럽게 여성의 힘과 연관되어 있다는 생각으로 결집한다. '여성임femaleness'을 규정하는 특성으로 임신과 모성을 내세우는 이 같은 보호주의는 그 사람의 성별이 무엇이든 임신은 지극히 익숙치 않은 경험이라는 사실을 숨긴다. 임신은 익숙한 삶과 몸과 마음이 모두 생소하게 탈바꿈하는 일이다. 어떤 사람의 몸이 임신을 '감당할' 수 있다는 것만으로 임신을 '자연스러운' 상태로 경험한다는 의미는 되지 못한다. 내 삶에서 이번 임신 기간만큼은 내 몸이 '타고난' 일을 하나도 하지 않는 것 같았다. 오히려 불협화음을 이루는 감각들이 자꾸만 파도처럼 밀려와 나를 끌고 갔다.

몸 구석구석이 매일 변하는 것보다 더 이상하고 낯선 일이 또 있을까? 비록 아름다운 일이라 해도 말이다. 이전에 나는 유제품을 전혀 먹을 수 없었는데, 이제는 체다치즈 반 덩어리를 게걸스럽게 먹어 치웠다. 이것이 첫 번째 증상이었다. 치즈를 먹고 싶었을 뿐인데 갑자기 내 소화계가 치즈를 처리하는 것이었다. 평소 좋아하던 음식은 쳐다보기도 싫은 반면, 한 번도 먹어본 적 없는 것들이 먹고 싶었다. 매일 아침 침대에서 내려올 때마다 발목에 부담이 늘어나는 것은 밤새 또 체중이 늘었다는 의미였다. 주근깨가 한 번도 생긴 적 없던 얼굴은 임신 중반기부터 주근깨로 가득 덮이면서 내 모습 자체를 바꿔놨다. 주초에 손톱을 깎았는데 놀랍게도 주말이 되면 다시 원래 길이만큼 자랐다. 릴랙신 호르몬 분비가 증가하여 말 그대로 예전에는 늘 닿지 않던 곳까지 스트레칭을 할 수 있게 되자, 기쁜 나머지 무리하지 말라는 충고를 무시하기도 했다. 임신한 '나'라는 생물은 아주 이상했다.

조금 아파 보일지언정 아직 예전의 모습을 유지하던 임신 초기에는 임신했다는 이야기만으로 아이 갖기를 원치 않던 지인들과 연락이 끊기기도 했다. 더러는 직설적이고 역량을 가진 재미있는 성인에서 키가 큰 아기로 변신하면서부터는 '아직도 뒤뚱거리니?', '파트너가 밥은 잘 차려주니?', '너무 커지는 거 아냐?' 등 통찰력 넘치는 질문 세례를 받기도 했다. 의료진이 '어머니'라고 부르는 사람은 누구지? 나는 아니다. 친구들이 흥분해서 빨리 아기를 안아보고 싶다고 떠들면 아차 내게 '아기가 **있구나**'하는 생각에 머리가 빙빙 도는 것만 같았다. 그때까지 내 몸에는 아기의 존재를 깨닫게 할 만한 일이 거의 생기지 않았다. 아기가 실제로 세상에 나오려면 내 몸안에서 키우고 낳아야 하며, 그 과정에서 돌이킬 수 없는 이전과 다른 내가 되어야 할 것이다. 아기를 잃든, 만삭까지 임신하든, 언제까지나 내게 일어난 일이 될 것이다. 아기를 수태하고 길러내는 것이야말로 가장 심오한 이례적인 관계를 시작하는 일일 것이다.

철없던 고교 시절 내가 유일하게 정말 좋아했던 수업은 영문학이었다. 어느 날 오후, 선생님은 실비아 플라스Sylvia Plath의 '은유Metaphors*****'를 프로젝터에 띄우셨다. '저자는 무엇을 묘사하고 있을까?' 시간이 좀 지나자 문득 이해가 되었다. 임신이다. 교실에 앉아있던 16~17살의 우리들은 플라스가 틀림없이 임신을 싫어했을 것이라는 결론에 도달했다. 그 시에는 두려움이 서려 있었다.

코끼리? 송아지를 밴 암소? 이미 올라타 이제는 내릴 수 없는 기차? 이제야 나는 그 시가 익살스럽고 아름답다는 생각이 들었다. 아랫배에서 아기의 머리가 단단한 사과처럼 느껴지고 이상하리만큼 흐느적거리는 다리가 어떻게든 몸의 균형을 잡아준다는 느낌이 든다. 몸 안에서 기르고 있는 아기를 만날 생각에 신이 나면서도 잘못되지는 않을까 하는 생각이 들고, 어떻게 시작해야 할지 모르겠는데 인생의 한 장이 열리는구나 싶어 겁이 덜컥 나기도 했다.

'오븐에 든 빵bun in the oven', '고대하는 중expecting', '갑자기 찾아오다knocked up'처럼 임신을 에둘러 부르는 귀여운 표현들은 너무 많다. 하지만 내게 임신은 (아기를) 지니고 다닌다는 의미이다. 임신이 주는 느낌을 이 단어가 잘 포착한다는 이유에서다. '지니고 다니다carry'는 동사로, 임신한 사람들은 임신 기간 내내 이 같은 행동을 한다. 아기의 물리적 무게를, 즉 하루하루 지나면서 더 뚜렷해지는 존재감을 짊어지고 다닌다. 또 정체성, 과거 경험, 가족력,

---

* '은유Metaphors' I'm a riddle in nine syllables, / An elephant, a ponderous house, / A melon strolling on two tendrils. / O red fruit, ivory, fine timbers! / This loaf's big with its yeasty rising. / Money's new-minted in this fat purse. / I'm a means, a stage, a cow in calf. / I've eaten a bag of green apples, / Boarded the train there's no getting off.
나는 아홉 음절로 된 수수께끼이고, / 코끼리이고, 육중한 집이고, / 두 개의 덩굴손 위를 거닐고 있는 멜론이다. / 오 빨간 과일이여, 상아여, 고운 목재여! / 이 한 덩이 빵은 효모로 부풀어 올라 거대하다. / 돈이 이 두꺼운 지갑에 새로 들어온다. / 나는 수단이고, 무대이고, 송아지를 밴 암소이다. / 나는 초록색 사과를 한 광주리 먹고, / 내릴 수 없는 기차를 탔다.

자신만의 독특한 환경으로 형성된 감정, 기대, 희망, 두려움의 무게까지도 짊어지고 다닌다.

이 밖에도 훨씬 많은 것들을 지니고 다닌다. 임신한 사람의 몸에는 임신과 출산에 대한 사회적 이해가 뚜렷이 새겨져 있다. 임신한 사람에게는 이야깃거리가 되거나 말거나 불룩한 배를 앞세우고 집을 나서는 뻔뻔함이 필요하다. 임신하지 않은 사람에게 적용되는 사회적 규칙들이 임신 중에는 적용되지 않는다는 뜻이다. 날씨가 화창한 어느 날, 발이 부어 불안불안한 발걸음으로 서둘러 내리막길을 걸어가고 있을 때 한 남성이 거리낌 없이 내 배를 가리키며 '우와'라고 외쳤다. 또 몇 걸음을 더 가니 어떤 여성이 친구를 돌아보며 나보고 들으라는 듯이 '여기 어머니가 오신다!'라고 크게 소리쳤다. 낯선 사람들은 아기를 갖는 일이 '충분히 그럴만한 가치' 있는 일이라고 말해줘도 된다고, 동시에 출산은 고통스럽고 육아는 쉬운 일이 아니므로 단단히 준비해야 한다는 사실을 모르고 있었다면 알려줘도 된다고 생각한다.

우리는 누군가가 일단 임신할 때까지는 실제로 임신이 신체적으로 무엇을 수반하고, 출산 후 회복 시간이 얼마나 걸리는지에 대한 이야기를 거의 하지 않는 세상에 살고 있다. 임신을 잘 감당하고 있는지 한마디 하려고 모두가 나타나는 시기는 아기를 지니고 다니게 되었을 때이다. 사람들은 임신과 출산 후 선택에 분명한 답이 있는 것처럼 무심코 이야기한다. 모유로 수유 하실 건가요? 모유 수유가 힘들다는 점은 이야기하지 않는다. 대다수의 사람들이 부딪히는 출산 직후 모유 수유를 '선택'해야 한다는 막중한 압력과, 모유 수유가 어려워 분유를 '선택'할 때 또 다른 사람들이 부딪히는 막중한 압력에 대해서는 충분히 이야기하지 않는다. 임신한 사람이 '너무 크다.' 또는 '너무 작다.' 너무 많이 먹는다. 충분히 먹지 않는다. 운동을 너무 많이 한다. 충분한 운동을 하지 않는다. 나이가 너무 많다. 너무 어리다. 실제 담당 의사부터 동료들, 그리고 지나가는 사람들까지 모두가 임신에 대해서는 할 말이 있다.

몸속에 아기를 지니면, 온갖 행동에 대한 법적·의학적 규제와 권고의 무게도 짊어진다. 그리고 무언가 잘못되었을 때 비난받아야 할 책임도 지게 된다. 코로나19 백신이 처음 도입되었을 때, 영국을 포함하여 백신을 사용할 수 있게 된 몇몇 국가에서는 임신한 사람들에게 사전예방 원칙을 적용했다. 백신이 임신과 모유 수유에 미치는 영향은 알려지지 않았다는 지침도 배포되었다. 백신 및 면역 합동위원회와 영국공중보건국은 임신 중이거나 임신을 계획 중인 사람들에게 백신 접종을 보류하라고 조언했다. 이후 고위험 임신부에게 백신 접종을 허용하는 방향으로 권고 방침이 바뀌었다. 그 이후에는 임신한 사람들에게 해당 연령군의 접종 일정을 따르도록 제안했다. 임신 중 백신 접종을 적극적으로 권고하기까지는 수개월이 걸렸다. 그리고 백신을 접종하지 않은 임신한 사람들이 자신과 아기 모두에게 합병증을 야기하는 심각한 코로나19의 고위험군이라는 사실이 분명해지면서, 임신한 사람들에게 우선순위를 할애하기까지는 거의 일 년이라는 시간이 걸리게 된다.

마침내 이런 정책에 변화가 일어났을 때는 임신 중이거나 수유하는 사람들이 적극적으로 나서지 않았다며 사실상 책임을 돌리는 신문 기사들이 줄지어 쏟아졌다. 이들이 무방비 상태로 지내는 일이 얼마나 위험한지 몰랐을까? 또 자신이나 아기의 건강에 관심이 없었을까? 백신의 안전성이 확인되지 않았다는 이야기와 임신 중 백신 미접종 상태에서 코로나19에 감염되면 사망할 수도 있다는 이야기를 사람들이 모두 들었는데도, 시간에 따른 메시지의 변화에 대해서는 거의 논의하지 않았다. 진료소에 갔더니 의료진이 이전의 권고를 제시하면서 백신 접종을 권하지 않더라는, 임신한 사람들 사이에 떠돌았던 수많은 입소문에 대해서도 마찬가지로 거의 아무런 논의가 없었다. 이런 일은 임신한 사람들에게 위험요인과 관련하여 종종 모순되거나 바뀌는 정보를 샅샅이 살펴보게 하고, 어떤 쪽으로든 일이 잘못되면 그 결과를 해결하려고 씨름하도록 혼자 남겨두는 일관된 양상을 보여주는 일부 사례에 불과하다.

가장 나은 경우라도, 임신한 사람들의 몸에 대한 면밀한 조사 및 활동을 둘러싼 사회적 규범들은 좌절과 불편을 초래할 뿐이다. 몸이 아파 파라세타몰paracetamol이 필요한데 설명서를 애써 끝까지 읽어보아도 상반된 권고 사항뿐이라는 사실을 깨닫고 복용 여부를 결정해야 할 것이다. 아니면, 여러 믿을만한 출처에서 최선의 운동, 식이, 수면에 대한 권고를 접하고 나서 불안한 마음에 밤잠을 이루지 못할 것이다. 전반적으로 이렇게 거슬리는 경험들도 아기의 태동을 느끼는 기쁨, 또는 든든한 지지와 함께 건강한 임신을 이어나간다는 안정감 덕분에 완화된다.

하지만 최악의 경우, 임신한 사람들의 신체에 대한 과잉 규제와 누가 임신할 만한 사람인지에 대한 관리는 범죄를 낳고 피해와 사망으로까지 이어질 수 있다. 세계의 많은 지역에서는 배아가 착상하고 임신 과정이 시작되면 임신을 지속해야 한다는 점을 법으로 명시한다. 이런 법률 아래에 있는 사람들은 원치 않던 임신을 이어가기도 하고 거부하기도 한다. 또 자신만의 임신 종결 수단을 찾아다닌 끝에 낙인이 찍히고 형사 고발에 직면하기도 한다. 2022년 봄 미주리주에서는 배아가 자궁 밖에 착상하여 임신을 절대 지속할 수 없는 자궁 외 임신을 포함하여 6주 이후 임신중지를 전면 금지하는 법안이 발의되었다. 어떤 아기도 자궁 외 임신을 통해 살아남는 경우는 거의 없었을 뿐 아니라 임신한 사람조차도 죽을 수 있다. 이전에도 있었던 이 법규는 로우 판결이 뒤집어진 후에 등장하게 되는 수많은 법규와 마찬가지로 다음과 같은 분명한 메시지를 전달한다. 원치 않은 임신이라도, 설사 사망 선고를 의미하더라도 몸속에 아기를 지니고 있다면 그대로 두어야 한다. 동시에 임신을 강요하는 법이 통과된 몇몇 주에서는 원하던 아기를 임신하고 나서 약물이나 알코올을 복용하려던 사람들이 구금과 범죄자가 되는 위험에 처해 있다.

임신한 사람들이 지니게 되는 기대, 두려움, 판단은 결코 고르게 분배되지 않는다. 인종과 계급, 젠더에 따라 다르다. 북아메리카의 흑인과 원주민 여성들의 경우 임신 중 선택에 대한 감시가 강화되고, 출산 전부터 출산 이후까지 생명에 위협을 느끼는 인종차별에 계속해서 노출된다. 세계의 많은 지역에서 자신의 자녀를 몸 안에 지니고 다니는 트랜스 남성과 논바이너리, 젠더퀴어 부모들은 낙인과 사회적 감시를 받으면서 돌봄을 받지 못하는 처지에 놓여 있다. 부유한 국가에서는 부담스러울 정도로 임신한 사람들 대부분을 관찰하고, 병원에 갈 때마다 체중을 측정한다. 또 (가능성이 낮더라도) 가능성이 있는 온갖 합병증으로 인해 문제가 되지 않도록 정기 검진을 받게 하고, 아기의 건강을 최적화하기 위해 생활의 모든 측면을 엄격히 자제하도록 압박한다. 반면, 나머지 지역에서는 쉽게 발견되어 예방이 가능한 원인임에도 임신한 사람들과 아기들이 기본적인 자원에도 접근하지 못해 사망하는 경우가 많다.

우리는 종의 재생산을 위해 임신이 필요하다. 그런데도 우리는 임신한 사람들에게 아주 많은 부담을 지게 한다. 그로 인해 체외발생이 그토록 매력적으로 느껴지는 것은 전혀 이상한 일이 아니다. 또 과학 연구가 아무리 발전해도 임신은 복제될 수 없다는 사실이 밝혀지더라도 놀랄 일은 아닐 것이다. 임신을 자동화할 수 있다고 상정하는 일이야말로 임신한 사람들의 신체적·정서적·정신적 노고와, 심지어 아무런 지원이 없을 때조차 자신이 지니고 다니는 태아를 위해 힘이 닿는 한 최선의 결정을 내리는 방식을 환원시키는 일일 것이다. 마찬가지로 임신의 부담 무게를, 체외발생이 매력적일 수 있는 이유를 설명할 수 있을 만큼 심각하지 않다고 생각한다면, 임신한 사람들이 받는 막중한 압박을 환원시키는 일일 것이다. 사람들은 똑같은 이유로 인공자궁을 꿈꾸기도 하고 두려워하기도 한다. 이 기술을 상상하는 일이 설득력 있는 이유는 임신에 수반되는 좌절과 기대와 위험을 모두 깊게 생각하며 이렇게 질문할 수 있도록 하기 때문이다. 이 일을 할 사람이 우리 중 아무도 없다면? 임신 부담을 단순히 나누거나 양도할 수 있다면? 그렇다고 하면, 이 또한 섬뜩한 일이다. 이 기술이 등장하기 전에 임신 경험을 멈추게 하는 부정의와 해악들이 보이기 때문이다. 또 임신한 사람들의 행동과 신체를 끌어들여 벌하고 통제하는 오랜 관행의 새로운 도구로 이 기술이 이용되는 방식을 상상할 수 있기 때문이다.

이 모든 것을 하나의 기술이 감당할 수 있을까? 임신의 측면들 가운데 자동화된 인공자궁으로 자주 덧씌워지고 있는 그림에서 생략되는 부분은 가장 눈에 띄지 않는 측면으로, 아마 가장 중요할 수도 있을 것이다. 임신한 사람은 세상과 자라나는 아기 사이에 연결고리 역할을 한다. 태아가 충분히 자라기 전까지는 사소한 부분까지 세심하게 신경을 써야 한다. 또 태아가 태어나기 전까지는 아이를 키울 의향이 있든 없든, 아이가 사랑를 받는 데 발판이 되는 관계를 탐색해야 한다. 임신과 출산은 놀라운 경험일 수 있다. 1920년대에 베라 브리튼은 체외발생 기술이 실현될 수 있다는 이유만으로 누구나 이 기술을 이용하고 싶어하지 않을 것이라는 사실을 알았다. 오늘날에도 많은 사람들이 단순히 아이를 갖고 싶은 것보다는 임신하고 싶어 한다는 사실이다. 임신하기까지 믿기 힘들 만큼 정서적·신체적으로 어려움을 겪는 사람들도 있다. 그러기에 임신은 많은 사람들에게 깊은 감동을 주고 기쁨과 확신을 주는 과정이기도 하다.

아마도 체외발생이 주는 가장 큰 효용은 우리가 임신한 사람들에게 얼마나 많은 것을 짊어지게 하고, 또 그 무게를 인정해주지 않는지 직접 알게 하는 것일지도 모른다. 우리에게 절실히 필요한 사회적 변화를 진정으로 시작하려면 인간의 임신이 의미 있는 일이고, 또 자동화된 임신이 가능하지 않을 수 있다는 사실을 먼저 인정해야만 할지도 모른다. 정말로 체외발생을 꿈꿀 수 있으려면, 또 체외 임신이 피해를 주는 방식이 아닌 공동 돌봄을 촉진하는 방식으로 이용되는 모습을 상상할 수 있으려면, 우리는 어떤 세상을 만들어야 할까?

5개의 붉은색 초대형 풍선 다발이 투명한 얇은 줄에 묶여 땅을 향해 표류하면서 떠 있는 광경을 상상해보자. 2018년 암스테르담에서 개최된 네덜란드의 디자인 주간 〈리프러드유토피아Reprodutopia〉 전시에 참석했다면 이 광경을 볼 수 있었다. 일종의 현대판 이단아 협회라고 할 수 있는 〈넥스트 네이처 네트워크〉의 헨드릭얀 그리에빙크Hendrik-Jan Grievink와 사색적인 디자이너 리사 맨데메이커는 인공자궁 연구를 진행 중인 막시마 병원의 가이드 오에이Guid Oei 박사로부터 이 설치물 제작을 의뢰받았다. 관람객들이 짐작할 수 있었다시피 붉은색 풍선들은 기능을 하는 시제품이 아니었다. 그보다는 성찰과 논쟁을 촉발시키기 위해 만들어진 것이었다. 기획 단계에서 맨데메이커는 과학자들이 제시한 그래프와 1950년대와 1960년대 초기 인공자궁 연구에서 나온 특허 이미지를 검토했다. 당시 개발된 금속 온열기와 기계들은 차갑고 거리감이 느껴지는, 인간미 없는 당황스러운 소재들이었다. 체외 발생 모습을 어떤 형태로 나타내야만 이런 느낌과 다른 반응을 불러일으킬 수 있을까?

맨데메이커는 실험실이 아닌 자연에서 자란 것 같은 느낌을 주고 싶었다. 맨데메이커는 어린나무 숲, 호박밭, 식물원에서 영감을 받아 '미래의 보육원'을 생각하고는 완성품에 친근감을 불어넣기 위해 세세한 부분까지 주의를 기울였다. 인공자궁이 병원에서만 볼 수 있는 것이 아니라 집에서도 마주칠 법한 여느 물건같이 생겼다면 어떻게 될까? 맨데메이커는 각각의 풍선마다 독특한 무늬를 넣기 위해 샌드위치 봉지에 잼과 탄산수 등 부엌에서 가져온 액체로 채우고 평평하게 만든 뒤 스캐너로 본떠 사각형 직물 위에 이 무늬를 인쇄했다. 설치물의 의도는 인공자궁이 어떻게 사용될지 질문의 장을 계속해서 열어두는 일과, 자기 생각을 표현하도록 관람객들을 독려하는 일이었다. 누군가의 거실에 인공자궁이 놓일 수 있을까? 관찰 시스템과 배선이 없으니 그럴 수 있을 것이다. 조산사가 조작할 수 있을까? 설계상으로는 안 될 이유를 시사하는 것이 아무것도 없다. 가느다란 줄기에 매달린 붉은색 전구들은 인공자궁을 나타내는 또 하나의 방식이다. 이 전시 이미지는 너무 식상한 방식이 되지 않게, 체외발생이 나아갈 수 있는 또 다른 경로를 넌지시 제시한다. 이 길에서는 사람들이 자신이 선택한 곳에서 직접 인공자궁을 이용할 수 있을지도 모른다. 또 임신한 사람과 신생아를 해롭게 하거나 소외시키는 것이 아닌, 가족 같은 힘을 실어주는 돌봄 기술을 페미니스트 연구자들이 개발할 수도 있을 것이다.

재생산 정의가 실현된 세상에서는 임신한 사람들의 자기 결정권을 침해하는 대신 지지하는 데 인공자궁이 이용될 수 있을까? 또 사람들이 아기를 체외발생으로 임신하고 파트너, 친구, 공동체와 임신 경험을 공유하겠다고 선택할 수 있을까? 자기가 지니고 다니길 원치 않던 태아에 대한 책임을 이전하거나, 임신으로 위험해지거나 지속하기 힘들어졌을 때 임신을 이어가기 위해 인공자궁을 이용할 수 있을까?

이런 가능성이 실현되려면 성별과 무관하게 모든 사람의 임신이 존중되고, 임신중지에서부터 피임, 산전 돌봄까지 재생산 관련 돌봄을 누구나 자기만의 방식으로 이용 가능한 세상이 먼저 필요하다. 말하자면 우생학적 사고가 완전히 사라지고, 사람들이 스스로 선택한 가족을 부양할 수 있는 수단을 갖게 되는 세상이다. 우리 자신도 견디기 힘든, 지금의 현실에서는 순리에 어긋나는 출생의 미래와 체외발생의 가능성을 아직 상상할 수가 없다. 하지만 또 다른 미래에서는 자동화된 임신을 통해서가 아닌 자원의 제공과 지원, 돌봄을 통해 임신의 부담을 나눌 수 있는 또 다른 인공자궁을 상상할 수 있을 것이다.

이 책을 집필하겠다고 계약서에 서명한 일은 적막하고 불안하던 2020년 봄에 밝은 빛과 같은 경험이었습니다. 이 책을 집필하는 동안 생각보다 훨씬 오래 이어지는 폭풍우 한가운데서 평온한 항구에 머무는 듯한 느낌을 받았습니다. 이 작업을 실현하는 데 참여해주신 모든 분들께 뜨겁게 감사드립니다. 프로파일 북스, 웰컴 선집, 에잇켄 알렉산더에 계신 모든 분들께 감사드립니다. 제 대리인 크리스 웰블러브가 없었다면 이 책은 나오지 않았을 것입니다. 글로 옮기기도 전에 이 이야기에 열광해 주신 점에 감사드립니다. 엘렌 졸, 당신은 제게 차분하고 지혜롭고 엄격하며 신중한 피드백을 주신 더할 나위 없이 든든한 편집자였습니다. 저와 함께 일해 주시고 처음부터 끝까지 모든 변경 사항을 척척 받아주신 점에 감사드립니다.

나의 동료 줄리, 조안나, 안젤라에게도 감사를 표합니다. 더 나은 미래를 꿈꾸는 여러분의 창조적 발상은 제 가슴을 부풀게 했고 가능성을 환기시켜 주었습니다. 내가 생각을 정리할 때 무수한 줌 회의에 시간을 내어 도움을 준 분들께도 감사드리며, 특히 파라 디아즈텔로, 리사 맨데메이커, 클레어 머피께 감사드립니다. 크리스틴, 엘리자베스, 스테이시에게도 감사드립니다. 여러분이 초기에 보여준 열정 덕분에 제가 정말로 책을 쓸 수 있다고 생각하기도 전에 책을 쓸 수도 있겠다는 상상을 했습니다.

제가 흔들리지 않게 든든한 버팀목이 되어 주신 가까운, 그리고 멀리 있는 가족들에게도 감사드립니다. 마지막으로 나단, 잭, 리디아에게 감사합니다. 저도 여러분을 아주 많이 사랑하고, 여러분이 주시는 사랑에 매일 기뻐하고 있습니다.

| 주석 |

1 온실, 화초, 인공자궁

1　Shulamith Firestone, *The Dialectic of Sex* (New York, William Morrow and Company, 1970), p. 198.

2 인공 위탁모

1　Emily A. Partridge, Marcus G. Davey, Matthew A. Hornick, Patrick E. McGovern et al., 'An extra-uterine system to physiologically support the extreme premature lamb', *Nature Communications* 8 (2017), p. 10.

2　Haruo Usuda and Matt Kemp, 'Development of an artificial placenta', *O&G Magazine: Prematurity* 21:1 (2019).

3　Jeffrey P. Baker, *The Machine in the Nursery: Incubator Technology and the Origins of Neonatal Intensive Care* (London, Johns Hopkins Press, 1996).

4　Dawn Raffel, *The Strange Case of Dr Couney* (New York, Blue Rider Press, 2019).

5　Claire Prentice, *Miracle at Coney Island* (Michigan, Brilliance Publishing, 2016).

6　Katie Thornton, 'The Infantorium', *99% Invisible*, episode 381 (3 December 2019).

7　Jeffrey P. Baker, 'Technology in the Nursery: Incubators, Ventilators, and the Rescue of Premature Infants', in *Formative Years: Children's Health in the United States, 1880–2000*, edited by Alexandra Minna Stern and Howard Markel (Ann Arbor, University of Michigan Press, 2002), p. 81.

8　Unno, Nobuya, 'Development of an Artificial Placenta,' *Next Sex: Ars Electronica*, edited by Gerfried Stocker and Christine Schoepf (New York & Vienna, Springer, 2000), pp 62–68.

9　K atharine Dow, '"The Men who Made the Breakthrough": How the British press represented Patrick Steptoe and Robert Edwards in 1978', *Reproductive Biomedicine and Society Online* 4 (2017), pp.59–67.

10　15개 박스로 보관되고 있던 레슬리 브라운Lesley Brown의 논문은 2016년 루이스 브라운이 브리스톨 기록보관소에 기증했다.

11 Laurence E. Karp and Roger P. Donahue, 'Preimplantational Ectogenesis: Science and Speculation Concerning In Vitro Fertilization and Related Procedures', *The Western Journal of Medicine* 124 (1976), pp. 282–98.

12 워녹은 2016년 프로그레스 에듀케이셔널 트러스트 컨퍼런스Progress Educational Trust Conference에서 '배아 연구의 윤리에 대한 재고, 게놈 편집, 14일 및 그 이후'에서 이 논평을 했다. 14일 규칙 및 법률 논리에 대한 메리 워녹과의 심층 인터뷰, 헐버트 Hurlbut 등(주석 13) 참조.

13 Benjamin J. Hurlbut, Insoo Hyun, Aaron D. Levine, Robin Lovell-Badge et al., 'Revisiting the Warnock Rule', *Nature Biotechnology* 35 (2017), pp. 1029–42.

14 Carlo Bulletti, Valero Maria Jassoni, Stefania Tabanello, Luca Gianaroli et al., 'Early human pregnancy in vitro utilizing an artificially perfused uterus', *Fertility and Sterility* 49:6 (1988), pp. 997–1001.

15 Christine Rosen, 'Why Not Artificial Wombs?: On the meaning of being born, not incubated', *The New Atlantis*, Fall 2003, www.thenewatlantis.com/publications/why-not-artificial-wombs

3장 멋진 신세계로 향하는 체외발생

1 J. B. S. Haldane, 'Daedalus; Or, Science and the Future', in *Haldane's Daedalus Revisited*, edited by Krishna Dronamraju (Oxford, Oxford University Press, 1923).

2 Angela Saini, *Superior: The Return of Race Science* (Boston, Beacon Press, 2019), p. 124.

3 Victoria Brignell, 'The eugenics movement Britain wants to forget', *New Statesman* (9 December 2010).

4 Anna Diamond, 'The 1924 Law That Slammed the Door on Immigrants and the Politicians Who Pushed it Back Open', *Smithsonian* (19 May 2020).

5 *Buck v. Bell*, 274 US 200 (1927), www.supreme.justia.com/cases/federal/us/274/200/#tab-opinion-1931809

6 Harriet A. Washington, *Medical Apartheid: The Dark History of Medical Experimentation on Black Americans from Colonial Times to the Present* (New

York, Doubleday, 2007).

7   J. B. S. Haldane, 'Daedulus; Or, Science and the Future', in *Haldane's Daedalus Revisited*, edited by Krishna Dronamraju (Oxford, Oxford University Press, 1923).

8   Anthony M. Ludovici, *Lysistrata; Or, Woman's Future and the Future Woman* (New York, E. P. Dutton & Co., 1924).

9   Norman Haire, *Hymen, Or the Future of Marriage* (London, Kegan Paul, Trench & Trubner, 1927).

10 Joanne Woiak, 'Designing a Brave New World: Eugenics, Politics, and Fiction', *The Public Historian* 29:3 (2007), p. 106.

11 Gregory Pence, 'What's So Good About Natural Motherhood? (In Praise of Unnatural Gestation)', in *Ectogenesis: Artificial Womb Technology and the Future of Human Reproduction*, edited by Scott Gelfand and John R. Shook (New York, Rodopi, 2006), p. 82.

12 Scott Gelfand, 'Ectogenesis and the Ethics of Care', ibid.

13 Christopher Kaczor, 'Could Artificial Wombs End the Abortion Debate?', *National Catholic Bioethics Quarterly* 5:2 (2005), p. 298.

14 2021년 영국 임신자문 서비스는 포용성을 갖추고, '사람들의 개별적 필요를 충족할 수 있는' 서비스 계획을 수립하는 동안 재생산권 운동을 효과적으로 지속하기 위해 '사람들'보다 '여성들'이라는 단어를 사용하겠다는 주목할 만한 조직의 전략 문서를 발표했다. 이 발표는 영국 내에 트랜스젠더 혐오가 계속되는 상황에서 이루어졌다. '임신한 사람들'처럼 성 중립적 용어를 사용하고, 트랜스젠더와 논바이너리에게도 재생산 관련 의료 서비스가 필요하다고 인정하는 일은 시스여성들의 재생산권 투쟁을 방해하지 않는다. 모든 젠더를 아우르는 언어는 생물학적 결정론의 산물인 사람의 정체성과 세상에서의 역할이 생식 기관에 따라 규정된다는 발상을 거부한다.

15 Lynn Paltrow and Jeanne Flavin, 'Arrests of and Forced Interventions on Pregnant Women in the United States, 1973–2005: Implications for Women's Legal Status and Public Health', *Journal of Health Politics, Policy and Law* 38:2 (2013), pp. 300–43.

16 Marie Carmichael Stopes, *Radiant Motherhood* (New York, G. P. Putnam's Sons, 1920).

17 Dorothy Roberts, 'Reproductive Justice, Not Just Rights', *Dissent Magazine* (Fall 2015).

18 Loretta Ross, 'What is Reproductive Justice?', in *Reproductive Justice Briefing Book: A Primer on Reproductive Justice and Social Change* (Pro-choice Public Education Project, 2007), p. 4.

19 J. D. Bernal, *The World, The Flesh and the Devil* (London, Verso, 2017).

4장 어머니 기계

1 Sarah Digregorio, 'Artificial Wombs Aren't a Sci-Fi Horror Story', Future Tense: *Slate* (30 January 2020).

2 미국질병예방통제센터(CDC)는 신생아와 임신한 사람들의 건강 상태를 추적할 때 '미국 본토 원주민'과 '알래스카 원주민'을 동일한 범주로 분류하지만, 미연방 정부가 파악한 부족수는 500개가 넘는다. 이 건강 자료의 한 가지 문제점은 구체성이 떨어진다는 것인데, 그로 인해 가장 영향을 많이 받는 특정 집단의 식별이 어렵고, 부족이 자체적으로 정한 정확한 언어 사용을 알기도 힘들다.

3 The World Health Organization, Fact Sheet: 'Preterm Birth', 19 February 2018.

4 Jeffrey D. Horbar, Erika M. Edwards, Lucy T. Greenberg et al., 'Racial Segregation and Inequality in the Neonatal Intensive Care Unit for Very Low-Birth-Weight and Very Preterm Infants', *JAMA Pediatrics* 173:5 (2019), pp. 455–61.

5 Harriet Washington, *Medical Apartheid* (2007).

6 Dána-Ain Davis, *Reproductive Injustice: Racism, Pregnancy, and Premature Birth* (New York, NYU Press, 2019), p. 102 (both quotes).

7 Usuda and Kemp, 'Development of an artificial placenta' (2019).

8 Dr Joia Crear-Perry, 'The Black Maternal Mortality Rate in the US Is an International Crisis', *The Root* (30 September 2016).

9 Partridge, Davey, Hornick, McGovern et al., 'An extra-uterine system to physiologically support the extreme premature lamb' (2017).

10 Dorothy Roberts, 'Reproductive Justice, Not Just Rights' (2015).

11 Loretta Ross, Lynn Roberts, Erika Derkas, Whitney Peoples and Pamela Bridgewater Toure, *Radical Reproductive Justice* (New York, The Feminist Press, 2017).

12 Dr Joia Crear-Perry, 'The Birth Equity Agenda: A Blueprint for Reproductive Health and Wellbeing', National Birth Equity Collaborative (16 June 2020).

13 Andrea Nove, Ingrid K. Friberg, Luc de Bernis, Fran McConville et al., 'Potential impact of midwives in preventing and reducing maternal and neonatal mortality and stillbirths: a Lives Saved Tool modelling study', *The Lancet Global Health* 9:1 (2020).

5장 임신중지의 해법

1 Mark A. Goldstein, 'Choice Rights and Abortion: The Begetting Choice Right and State Obstacles to Choice in Light of Artificial Womb Technology', *Southern California Law Review* 51:5 (1978), p. 880.

2 Kimala Price, 'What is Reproductive Justice?: How Women of Color Activists Are Redefining the Pro-Choice Paradigm', *Meridians: Feminism, race, transnationalism* 10:2 (2010), p. 46.

3 Emily Jackson, 'Degendering Reproduction?', *Medical Law Review* 16:3 (Autumn 2008), pp. 346–68.

4 Sarah Langford, 'An End to Abortion? A Feminist Critique of the "Ectogenetic Solution" to Abortion', *Women's Studies International Forum* 31 (2008), p. 267.

5 Emily Jackson, 'Abortion, Autonomy, and Prenatal Diagnosis', *Social and Legal Studies* 9:4 (2000), p. 469.

6 Peter Singer and Deane Wells, 'Ectogenesis', *Journal of Medical Ethics* 9:192 (1983), p. 12.

7 임신중지법을 명시하고 있는 언어 대부분은 장애를 예외로 규정하고 있다는 점에 주목할 필요가 있다. 달리 말하면 장애가 있는 아이를 갖는 일이 법으로 임신중지를 허용하지 않는 데도 임신중지하는 것을 정당화할 만큼 어떤 사람에게 큰 피해라는 의미이다. 이 또한 장애가 있는 사람들과 선별검사에서 이상 소견이 있을 때 임신을 이어가기로 선택한 사람들에게 추가로 낙인을 찍는 효과를 낳는다. 임신중지를 범죄화하는 일의 종식은 일부분 예외를 두는 이런 언어를 쓰지 않는 것이다. 누구도 자신이 임신중지를 받으려는 이유를 정당화할 필요가 없는 것처럼, 누구에게도 임신을 이어가려는 선택을 정당화해야 한다거나 장애가 있는 삶을 살 가치가 없다고 느끼게 해서는 안 된다.

8 Chris Kaposy and Jocelyn Downie, 'Judicial Reasoning about Pregnancy and Choice', *Health Law Journal* 16 (2008), p. 290.

6장 생물학의 폭정

1 Shulamith Firestone, *The Dialectic of Sex* (1970), p. 198.

2 Shulamith Firestone, *The Dialectic of Sex: The Case for Feminist Revolution* (London, The Women's Press, 1979).

3 Anna Smajdor, 'The Moral Imperative for Ectogenesis,' *The Cambridge Quarterly of Healthcare Ethics* 16 (2007) pp. 336–345.

4 Evie Kendal, *Equal Opportunity and the Case for State-Sponsored Ectogenesis* (Basingstoke, Palgrave Macmillan, 2015).

5 Gregory Pence, 'What's So Good About Natural Motherhood?', in Gelfand and Shook (eds), *Ectogenesis: Artificial Womb Technology and the Future of Human Reproduction* (2006), pp. 77–88.

6 Evie Kendal, *Equal Opportunity and the Case for State-Sponsored Ectogenesis* (2015), p. 12.

7 Dorothy E. Roberts, *Killing the Black Body: Race, Reproduction, and the Meaning of Liberty* (New York, Vintage Books, 1999), p. 298.

273

재생산 유토피아

인공자궁과 출생의 미래에 대한 사회적·정치적·윤리적·법적 질문

초판 1쇄 발행 2024년 5월 30일

지은이 클레어 혼
옮긴이 안은미
감수 김선혜
펴낸곳 도서출판 생각이음
펴낸이 김종희
디자인 이선영
출판등록 2017년 10월 27일(제2019-000031)
주소 (04045) 서울시 마포구 양화로 64, 8층 LS-837호(서교동, 서교제일빌딩)
전화 (02)337-1673, **팩스** (031)342-1674
전자우편 thinklink37@naver.com

ISBN 979-11-987407-0-0

한국어판 도서출판 생각이음